古代中国的二十四小时

秦汉日常生活指南

[日] 柿沼阳平 著
史诗 译

中信出版集团 | 北京

图书在版编目（CIP）数据

古代中国的二十四小时 /（日）柿沼阳平著；史诗译. -- 北京：中信出版社，2025.6
ISBN 978-7-5217-5743-9

Ⅰ.①古… Ⅱ.①柿…②史… Ⅲ.①中国历史－秦汉时代－通俗读物 Ⅳ.① K232.09

中国国家版本馆 CIP 数据核字（2023）第 088027 号

KODAICHUGOKU NO 24JIKAN
by Yohei KAKINUMA
Copyright © Yohei KAKINUMA 2021
Original Japanese edition published by Yohei KAKINUMA
All rights reserved
Chinese (in Simplified character only) translation copyright
© 2025 by CITIC Press Corporation
Chinese (in Simplified character only) translation rights arranged with
Yohei KAKINUMA
through BARDON CHINESE CREATIVE AGENCY LIMITED, HONG KONG.
本书仅限中国大陆地区发行销售

古代中国的二十四小时
著者：　　［日］柿沼阳平
译者：　　史诗
出版发行：中信出版集团股份有限公司
　　　　　（北京市朝阳区东三环北路 27 号嘉铭中心　邮编　100020）
承印者：　北京启航东方印刷有限公司

开本：787mm×1092mm 1/16　　印张：17　　字数：180 千字
版次：2025 年 6 月第 1 版　　　　印次：2025 年 6 月第 1 次印刷
京权图字：01-2023-0162　　　　　书号：ISBN 978-7-5217-5743-9
　　　　　　　　　　　　　定价：88.00 元

版权所有·侵权必究
如有印刷、装订问题，本公司负责调换。
服务热线：400-600-8099
投稿邮箱：author@citicpub.com

古代中国的二十四小时
秦汉日常生活指南

目录

引言
打开一本冒险的书 　　　　　　　　　　　001

- 清晨的掌权者　　　　　　　　　　　001
- 来自未来的男人　　　　　　　　　　004
- 通向日常的历史　　　　　　　　　　006
- 能用尽用　　　　　　　　　　　　　007

序章
走进古代中国之前 　　　　　　　　　　　011

- 确定"姓"与"名"　　　　　　　　　012
- 你的"字"　　　　　　　　　　　　013
- 以字相称的注意事项　　　　　　　　015
- 礼貌的称呼方式　　　　　　　　　　016
- 查看地图——郡县乡里的结构　　　　017
- 郡城与县城　　　　　　　　　　　　020
- 方言的问题　　　　　　　　　　　　021

第一章 黎明的风景
清晨四点到五点 　　　　　　　　　　　　023

- 曙光照耀的版图　　　　　　　　　　024
- 多种多样的森林　　　　　　　　　　025
- 东西的时差　　　　　　　　　　　　026
- 古代人的季节感　　　　　　　　　　027
- 掌管时间　　　　　　　　　　　　　028
- 时刻的名称　　　　　　　　　　　　029

黎明之前	*032*
黎明的背景音	*032*
背巷里的醉汉	*034*

第二章 漱口梳妆
早晨六点 *037*

起床	*038*
从早晨开始繁忙的邮递	*038*
起大早与睡懒觉	*040*
水井与河川	*041*
古代人也视牙如命——口腔卫生与虫牙	*042*
切实的口臭问题	*044*
发型与秃顶	*044*
戴上祭冠	*046*

第三章 整理衣装
早晨七点 *049*

平民的服装	*050*
犊鼻裈、囚衣与老人的拐杖	*051*
祭服与朝服	*053*
女性的容貌与身体	*056*
女性的气味与发型	*058*
化妆的女性	*059*
戴上首饰，镜前端详	*061*

第四章 享用早餐
早晨八点　　　　　　　　　　　　　　　　　　　　　063

- 进餐的次数　　　　　　　　　　　　　　064
- 谁来做饭　　　　　　　　　　　　　　　065
- 准备主食　　　　　　　　　　　　　　　066
- 厨房　　　　　　　　　　　　　　　　　068
- 平民的小菜　　　　　　　　　　　　　　069
- 上流阶级的小菜　　　　　　　　　　　　071
- 餐具的种类与使用方法　　　　　　　　　073
- 就座方法与座次排列　　　　　　　　　　074
- 切勿贪食　　　　　　　　　　　　　　　076
- 室内脱鞋吗　　　　　　　　　　　　　　077
- 穿鞋外出吧　　　　　　　　　　　　　　078

第五章 漫步都市与聚落
上午九点　　　　　　　　　　　　　　　　　　　　　081

- 四合院的结构　　　　　　　　　　　　　082
- 建筑各异　　　　　　　　　　　　　　　083
- 与鸡、狗、猫一起生活　　　　　　　　　086
- 道路的名称与垃圾的去向　　　　　　　　088
- 以社为中心的聚落配置　　　　　　　　　090
- 聚落中散步　　　　　　　　　　　　　　091
- 过桥——麻风病患者、战争孤儿与鬼　　　094
- 高级住宅街　　　　　　　　　　　　　　095
- 负郭穷巷　　　　　　　　　　　　　　　098

第六章 前往官衙
上午十点　　　　　　　　　　　　　　　　　　　　　099

- 赶路的男性与马车、牛车　　　　　　　　100
- 帅气与否　　　　　　　　　　　　　　　101
- 进入官衙　　　　　　　　　　　　　　　103
- 高耸的城墙　　　　　　　　　　　　　　104

仪表堂堂的官员 105
职业与非职业 106
晋升路线 109
精英的矜持与艰辛 111

第七章 在市场享受购物
上午十一点至正午刚过 113

市场的喧嚣 114
拨开人群 115
多彩的商店 116
按需使用的货币 119
交易技巧 121
市场的阶层性 123
郡市与县市 125

第八章 农业的风景
下午一点 127

农民们的身影 128
华北农业的艰辛 130
中国南方的水田与烧田法 131
平均收成 132
生计的额外支柱①——纺织业与桑树栽培 133
生计的额外支柱②——麻纺织业 136
山间生活 138
从畜牧到耍猴 139

第九章 恋爱、结婚与育儿
下午两点到四点 143

午睡的时间 144
从搭讪开始谈恋爱 145
多种多样的恋爱 147

婚礼前的步骤	*148*
占卜馆	*149*
婚礼的程序	*150*
怀孕	*151*
分娩	*152*
育儿	*153*
孩子的世界	*155*

第十章 醉享宴会
下午四点   159

何时喝酒，何地喝酒	*160*
大型宴会与余兴	*161*
酒的种类	*164*
酒席上的礼仪	*166*
无止境的宴会	*167*
宿醉	*168*
厕所在哪里	*169*
不只解决内急	*172*

第十一章 花街柳巷的悲欢离合
下午五点   175

傍晚的花街	*176*
青楼女子的时尚	*177*
官员下班都去哪儿	*178*
风月官司	*179*
男女的性爱	*180*
自慰与性用品	*183*
多种多样的性爱形式	*184*

第十二章 与身边人的牵绊和争执
晚上六点 187

- 阖家欢乐的光景 188
- 人们的争执 189
- 婆媳问题自古有之 190
- 走向破裂的夫妻关系 191
- 不孝与离婚之间 193
- 走向再婚 195

第十三章 睡前准备
晚上七点 197

- 灯下辛劳的女性 198
- 给心上人写信 201
- 洗澡睡觉 202
- 夜空之下 203
- 走向梦的世界 205

尾声
走向一日二十四小时史 207

- 秦汉时期的日常生活 208
- 一切从兴趣出发 210
- 资料的史料化 211
- 推动历史的民众 213
- 时代洪流里的民众之光 214
- 如何捕捉"日常性" 216

后记 219
尾注 223

引言
打开一本冒险的书

清晨的掌权者

男人恍惚地盯着文书,渐渐焦躁起来。"你以为现在是几点啊?都平旦了。"[01] 彼时的"平旦"大概是指清晨五六点,比日出还要早一些。诸位可能会认为他通宵未眠,但事实并非如此。这个男人经常会在更早一些的时候起床,阅读密密麻麻的文书,这就是他的工作。他甚至会一天内处理重达三十公斤的文书。[02] 他手中握的可不是纸,而是木简和竹简(图1),分量相当可观。

男人要面对的不止文书,有时他要出席会议,会后还有大批人马蜂拥而至,你进我出,向他寻求指示。大规模的会议至少在每月一日和十五日各开一次,另外还有五天一次的定期会议和各种临时会议。男人并非次次出席,会议表面上采取让部下们自由讨论的形式,但最终决议还是由他下达。[03]

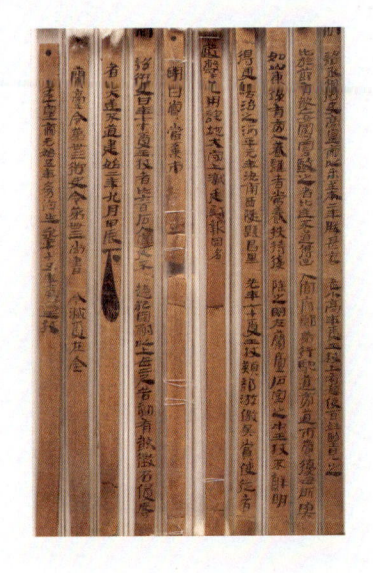

◇ 图1 汉代的木简
(甘肃省博物馆藏)

这么看来，男人可是个了不得的大人物。不过也会有满嘴阿谀奉承的部下，若无其事地在禀告时夹带私货。"你这混账！你以为朕是谁？如此口无遮拦，看我不诛你全家！"男人顶着一对黑眼圈，怒火在胸中烈烈燃烧。

男人确实手握大权。就算是丞相，若将他惹恼，任期未满都会被革职。这个起床时间早得惊人的男人站在当时的权力之巅，也因此必须处理大量工作。他并非不休不眠，但休息的时间越长，就越可能为社会带来不良影响。他正是统治多达六千万人口的大汉帝国的皇帝，是天子。就连同一时期雄踞西方的恺撒大帝，手中的权力也无法超越他（表1）。

从一大清早就勤于政务，正是这一时期皇帝的最佳写照。[04] 无数人请求拜谒皇帝，就连皇帝欲享鱼水之欢时，都有臣下立于近前，等待皇帝裁决事务。[05] 尽管只有极少数近臣能够进入皇帝的私人空间，但烦琐依然。不久后，谒见就改为预约制了。[06]

皇帝急于向近侍（郎中）说些什么，但他刚刚起床，口干舌燥，一时间说不出话来。咳嗽了几声后，"咯——呸！"他吐出一口痰。就在那一瞬间，候在一旁的近侍（侍中）递上痰盂。侍中原本是负责管理尿壶和便盆的职位，一旦皇帝有需求，就要立刻上前。但这名侍中本就是位著名学者，虽被赋予管理痰盂一职，却让其他官员艳羡不已。[07] 就算是大将军，只要兼任侍中，就必须便盆在手，甚至还要在皇帝坐下排便时陪同聊天。[08] 由此可见，负责拿痰盂的侍中肩担何等荣誉。

甚至还有游牧民族的首领和贵族让美少年代替痰盂侍于近侧，有痰便吐入少年口中，[09] 以此夸耀自身权力。也有贵族不用痰盂，而将痰吐在仆人的衣袖上，并准许其休假洗衣。[10] 汉代的皇帝是否做到这一地步，目前尚不可知，但只要身居帝位，便可用上精美的黄金痰盂，比臣下手中的痰盂奢侈得多（图2）。[11] 从群臣力争捧拿痰盂和尿壶的举动中，即可窥见皇帝一手遮天的权力与威势。

皇帝慢慢悠悠地起床后，侍臣们便会身不由己地紧张起来。诏令就

表1 世界史关联年表

年代	东北亚	欧洲·北非	其他
公元前3世纪	公元前221年,秦统一六国。 公元前206年,秦朝灭亡。 公元前202年,西汉建立。	公元前221年,汉尼拔在迦太基成为将军。 公元前218年~公元前201年,第二次布匿战争。 公元前212年,塞琉古王朝东征。	佛教经典的第三次结集。 佛教在斯里兰卡传播。 公元前232年前后,印度孔雀王朝阿育王去世。
公元前2世纪~公元前1世纪	公元前195年~公元前180年,吕后专政。 公元前154年,吴楚七国之乱。 公元前133年,马邑之谋,与匈奴关系恶化。 公元前87年,汉武帝驾崩,霍光上位。 公元前51年,石渠阁会议。 王氏势力扩大。	公元前183年,汉尼拔和大西庇阿去世。 公元前149年~公元前146年,第三次布匿战争。 公元前133年~公元前121年,格拉古兄弟改革。 公元前73年~公元前71年,斯巴达克斯起义。 公元前44年,恺撒遇刺。 公元前27年,罗马帝国建立。	公元前180年前后,印度孔雀王朝灭亡。 公元前140年前后,大月氏国建立。 公元前129年前后,大月氏入侵巴克特里亚。 公元前99年,李陵投降匈奴。 公元前54年,匈奴分裂。 印度教创立。
公元1~2世纪	公元8年,王莽建立新朝。 公元25年,东汉建立。 公元79年,白虎观会议。 公元184年,黄巾起义。	公元14年,奥古斯都去世。 公元30年前后,耶稣被处死。 公元79年,维苏威火山喷发。 罗马帝国暴发天花。	犍陀罗艺术全盛期。 百乘王朝全盛期。 公元130年前后,迦腻色伽王即位。 安息帝国衰落。
公元3世纪	公元208年,赤壁之战。 公元220年,东汉灭亡。	公元211年~公元217年,罗马皇帝卡拉卡拉在位。 公元235年~公元284年,罗马帝国的军人皇帝时代。	公元226年,萨珊波斯帝国建立。 贵霜王朝灭亡。

(制表参考《详说世界史研究》,山川出版社,2017年。表格中的部分纪年存在争议,笔者在此取其大略。)

引言 ◇ 打开一本冒险的书

◇ 图2 汉 唾壶
（台北故宫博物院藏）

要发出了。皇帝的诏令必须绝对服从，反抗是要搭上性命的。诏令会由名为"尚书"的机构保管，若为下达给大臣的命令，则另有副本保存在大臣家中。[12] 此外，诏令的部分内容还会成为"律"和"令"，即法律的一部分，条条累积。臣下一旦接到诏令，便会审议内容、陈述己见，不过最终决定权仍然掌握在皇帝手中。听令后的臣子们一路小跑，速速离开朝堂，只为完成任务。

来自未来的男人

这时，一位老臣奔到皇帝身旁："陛下，天下太平，国泰民安。"这是马屁拍到了极致。皇帝不是傻子，不至于被这两句奉承话蒙骗。但这位老臣仪态端正，言辞得体，口中还飘出一阵阵丁香（古汉语称之为"鸡舌香"）气息。[13] 这股香气令皇帝渐渐心情舒朗，询问老臣："你有什么想说的吗？"

老臣答道："正如陛下所察。前日夜间抓获可疑之人，自称名为'柿沼阳平'，从未来之国前来，不觉间至此地，曰未来将无大汉之存在。其眼戴奇异物品，谓之眼镜。散发，着胡服，外表孱弱，面无须，言语亦模糊不清，恐其所言不实。妖言惑众，大逆不道，实当腰斩。本应依法处置，但无前例，故禀告陛下。顿首死罪。"

这里说的"顿首死罪"，是臣下和皇帝交谈时的固定表述，意为"我等下人向皇帝陛下陈述愚见，恳请陛下宽恕"。

当时的官吏任命多以貌取人，[14]会带来官运，而美男子的要素之一便是胡子。[15]如笔者这般下巴光秃秃的毫无风采之人，被当成宦官或罪犯也是无可奈何。当时有一种剃除胡须的刑罚（耐刑），常与其他刑罚合并执行。[16]当然也有人天生胡须稀少，三国时期的英雄刘备即是如此。这成了他的心病，还曾因此揶揄"饶须"（胡须茂密）的手下。[17]

所谓"大逆"，是指叛国之罪，其中也包括满口妖言，愚弄皇帝与官府的行为。[18]具体来说，汉代对待妖言的态度在不同时期有严厉与宽松之分，妖言惑众所受的刑罚也因具体情况有别，这里不再展开叙述。"腰斩"在诸般死刑中处于最高级别，"大逆"必会腰斩，且父母、妻儿、兄弟姐妹皆会遭到株连，无一幸免。[19]当时伪装成异国使臣的民间人士不在少数，也有外国人在国内四处游荡，[20]笔者极有可能会被视为他们之中的一员。

幸好皇帝心情已经好转。未来人多少勾起了他的兴趣，但对这种来路不明之人又不可能说见就见。"且勿杀之，然朕亦无须见之。暂许其居此地，静观其态便是。"自称未来人的笔者就这样开始了在大汉帝国的散步。接下来将要讲述的，即是笔者经历的一天二十四小时。

本书将采用虚构的角色扮演游戏形式来描绘中国古代帝国的一天二十四小时。前文的故事是笔者创作的引子，但每一段描写都基于史料。也就是说，前文的故事本身虽然纯属虚构，但放入中国古代的日常画面中也不会显得突兀。接下来的故事亦是如此，请诸位读者和笔者一同开启这段冒险之旅。

通向日常的历史

那么,古代中国人是怎样度过二十四小时的呢?在城墙环绕的都市或周围的聚落,究竟有着怎样的生活风景?人们住在何处?几点起床?每顿饭吃什么?每天吃几顿?怎样走路?怎样上厕所?人们通行的道路有名字吗?商店门口挂着招牌吗?物价如何?人们的恋爱、结婚、性爱与育儿经历是什么样子?孩子如何玩耍、学习、成长?人们能喝多少酒,酒桌上又有何规矩?有人宿醉吗?人们刷不刷牙?怎么看待头发稀少的男人?到了夜里,又会梦到什么?……

像这样关注人们日常生活的历史学,一般被称为"日常史"。本书将聚焦古代中国,尤其是秦汉时期的日常史,并适当加入前后相邻时期(战国时期与三国时期,即公元前4世纪中叶至公元3世纪中叶)的史料。从战国时期到三国时期,人们的日常生活并无太大变化,许多方面都可以放在一起进行论述。此外,若春秋时期和南北朝时期的史料内容相同,那么即可推测出夹在其间的秦汉时期有着怎样的日常。本书将利用这些史料来接近这一时期日常史的真相。如果穿越到古代中国,必须以角色扮演的方式在那个时代生存下来,那么诸位读者能否平安度过二十四小时呢?本书即是生存指南。

几十年来,以古代中国为题材的作品一直在日本的亚文化领域广受欢迎。例如在漫画界,以横山光辉的漫画《三国志》为代表,王欣太(李学仁原作)的《苍天航路》和原太久的《王者天下》等作品接连涌现。电影界也有《荆轲刺秦王》(1998年)和《赤壁》(2008年、2009年)等。那么,这些作品是否忠实再现了时代背景呢?对于虚构作品自有欣赏角度,但了解时代背景会让欣赏过程更有乐趣。对于亚文化的创作者来说,了解时代背景也是十分重要的。

调查研究中国古代日常史,其意义是多方面的。清末民初的思想家梁启超曾经引用过西方哲学家的格言:"时势造英雄,英雄亦造时势。"[21] 这一绝妙的表达至今仍保留在中文俗语中，为人们所用。古代中国英雄辈出，引领着历史的发展。说起中国古代史，诸位的脑海里应该都会立刻浮现出秦始皇、项羽、刘邦、汉武帝、曹操、刘备、孙权、诸葛亮等英雄的名字。这里所言的英雄，是指"本领高强、勇武过人的人"。

但是仔细一想便会明白，时代不只会生出"英雄"，仅凭"英雄"也无法创造出时代。在"英雄"的活跃背后，是无名百姓日复一日的支撑。在那些无名之辈中，许多人一生都与"英雄"毫无关联。然而，他们才是各个时期、各个地域的社会基础。[22] 在历史研究中，我们有必要去还原无名百姓的日常生活，他们的"日常史"具有极其重要的历史学价值。本书的开篇虽然涉及皇帝，但接下来将会完全聚焦在这些无名百姓的身上。

能用尽用

"无名百姓"一词说出来简单，但其中的个体千差万别，难以精确定义。现代社会也是如此。请诸位读者环顾四周，学生环顾所在班级，公司职员环顾所在部门。即使在有限的空间中，也存在着多种多样的"百姓"，他们不会在历史上留名，因此"无名"，同时又被国家统治，因此是国家的"百姓"。在"无名百姓"这个定义上，他们平等共生，但各自的出身和性格又截然不同。古代中国的"无名百姓"也是如此。

古代中国的"无名百姓"在日常生活中也是千差万别，很难事无巨细地描述他们的实际状态。此前也有欧美和中国的学者尝试进行日常史研究，[23] 但目前还停留在浅层描摹的阶段。正如昔日的民俗学家和民众史学者苦恼于"庶民""常民"等词语的定义一样，我们很难将千差万别的民众纳入同一个括号之中。秦汉时期版图辽阔，各地居民的生活方式多种多样。就算仅用饮食习惯或兴趣爱好举例，男性与女性，富人与穷人，不同群体之间的差异也是十分显著的。齐人平和，秦人稳重，楚人性急，燕人憨直。[24]地域不同，人们的气质也不尽相同。

但是，不知该说是幸运还是不幸，中国古代的相关史料并没有那么丰富，主要史料至多也就只有一千五百万字左右。如果印刷成与本书薄厚相当的书，那么一百本左右即可容下全部内容，专业研究者十年便能通读完毕。

因此，在过去的十年间，笔者每日都坚持阅读史料，发现与日常史有关的记述便摘抄下来。民众日常生活的相关记载七零八落，而且不存在常见的特定用语，因此无法使用最近流行的用数据库检索关键词的方法。笔者只能从头阅读史料，将日常史相关的部分网罗起来进行分析，并尽可能关注到最新学说。

一切材料，能用尽用。近年来，中国接连发掘若干遗迹，出土了建筑构件、遗体（白骨和干尸）、石器、陶器、石像等文物，还有木简、竹简、帛书等文字资料。古代墓室墙壁上的壁画以及画像石和画像砖，均呈现了当时的生活场景。此外，明器也是值得关注的对象。

明器是一种随葬品。中国的古人们相信死后的世界与生前世界相似，可以带着随葬品前往。曾有君主在临终前杀死奴隶和马匹，并将身边物品悉数放入墓中，但这种情况在普通人中并不常见。于是秦汉时期的人们将人、动植物、房屋和日用品做成像乐高积木那样的迷你物件随葬墓中，这就是明器。在重现当时日常生活场景的过程中，这些明器也是极其重要的史料。

如此一来，这些长期以来只会引起文人雅士注意的博物馆陈列品就成了历史学的资料，即"资料的史料化"。重视这一过程，也许就会让接下来将要描绘的日常史更加丰满真实。

多种方法齐头并进，但是仍然难以全面勾勒出民众的日常史。不过，在经历了收集史料的执着过程后，笔者最近终于大致摸清了古代中国二十四小时的生活风貌。本书希望将其中的有趣之处传递给诸位读者。在这一过程中，本书将不仅单纯地罗列详细史料，更会假设诸位读者穿越到秦汉时期后将要面临的问题，在尽量保持角色扮演这一形式的前提下，向诸位展现当时的日常生活。但愿笔者的讲述，能引发现代人的战栗。[25]

序 章

走进古代中国之前

确定"姓"与"名"

在踏入古代中国的世界前，让我们重新确定一下主人公的姓名。如果继续使用"柿沼阳平"这个名字，恐怕任何人都无法共情，也无法融入秦汉时期的民众之中。因此，笔者将遵循当时的规则，为主人公取个合适的名字。秦汉时，人们的名字一般由"姓""名""字"三者组成。

所谓"姓"，是从上古时代就存在的种族称呼，其中一部分源于种族的居住地名。数百年后，一个个"姓"的集团逐渐扩大，为了加以细分，人们创造出新的族名，即后来的"氏"。

公元前10世纪，推翻殷商的西周王朝将土地分封给家臣，给予他们一定的自治权，同时又重新将"姓"赋予他们，强化了君臣之间的关系。得到封地的一方也可以根据政治因素或个人喜好，自己选择青睐的"姓"。但是没过多久，这一稍显烦琐的过程就被遗忘得一干二净，人们默认同姓人群拥有共同的祖先。

另一方面，"氏"也为统治阶级所有，与"姓"相同，是以分封为契机从统治者手中获得的。例如曾经的周朝王族姓姬，王族成员被分封至各地后，就会得到周王赐予的"氏"。其他方式同样可行，但不同的"氏"确实达到了区分不同姬姓的目的。在这一层面上，"氏"的存在是便利的。

然而，从战国时期起，"氏"的使用开始蔓延到统治阶级之外，人们开始自称"姓××"或"××氏"。氏的由来变得难以说清，姓与氏开始混用。

到了汉代，姓氏已经不再平衡，张和王数量很多，李和赵也不少。有观点指出，这些姓氏是在战国时期出现户籍之际由国家统一赋予的，但也有说法认为大多数平民开始有"氏"是在两汉交替期，也就是公元元年前后。[01] 总而言之，在之后的一段时期中，姓氏一般是指单一的家族名。人们可以中途改变姓氏。西汉初期的仓库管理员就曾把姓改为"仓"氏或"库"氏，并让子孙后代继承。[02] 不过，奴隶并没有姓氏，只能依靠论功行赏的机会获得皇帝或主君的赐姓，从而取得户籍。

在姓氏之外，人们还有"名"，例如刘邦的"邦"和刘备的"备"。逝者的名又称"讳"。在当时的社会常识中，父母可以直呼子女的"名"，君主也可以直呼部下的"名"，但普通民众之间互相直呼"名"是有失礼貌的。因此，能将三国时期的英雄刘备直呼为"刘备"或"备"的，只有当时的皇帝和刘备的父母，以及刘备本人。

你的"字" [03]

那么，普通人之间是怎样相互称呼的呢？这里最重要的就是"字"。成年人有字是普遍现象，未成年人也可能有字。女性同样有字，例如三国时期的张夫人（钟会的母亲）字昌蒲，而步夫人的两个女儿鲁班和鲁育分别字"大虎"和"小虎"，意在象征威猛。朋友之间就是用字或"姓+字"来相互称呼的。

秦朝末年称王的陈胜（字涉）与年轻时的同事重逢，对方就称他为"涉"。[04] 东汉末年曹操拉名将文聘入伙的时候，为了表示亲密，特意以文聘的字相称："仲业，卿真忠臣也。"[05] 在原谅违背命令的脂习时，曹操也用字称呼对方。

取名和取字的方法多种多样。名大多为父母所取，字则可能来自父母、亲戚或自己。出身卑微的人会根据自身特点来称呼自己，骑白马的张白骑、身手敏捷的张飞燕、声音洪亮的张雷公、胡子茂密的于羝根、眼睛大的李大目等，都属于这一类。[06] 这类称呼的性质与字相近。取名者的文采和教养缺一不可，这一点古今相同。

以三国时期的天才军师诸葛亮为例，诸葛是姓氏，亮是名，孔明是字。"亮"意为"明亮"，"孔明"意为"格外明亮"，着实是个含义美好、闪闪发光的名字。孔明的主君刘备姓刘、名备、字玄德，"备"意为准备周到，"玄德"意为"崇高的道德"，可以一窥取名者的教养之高。与此相反，乡下人刘邦的父母似乎没受过教育，他的字"季"意为老四，实在太过直白。不过话说回来，一旦名或字的含义过于美好，当事人若有负自己的名字，反而会遭到耻笑，[07] 取名还是适度为好。

时代不同，流行的名和字也不同。以《三国志》为例，能够确认的字有千例之多，其中出现次数最多的是"子"，且大都出现在第一个字的位置上。其次是文、伯、公、元、仲、叔、季、德，出现的次数也不少。这些字通常在第一个字处出现，可以看成是一种既定模式。而在第二个字的位置上，字的类型更加丰富，与他人重复者不在少数，如子远、子正、子明等，都是热门选项。

与三国时期形成鲜明对照的，是春秋战国时期的虮虱、犬子、狗子等名字。这在当时并无不妥，却惊掉了后人的下巴。[08] 这大概是源于刻意使用鄙陋之字以辟邪的说法。丰臣秀吉就曾给期待已久的孩子取名为"弃"。

取好的名和字，日后也是可以更改的。邓艾在十二岁时受到一篇碑文的影响，自行决定更名为范，字士则。后来同族有人取了和他一样的名，他便又改名为艾。东汉末年的英雄关羽原本字长生，逃亡在外后将字改为云长。诸葛乔原本字仲慎（"仲"意为次子），是诸葛瑾的次子，后来被诸葛亮收为养子，成了长子，便将字改为伯松（"伯"意为长子）。

在古代中国，人们改名、改字是相对随意的，让现代人难以理解。随时随地可以改变姓名，也就意味着本书主人公的名字可以自由变化。因此，还请诸位读者自行命名，各有所思。

以字相称的注意事项

接下来，就让我们四下招呼，征集一同冒险的伙伴吧。古代中国的世界有何危险尚不得知，还是叫上两三人同行比较稳妥。

在招呼同伴时，有些事情是必须注意的。正如笔者在前文所述，多数古代中国人既有名又有字，但不能直接以名相称。除了皇帝称呼臣子、父母称呼孩子以外，关系亲密的官吏之间也有以名相称的情况出现，但这原则上是不允许的。[09] 尤其是皇帝的真名，从口中说出的瞬间即是违规，使用相同汉字撰写文章也不行，这一原则被称为"避讳"。而且不仅是名，称呼皇帝的字有可能也是禁忌。

西汉宣帝名病已，一切公文都禁止使用"病""已"二字。宣帝自觉实在不便，于是亲自改名为"询"，特意将"病""已"二字的使用权限给予臣下。"闻古天子之名，难知而易讳也。今百姓多上书触讳以犯罪者，朕甚怜之。其更讳询。诸触讳在令前者，赦之。"[10] 三国时期的皇帝曹奂也是如此，原本的名和字是当时的常用字，难以避开，于是在即位后亲自更改。如果臣子的名和字与皇帝重复，那么最好由臣子自行改动。例如孙吴的孟仁原本名孟宗，孙皓（字皓宗，后改为元宗）即位后，孟仁为了避开孙皓的字，将名改为仁。

正因如此，西汉的刘邦在打倒对手项羽（姓项，名籍，字羽）后，让项羽的旧臣们说出"籍"字，[11] 如同日本江户时代禁教令强迫天主教徒踩踏圣像一般。对于现代人来说，古人对皇帝名字的敬畏恐怕让人费解。

那么，在称呼皇帝之外的其他人时，以字相称是否就完全妥当呢？

事实未必如此。朋友之间尚且不论，人们在和地位身份更高的人打招呼时，也要尽量避开直呼其字。面对晚辈也是如此，若是工作上的伙伴，多少都要表达敬意。尤其是在皇帝面前，臣子之间也不能以字互称。[12]

归顺刘备的马超以字称呼刘备，周围的人听见了，当即怒不可遏。[13] 在南北朝时期，就连皇帝年幼时的小名都不能随便说出口，例如梁武帝的小名叫"阿练"，其后代在提到"练"（单字意为织物）时都用"绢"字来代替。[14]

礼貌的称呼方式

名也不行，字也不行，我们究竟该怎样称呼长辈和上级呢？

从结论上讲，我们应该对皇帝称"陛下"，对同事和部下称"君""卿"。严格说来，根据官职不同，卿和君也需要区别使用，[15] 但此处不再详述。称呼官员时既可使用"姓＋官职名"，也可使用"姓＋阁下"或"姓＋执事"，一般不会出错。[16] 这与如今学生叫我"柿沼老师"或"柿沼教授"同理（虽然也有学生叫我小柿……）。称呼高位者为"足下"也比较妥当，《汉书》中有郦食其问沛公："足下欲助秦攻诸侯乎？欲率诸侯破秦乎？"[17]

此外，在汉代，人们会称祖父为"家公"，称父亲为"家父"，称母亲为"家母"。家人之间的称呼方式多少有些麻烦，例如出嫁的女性依然保留原来的姓氏，放到今天来说就是夫妇别姓。称呼兄长时则可用"大兄"。

还有一些称呼方式是包含责骂、侮辱或喜爱之意的。如奴隶在汉代被称为"畜产"，在南北朝时期被称为"豚""犊"。[18] 叱骂对方时，"孺子""秃翁""貉奴"都是常用词。在恋人之间，直呼对方的名当然没有问题，在江南一带还有称"欢"的习惯，正如"思欢久，不爱独枝莲，只惜同心藕"。[19]"欢"相当于现代英语中的"sweetie"（小甜甜）或"my sweet heart"（我的甜心）。顺便一提，有的妻子也会称丈夫为"卿"。"亲卿爱卿，是以卿卿；我不卿卿，谁当卿卿？"[20]这时的"卿"表现出的是两人亲密的关系，类似"老公"的感觉。

与人交谈时，如何使用第一人称代词也是必须注意的。"汉天子正号曰皇帝，自称曰朕。"即皇帝自称"朕"。王侯根据时期和地域，可能会用"孤""寡""寡人""不穀"来自称。[21]在皇帝面前，男性自称"臣+名"，女性自称"妾+名"。三国时期的诸葛亮向皇帝献上的名篇《出师表》（《文选》所收），开头即是"臣亮言"。庶民之间也有自称"仆"的情况，《史记》中曹丘对季布说话时就用了"仆"字。[22]

这样的规则乍一看无聊至极，却是日常生存的必需品。就算是现在，也不会有不及格的学生跑到笔者这里，说什么"喂，阳平，朕想从你这个混账那里拿学分"。正常人一听就知道话不能这么说。想要讨上正常生活，就必须注意遣词造句，这一点古今相通（当然，就算用语得当，不该给的学分还是不会给）。总而言之，掌握了上述规矩，诸位应该就能安心地与他人寒暄了。至于要不要征集伙伴，还请诸位自行判断。

查看地图——郡县乡里的结构

踏上冒险之旅，地图必不可少。现在让我们展开地图，确认大致的前行方向。当时的地图多为上南下北，[23]与现在的截然相反，还请诸位尽量不要出错。战国时期关中地区的地图被视为现存最古老的地图，[24]但多少有些模糊不清，因此笔者还是想以西汉初年长江中游的详细地图作为参考（图0-1）。[25]地图上随处可见"里"，即圆圈中写有汉字的地方。里是行政区划的一种。

当时，人们的住宅在行政管理上总会属于某一个里，其中有些里有土墙环绕。较大的城市（后文将会提到的郡城和县城）中包含若干个里，它们排列整齐，相邻相接，里与里之间建有土墙（院）。[26]这些土

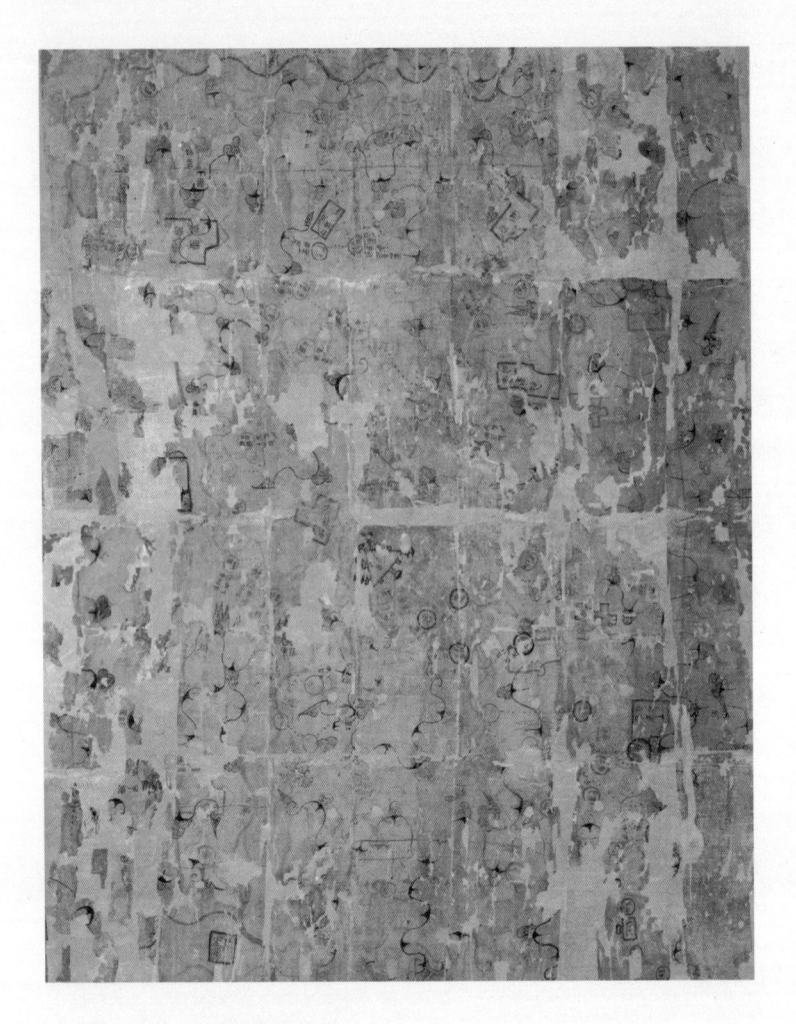

◇ 图 0-1　汉　长沙国南部驻军图
（湖南博物院藏）

墙和行政机关的墙垣由官员管理，且建好后一年内若有损毁，负责人将会受到惩罚。[27] 里中有门，看门人称为监门，人们可以自愿应征担任该职，并由此获得最低限度的食物保障。[28] 由于工作内容十分简单，不少监门都由残疾人担任。[29]

另一方面，乡下随处可见聚落的存在。聚落的性质与里不同，既有两个聚落组成一个里的情况，也有两个里存在于一个聚落中的情况。在图0-1中，概念上的"里"虽然分散在各处，但人们并非严格按照里的划分来居住。里是行政区划的一种，不等同于自然聚落。[30]

有说法认为农民农闲期居住在聚落中，农忙期在农田附近修建小屋居住，户籍上则登记为"××里"。有些聚落也出现了十人左右的农民独立住在农田附近的情况，在户籍上，他们也属于某一处的里（图0-2）。[31]

聚落的大小各不相同，但基本都有几十人到几百人居住。若干个里组成乡，若干个乡组成县，若干个县组成郡，每个县会有一处市场。在乡一级，有一个市场就已经算是不错的了。[32]

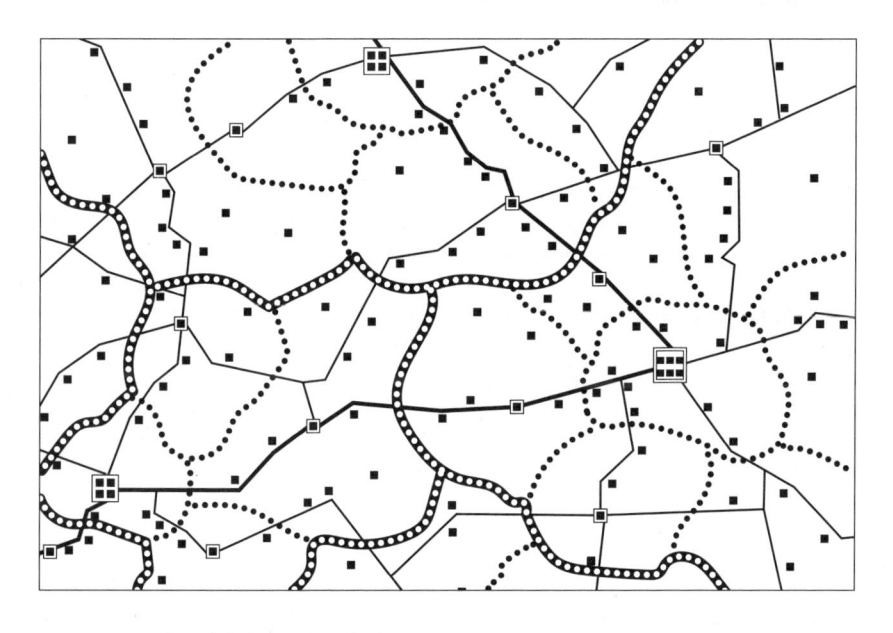

◇ 图0-2　秦汉时期的郡县乡里模型
* ■为聚落，虚线为乡的边界，白点粗线为县的边界，细线为干道，粗线为主干道，包含聚落的□为乡的治所，包含数个聚落的□为县城，包含数个里的□为郡城。

郡与县的官府都设置在某个里中，这与日本如今把东京都新宿区政府设置在新宿区歌舞伎町、把东京都政府设置在新宿区西新宿相似。县衙所在的乡称为都乡，其余的乡称为离乡。大部分都乡四周被高耸的城墙包围，称为县城。如果郡衙也设置在此地，则称郡城。县城内有若干个里，城外也有数个里散布。因此，如果你是汉代居民，那么户籍上的住址就会是"汉××郡××县××乡××里"。

郡城与县城

郡县乡里的人口规模因时期和地域而异。尤其是从西汉到东汉，郡县乡里的数量减少，亭（警察局）[33]的数量也大幅度减少。背后理由众说纷纭，暂且不做详论。[34]此外，当时中国北方与南方的都市分布存在巨大差异，大部分人口集中在北部，南部人口则相对稀疏（图0-3）。取平均值看，一里所住人口不到一百户，一乡平均一千五百户到两千户，一县平均七千户到一万户。[35]

关于郡城的规模大小，以黄河中下游为例，除了临淄（2 200万平方米）、洛阳（1 350万平方米）、即墨（1 250万平方米）、邯郸（1 178万平方米）和商丘（1 020万平方米）等比较突出的大型郡城，还有不少500万平方米左右的中型郡城，其余则大都在300万平方米上下。而在县城方面，除了约800万平方米的曲沃等个例，绝大多数县城都少于100万平方米。县城中也有比郡城更大的。[36]郡原本由多个县组成，但偏僻的郡和大规模的县在人口上发生了逆转，这与现代日本东京都世田谷区的人口多于鸟取县的现象相似。[37]

观察郡城和县城，就会发现官员与部下工作的区域和平民居住的区域是以土墙相隔的。前者为城，后者为郭。前者建内墙，后者建外墙，共同构成城郭。

县城的门到了晚上就会关闭，强行翻越城墙会遭到处罚。[38]这一法

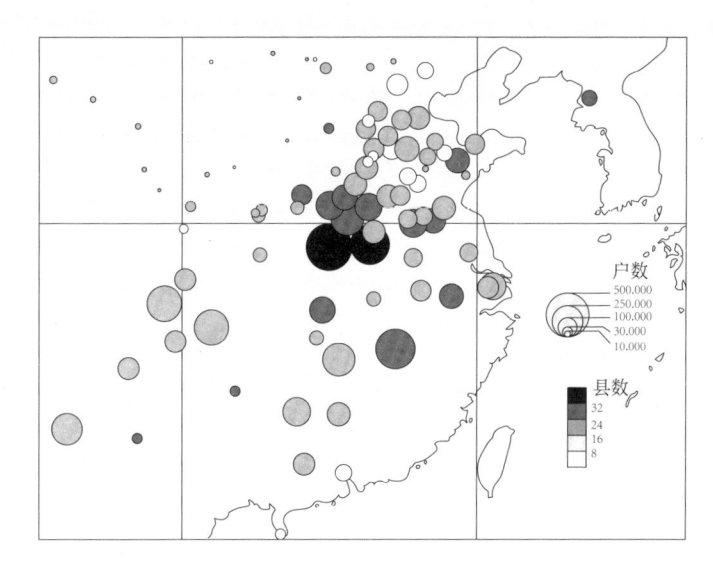

◇ 图03 西汉的人口分布

规同样适用于白天，不能擅自破坏里、官衙和市场的墙。[39]

让我们来看看西汉的首都长安。根据《汉书》记载，西汉末年的长安县拥有八万零八百户，约二十四万六千二百人居住在这里。[40] 这是长安县的总人口数，并非全员都居住在长安城内，只有一部分人生活在城郭内部，大半人口都在城外散居。城郭内有大约一百六十个里，若按一里等于一百户计算，则城郭内居住着大约一万六千户。除了皇帝的居住区域，城郭内各种规模庞大的官府和住房林立，一万六千户居民就生活在这样的环境中。

方言的问题

冒险的准备工作到此为止。最后，笔者还想提醒诸位注意方言问题。当时没有普通话的概念，各个聚落的口语存在极大差异，文字的使用方法也不尽相同。在秦始皇统一天下（公元前 221 年）后，语言统一的进展仍十分缓慢，汉代甚至出现了专门编纂的《方言》，介绍各地的方言情况。

秦始皇还曾计划统一各地的字体，但是到了汉代，这一工作的进展依旧难称顺利。曾经的日本也是如此，像笔者这样出生在东京的人前往其他地区，也会遇到语言完全不通的情况。面积数十倍于日本的中国自然存在多种多样的方言，这些方言差异颇大，难以相信它们竟然属于同一种语言。即使在当代中国，前往乡村进行田野调查仍会不断遇到交流困难。因此在下文中，笔者将假设诸位读者已经吃过了《哆啦 A 梦》里的道具"翻译魔芋"（跨越语言障碍的食物），以此为前提继续讲述。

第一章

黎明的风景
清晨四点到五点

古代中国的二十四小时 ◇ 秦汉日常生活指南

曙光照耀的版图

　　平凡的一天正要开始，东方的天空渐渐明亮起来。位于内陆的大都市雒阳（洛阳古称，下文均写作"洛阳"[01]）一带，自古以来被称为中原。这里地势平坦，没有什么能遮挡太阳的光芒。但帝国版图辽阔，即使到了这个时间，也还有阳光照耀不到的地方。环视帝国境内，北有黄河，中有相对较短的淮水，南有长江，皆自西向东流淌。西高东低的大陆决定了河水的流向，汉代人已经注意到了这一点。正如《论衡》所载："水之行也，东流入海也。西北方高，东南方下，水性归下，犹火性趋高也。使地不高西方，则水亦不东流。"[02]

　　荒凉的黄土高原在黄河流域铺展开来，森林和草原也随处可见。[03]黄河古人以"河"相称，原本十分清澈，沿岸也曾森林广布。但是到了秦汉时期，黄河水已经开始冲刷席卷周围的沙土，变得昏黄浑浊。而且与农村地区相比，靠近都市的河川会遭受生活废水的污染，污浊程度更甚。[04]

　　尽管如此，整个华北地区仍然残留着森林和草原（图1-1）。景观的历史性变化背后究竟是自然力量还是人为原因，判断起来实属困难，[05]而且也不能过分强调其与现代自然景观的差别。但正如后文所述，动植物的生态系统多少存在时代差异，这一点是毫无疑问的。

多种多样的森林

在朝鲜半岛和黄河中下游,到处都是落叶树林。这样的树林也被称为夏绿林,夏日里绿意盎然,枝繁叶茂。其中多见蒙古橡树和辽东橡树,到了秋天红叶连绵。冬季叶落,阳光极易射入林中,光秃秃的枝干看起来寒意瑟瑟。这样的树林不仅能让人享受到四季各异的风景,还能轻松获取栗子等淀粉来源。林中也有包含皂苷和单宁等成分的树叶,用水焯过后即可食用。因此,落叶林自古以来就是提供四季美景的便利地带。然而落叶林仅仅分布在华北地区,其他地方皆是草原和黄土高原。

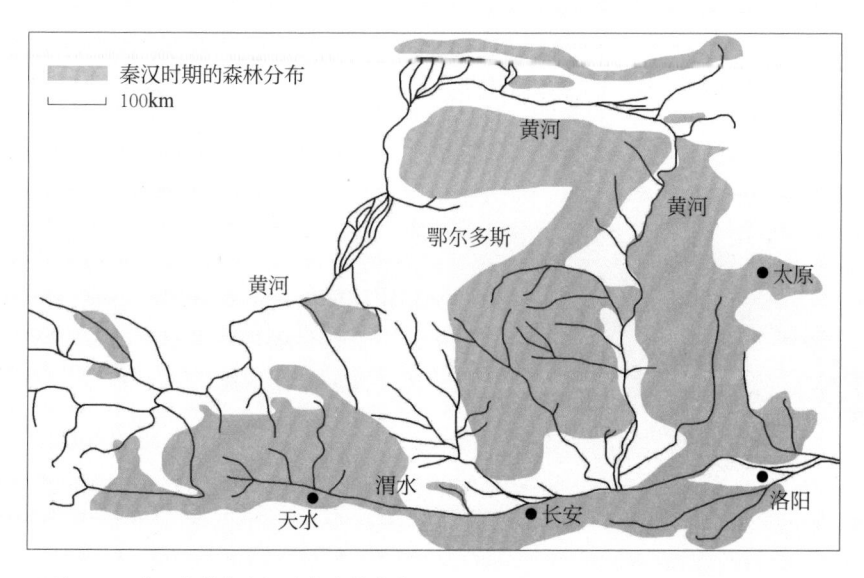

◇图1-1 黄河中游的秦汉时期森林分布
(包含现存森林地带。参见史念海,《史念海全集》第3卷,人民出版社,2013年)

另一方面,长江流域的森林覆盖率更胜一筹,且多为常绿阔叶树(图1-2),叶片光泽明亮,宛如吉卜力工作室的电影作品《幽灵公主》

中的风景。[06] 常绿的特征让这些森林地带四季恒常，阳光难以射入，因此一直被视作非人类生命居住的领地，留下了不少旅人遭遇神明或妖怪的传说。

其实在长江流域，即使到了汉代，仍有许多大象繁衍生息，彼时的生态系统与现代中国截然不同（图1-3）。犯罪者和不堪忍受地方统治的平民只要逃入这一地区，就很难被抓到。他们被称为"山越"或"夷"，其中有人甚至长年不与平原居民来往。生活在东晋末年（公元4世纪末～5世纪初）的诗人陶渊明写有《桃花源记》，描写了主人公迷路进入桃花仙境的情形，其背景正是平原居民与山地居民分开居住的历史事实。[07]

人们居住在茂盛的森林地带或大山深处，其中不乏拥有独特思想或倡导独特宗教的个体。例如四川省的山间就有地方被视为禹王的宗教圣域，官府不得逮捕逃入其中的人，[08] 相当于西方历史中提供庇护的宗教场所。

◇ 图1-2　橡树林带与常绿树林带（参见佐佐木高明，《常绿树林文化》，中央公论新社，2007年）

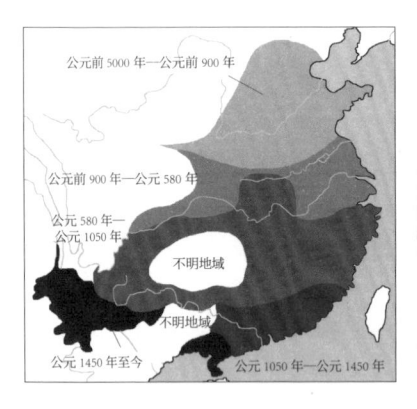

◇ 图1-3　大象的南迁（参见 Mark Elvin, *The Retreat of the Elephants: An Environmental History of China*, London: Yale University Press, 2004）

东西的时差

如前所述，黄河流域与长江流域就连黎明的景色都差异分明。当然，由于时差的存在，东部与西部的风景也是不同的。当曙光照射东海岸时，洛阳以西的大都市长安，以及更偏西北的敦煌等城市仍然处在暗夜的包围中。汉代掌控丝绸之路时，整体版图呈东西向拉长之势，这使得东西两侧时差进一步扩大，达到四个小时之多。

同样是清晨四点，居住在东海岸的人们与敦煌的人们目睹的景色迥然相异。当时也有人注意到了时差带来的不同。[09] 汉代版图的西部是开阔的中亚，位于边缘的塔里木盆地（中心是塔克拉玛干沙漠）有士兵驻屯。除了夜晚值守的士兵，其他人都还在熟睡。到了隆冬季节，整个汉帝国会有几个小时完全笼罩在夜晚的黑暗中，其他时候则总能找到沐浴阳光的地方。而在日落后，也并非所有人都会安静沉眠。从这一点上来说，秦汉堪称"不眠的帝国"。

古代人的季节感

当时还没有格林尼治标准时间，人们无法像现在这样严格按照时钟生活。在万里长城以北，即使到了公元1000年前后，人们对月份和日期的认识仍然淡薄。[10] 生活在帝国一隅的人们究竟会在多大程度上执着于月份、日期和时刻，目前仍存在疑问，而且应该没有人会在乎到分和秒的程度。接下来，笔者将对此进行说明。

首先，为了理解古代人的季节感，让我们来看看当时使用的汉字。原本"日"意为太阳，"月""夕"意为月亮，"朝"是月光照耀下太阳从草丛中升起的模样，"年"则是表现人背谷物的会意字。此外，"春"字象征草木发芽，"秋"字可联想到蟋蟀等昆虫。也就是说，上古的人们是从天文、谷物和生物的样子中感受时刻和季节的。

从事农业和商业的人对季节尤其敏感，否则将会影响到自己的生计。对他们来说，"历"非常重要。各个时期的君主为了保证这些子民的生活，更为了把握天意、完成祭祀，都十分重视在天体观测的基础上制定历法，即观象授时。

在这一过程中，人们逐渐认识到一年分为四季。"夏"字与"冬"字在商代（约公元前1600年~约前1046年）尚不存在，但是对冬至、春分、夏至、秋分的认识，以及观测日出和日落的系统，早在商代之前就已完备。[11] 对于古代中国人来说，大致掌握季节和历法是必不可少的。

掌管时间

秦汉时期的君主和官员不仅试图把握季节，还试图在一定程度上把握时间，使用水钟（漏刻）将一日划分为一百份，形成百漏刻制（图1-4）。水钟的刻度为昼夜百刻，每一刻的时间相同。计算时间时以日出为基准，每个季节的昼夜长度皆会变化。

例如在西汉，冬至时昼漏四十刻、夜漏六十刻，夏至时昼漏六十刻、夜漏四十刻。昼夜长度每九天变化一次，每次变化一刻。此外中途还会进行微调，有时会将一日划分为一百二十刻。[12] 当时，水钟是以最高技术制作的精密仪器，[13] 城市或聚落最多有一台，绝非家家户户普及之物。地方上的县和乡都有专门负责检查时钟的人员，日出时击鼓报告天亮，日落时鸣钟

◇图1-4　汉　青铜漏壶
（中国国家博物馆藏）

以示夜晚来临。[14]《周礼》中可见相关官职，如随军掌管水钟的"挈壶氏"，以及在举行国家祭祀的早晨负责高声报时的"鸡人"。

《周礼》从西汉末年开始受到重视，从中可以看出早在西汉以前就出现了掌管时间的官吏。此外，南北朝时期（公元420年~公元589年）的诗歌中可见"晓钟"（黎明的钟）一词，说明天亮时不仅要击鼓，有些地方还有鸣钟的规定。

从季节到月日，再到每一天的时间，秦汉时期的官员就是这样努力把握精确时间的。从这一视角来看，秦汉帝国中并非没有讲究月份、日期与时刻的人。但正如前文所述，平凡度日的民众不会经常关注这些方面，甚至多数民众都不会注意水钟的存在，而是将一天粗略分割，在其中自由生活。

时刻的名称

话说回来，如今的我们将一天分为二十四小时，这在古代中国是没有的。在中国的历史上，人们大致以晚十一点到凌晨一点为"子"，以凌晨一点到凌晨三点为"丑"，以凌晨三点到凌晨五点为"寅"，按照子、丑、寅、卯、辰、巳、午、未、申、酉、戌、亥的顺序，将一天进行十二等分，是为十二时辰制。但这一划分方式的历史并不悠久，先在南北朝时期制度化，后在唐宋时期普及开来。也就是说，汉代别说二十四小时制了，就连将一天利落地进行十二等分这一行为都尚未确立。[15]虽然存在不同观点，但笔者在此并不打算就十二时辰制的确立时期进行更多的讨论。

比起这点，笔者更想关注的是汉代人因地制宜划分时刻并命名的行为。时刻名称种类繁多，留存的史料中既有将一天划为十六份的，也有划为二十八份的。究竟哪种方式才是正式制度，如今仍然无法判明，地域和时代的不同也可能是造成方式不同的原因所在。

让我们来确认一下文献和简牍中的时刻数量，分别如下：战国时期的睡虎地秦简中有十二个，放马滩秦简中有十六个，秦朝的周家台秦简中有二十八个，西汉前期的孔家坡汉简中有十个，《淮南子》中有十三个，西汉后期到东汉前期的悬泉汉简中有三十二个，居延旧简中有二十七个，东汉的《论衡》中有十二个（表1-1）。

此外，这些简牍的名字均由现代研究者命名，古人并不这么称呼。命名规则非常简单，大致为"出土地的地名+朝代+简"，例如"从湖北省云梦县睡虎地秦墓出土的简牍"就被命名为"睡虎地秦简"。居延地区多次出土简牍，因此出现了特例，将20世纪30年代出土的简牍称为"居延旧简"，将70年代出土的称为"居延新简"，加以区别（最近又有新发现，已无法再用新和旧来区别，让研究者颇为苦恼）。此外，作为研究机构的岳麓书院在古董市场购买的秦代简牍被称为"岳麓书院藏秦简"。

正如表1-1所示，诸史料中的时刻名称多有相似之处，但并非完全一致。不过在这些名称中，确实包含着诸如"黎明""黄昏"等界限相对模糊的划分方式。

根据这些史料，一天之内的时刻名称至多有三十多种，排列规律也相对明显。其中"平旦"象征太阳悬在地平线上（象形字"旦"生动地表现了这个画面），"日出"意为太阳升起，"日中"意为正午，"日入""黄昏"（天空变黄变暗）意为日落，"夜中"意为深夜。这些名称从字面就能确认含义，并帮助我们将当时的制度与现今的二十四小时制大致对应。

例如洛阳的日出一般在清晨五点到七点间，因此"平旦"和"日出"可归为这一时段。若以此为基准，那么"鸡鸣"为清晨四点左右，"食时"为包含上午九点在内的时间段。当然，如上所示，将汉代和现代的时刻逐一对应是不可能的，只能进行相关推测。各时刻名称正如表1-1显示，是反映人们各个时间段生活状态的重要史料。

表1-1　诸史料中的秦汉时期时刻名称

时刻	放马滩秦简	睡虎地秦简	周家台秦简	孔家坡汉简	悬泉汉简	居延旧简	论衡	淮南子
6点	平旦	平旦	平旦	平旦	平旦	平旦	平旦	旦明
	日出	日出	日出	日出	日出	日出	日出	
			日出时		二干			
	夙食		蚤食	蚤食	蚤食	蚤食		蚤食
9点		食时	食时		食时	食时	食时	
	莫食	莫食	食坐	莫食	食坐	食坐		
			廷食			禺中/东中/日东中	禺中	
			日未中		日未中			
正午	日中	日中	日中		日中	日中	日中	正中
	日西中				日西中/西中/昳中			
			日过中		日过中			
		日失	日失	日失	日失		日昳	
	昏则	下市		□市（□为缺失的字）	蚤铺			小还
		舂日	铺时	暮市	铺时	铺时	铺时	铺时
		牛羊入			铺坐			大还
15点			下铺		下铺	下铺		高舂
	日下则		夕时		夕时			下舂
	日未入		日毚入		日未入			悬车
	日入		日入		日入	日入	日入	
18点		黄昏	黄昏	黄昏	昏时	黄昏	黄昏	黄昏
					夜昏			
	昏		定昏		定昏	昏时		定昏
			夕食		夜食	夜食		
		人定	人郑	人郑	人定	人定	人定	
21点	夜莫		夜三分之一		几少半			
	夜未中		夜未半		夜少半			
					夜过少半			
					夜几半			
0点		夜中	夜半		夜半	夜半	夜半	
	夜过中		夜过半		夜过半	夜过半		
					夜大半			
			鸡未鸣		大晨			
			前鸣		鸡前鸣	鸡前鸣		
3点	鸡鸣	鸡鸣		鸡鸣	中鸣	鸡鸣/鸡中鸣	鸡鸣	
			鸡后鸣		后鸣	鸡后鸣		晨明
			毚旦		几旦			朏明

第一章 ◇ 黎明的风景 ◇ 清晨四点到五点

黎明之前

现在正是清晨四点到五点之间，大约是"鸡鸣"之时。后宫有数位无聊的女性，心情不佳，也无法入睡，只得等待清晨的到来。有人早就厌烦了报时的钟声，连水钟发出的声音也嫌嘈杂。[16]一位因无法生育而被休弃的女性直到"鸡鸣"之时也未能合眼，一边叹气一边在庭院中踱步。[17]

"志士惜日短，愁人知夜长。"[18]自古以来，人们对时间流逝的感受各有不同。坐牢的人度日如年，面临行刑的人度日如秒。[19]人们就这样开启了各自的一天。

距离日出还有一段时间，大多数人还在沉静的睡梦中。但"平旦"就要到来，意味着朝廷中政治活动"听朝"的开始。在举行听朝的日子，宫城门前此时已经聚满了等待开门的官员。[20]《汉书》中有"旦受诏，日食时上"[21]，意为汉武帝在平旦时下诏，官员则在"食时"（上午九点左右）答复。我们这些未来人的相关消息传入皇帝耳中，也是在这一时间段里。

皇帝在场的会议并非每天召开。若皇帝每五天能有一次亲政，则属勤政之列："五日一听事，自丞相以下各奉职奏事，以傅奏其言，考试功能。"[22]每月一日和十五日还会召开决定政策的"公卿议"，不仅有部分政府高官参加，就连皇帝也从一大早就列席其中。[23]正如3世纪末的诗作所咏，"终朝理文案，薄暮不遑眠"[24]。在繁忙时期，即使不是开会的日子，官员们到了这个时间段也已经忙得四脚朝天。为了能早早起床，他们前一天大概都会早早入睡。

黎明的背景音

除了部分供职于官府的人，其他人此时都还睡眼蒙眬。于是公鸡耐不住了，开始打鸣嘲笑起这些人来。

鸡原本是遵从自己体内的生物钟来行动的，一般会在太阳升起前两个小时打鸣。[25]以现在的洛阳为例，每年四月的太阳大约会在清晨五点十五分越出地平线，因此鸡会从凌晨三点十五分左右开始鸣叫。但是，在扬州停留的圆仁法师曾在开成三年（838年）七月十九日的卯时（早晨六点左右）听到鸡鸣。[26]这么一看，鸡鸣的时间可谓相当不定，只能说大致在凌晨三点到早上六点之间。根据汉代的时刻名称，这一时间段恰好被称为"鸡未鸣""鸡鸣""鸡后鸣"。鸡是一种会交互鸣叫的禽类。所谓交互鸣叫，就是领头的公鸡一打鸣，附近的公鸡也会随之发出齐鸣。这样的鸣叫即刻就会打破黑夜的宁静。

伴随着鸡鸣，许多人都会醒来。尤其是为了方便农耕而在农田旁边建小屋而居的民众，钟鼓声无法传入他们耳中，只能依靠朝阳和鸡鸣起床。《韩非子》中有"使鸡司夜"，《淮南子》中有"令鸡司夜"，[27]都在描述同样的场景。

在一个家庭中，率先起来的会是谁呢？对于那时的人们来说，儒学是生活中的重要行动指南。众所周知，儒学来自春秋时期的孔子，后由他的弟子们传承发展。到了西汉后期，儒家思想成为官学的中心，[28]并化作上流阶级的生活指南。

根据儒家思想，子女必须对父母和祖父母尽孝。孝不仅限于传续香火，还包括尊敬、侍奉、体贴父母和祖父母，闻鸡而起，照料长辈们的起居。因此，在鸡鸣声阵阵传来的时候，遵循孝道的人们便会快速起床，开始晨间的准备。

不过，在儒家经典中，也有"礼不下庶人"[29]的说法，大量民众并不会被礼仪束缚。况且并非所有子女都会孝敬父母。有位父亲就为自己的混账儿子所苦，甚至到官衙请求官员将儿子杀掉。[30]各家有各家的过法，既有家中奴隶早起忙碌，也有母亲为了做早饭先起床的情况。

朝阳终于洒向洛阳城东侧的城墙，笼罩在附近村落上空的晨雾也渐渐散去。阳光射入四周的森林中，动物们陆续醒来。宫殿内，宫女和宦官们已经开始忙里忙外。

站在聚落里竖起耳朵，便会发现早晨真是安静得不可思议。聚落和市场的入口仍然关闭，无法运输商品。侧耳一听，马匹的嘶鸣声隐约传来，随之还有猪和牛的叫声。边境地区也寂静无声，若是一大早就弄得叮当作响，在烽火台通宵值班的士兵怕是不会有好脸色。排水沟流水潺潺，[31]但影响微不足道。

继续倾听，耳边接连传来蛾子和苍蝇嗡嗡振翅的声音。[32]蚊子和牛虻会在某些季节或地区出现，扰得人整夜难眠，最好备上蚊帐，否则"蚊虻嘈肤，则通昔不寐矣"，"蚊虻甚多，其大如蝇，入夜恼人，辛苦无极"。[33]有的家中还会传来幼儿的哭声。从生物学的角度来看，幼儿一旦午睡过多，夜里就难以入眠，哭闹不止。[34]这在古代中国的幼儿身上也属理所当然。另外到了这个时间段，肯定还会有尿湿了尿布而大哭的幼儿。彼时尿布名为襁褓，可以做幼儿时期的代名词。《列女传》中有"妾幸得离襁褓，受严命而事夫"，[35]可见襁褓一词所指。关于孩子的生活，我们下文再述。

哭声之外还有梦话。例如战国时期的韩昭公，梦话句句清晰真实，因此为了避免把国家机密泄露给妻妾，他一直独自就寝。[36]

背巷里的醉汉

让我们在此把目光转回城市。有个男人正在背巷里嘟嘟囔囔念叨个不停，东倒西歪地靠在民宅的外墙上。"中有双飞鸟，自名为鸳鸯。仰头相向鸣，夜夜达五更。行人驻足听，寡妇起彷徨。"[37]路上的行人和彻夜未眠的人在这个时间段都不罕见，所以小路上走来个醉汉也没什么稀奇。

在汉代的法律中，三人以上没有正当理由一起喝酒称为群饮，是明文禁止的。[38]因为醉汉们或是容易意气相投群聚而起，或是可能借喝酒之名行谋反之事。但是，我们并不确定这一法律的生效日期和限定条件，毕竟现存史料中随处可见官员们群饮的情形，《汉书》中即有"群饮""共食"的描述。[39]

小酒馆里也经常人声鼎沸。例如汉高祖刘邦有两家常去的酒馆，"每酤留饮，酒雠数倍"。[40]刘邦一露面，店里就被客人挤得水泄不通。到了傍晚，市场关门，城市的大路也实行交通管制，[41]人们无法在城内的酒馆彻夜饮酒、醉卧街头，但是城外孑然而立的酒馆则不受限制。眼前的醉汉大概也是由此而来。

喝醉的不只这个男人，隔壁的巷子里还有一个，而且倒霉兮兮地遇到了趁黑灯瞎火打劫的强盗，浑身被抢了个精光。再过几个小时，当他发现就连手头那点儿小钱都消失得无影无踪时，恐怕会惊得目瞪口呆。要是能找到被盗的证据那还好说，但眼前的状况怕是相当困难。在既没有监控摄像也没有指纹解析技术的时代，没有目击者的犯罪行为是极难取证的，线索只存在于人们的往来关系中。如果一个不漏地调查附近的流浪汉，也许能找到一些线索。

秦朝曾经有官员试图通过调查市场里的流浪汉来解决强盗案件。[42]调查由令史或狱史负责。如果已经锁定嫌疑人，那么追捕工作就会由相当于警察的尉、士吏和街卒承担。[43]他们头裹赤帻（即红色头巾），[44]相当引人注目。总而言之，这个醉汉没有因此丧命已是万幸。当时的路旁出现骷髅并不奇怪，《列子》中即有"见百岁髑髅"[45]的场景，也会有尸体堆积如山的时候，毕竟城外更加危险。[46]

第二章

漱口梳妆
早晨六点

起床

朝阳的光芒穿过窗框（牖）射入房间。在上流阶级的宅邸中，大门上门闩紧锁。官府的大门也挂有门锁。[01] 牖由木框构成，有的中间还附有木质窗板。夜晚窗板关闭，但并非严丝合缝，朝阳的光芒会从缝隙中钻进屋内。若有风刮起，木窗便会咔嗒作响。

在边境地区，有些驻屯士兵居住在稻草葺成的兵营中，从稻草的缝隙中射入的阳光格外刺眼。夏夜闷热，有人睡觉什么都不盖，也有人盖着夏季用的薄被（夏衾）。与此同时，寒冷的冬天让厚棉被（重纩）也成了必需品，但穷人最多只用得起麻被。[02] 潘岳在悼念亡妻时也曾感慨："凛凛凉风升，始觉夏衾单。岂曰无重纩，谁与同岁寒。"[03]

正如前章提及，县和乡里有专人负责确认时钟，日出时击鼓敲钟，告知早晨的到来。之后，就像在等待这一暗号的出现，关卡和城市的大门接连打开，喧嚣声溢满了大都市的各个角落，"关法鸡鸣而出客"、"鸡鸣关吏起，伐鼓早通晨"，[04] 都是这一情形的写照。南北朝时期的情况也基本相同，诗中有云："诘旦阊阖开，驰道闻凤吹。"[05]

从早晨开始繁忙的邮递

通向首都的大道上，运送快件的马匹穿梭往来，其中可见手举木棒的使者，木棒的外形仿佛打棒球的球棒。这样的木棒称为檄，上面写有指令。（图2-1）使者骑马举檄，乍看上去是一边向路人展示指令内容，一边在各地巡游。其实行人根本就不可能看清疾驰而过的骑手到底举着什么文章，一切只不过是做出个昭告天下的样子而已。檄的真正作用方式是：经过若干地方官衙后到达最终目的地，途中向各地相关人士公开告知内容，然后在终点用绳子挂起，正式让大多数人阅读。[06] 刚刚从我们面前经过的檄，似乎是要通报西部异族的叛乱。

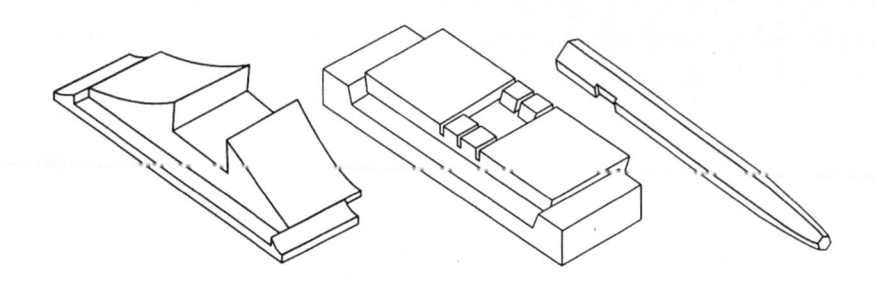

◇图2-1 木简的样式（左、中为封缄用，右为檄）

还有许多行政文书记录在木简或竹简上，用绳子捆扎，通过驿站运输。驿道沿线每隔几公里就会设立驿站，人员和马匹在驿站内待命。在寄送行政文书时，既有利用驿道各处的驿站进行接力运输的普通邮递，也有县与县之间直接运输的制度。[07] 每种方式都依靠中途不断更换邮递员和马匹来保持速度，将物品运至远方。

让我们来看一下邮递的文书中都写了什么。有一份似乎是邮递记录的确认文书，可以看到邮递员在"人定"（约晚上九点）、"夜大半"（约凌晨两点）和"鸡鸣"（约清晨四点）进行了更换。[08] 也就是说，这份文书是连夜递送的。邮递员也有不骑马的时候，取而代之的是全速奔跑。在若干驿站更换邮递人员，这一点与现代邮政系统几乎相同。

第二章 ◇ 漱口梳妆 ◇ 早晨六点

◇图 2-2　汉"轪侯家丞"封泥（湖南博物院藏）

重要的文书会用绳子捆扎，让人无法看到内容。绳结处涂泥，再盖上印章。这里不使用印泥，而是直接将印章按入泥中，让文字浮现在泥上。稍候片刻，待泥干结凝固，文字便会清晰显现。通过印章的痕迹，就能知道文书是谁寄出的。文书一旦开封，泥的部分必会损坏，无法复原。这就是当时的封缄方法，称为封泥（图 2-2）。

起大早与睡懒觉

在没有钟鼓的地方，人们伴随鸡鸣陆续起床，开始一天的准备。从春到秋，农家必须在城外从事农业，农忙时节的男男女女几乎每天都生活在田边的小屋中。

父母在城外耕作，老人和孩子则同住在城内的家中。"××（孙辈的小名），天亮啦，快起床。""奶奶，再让我睡会儿。"这是现代社会随处可见的情景。

根据儒家礼法，孩子应该闻鸡而起，照顾祖父母的生活。这样的实例也确实存在。例如东汉的薛包孟被父亲和继母嫌弃，他在自家旁边另建小屋而居，且（清晨五点到六点）时就起来打扫家门口的卫生，却仍然遭到父亲责骂。[09] 西晋的夏统更甚，从"鼓四"（凌晨一点到三点）就开始门前清扫。[10]

但是此类实例并不常见，能留存至今不过是史书彰显。而且无论古今东西，老人似乎都喜欢早睡早起。[11] 同时，每个人都会受到遗传基因的影响，或是习惯早起，或是爱当夜猫子。[12] 起大早的孩子不一定认真勤奋，睡懒觉的孩子也不一定懒惰懈怠。因此即使在汉代，也一定存在苦于早起的孩子，以及因为熬夜而迟迟无法起床的孩子，[13] 这与现代社会并无不同。况且如前所述，平民未必有义务去遵守儒家礼法。这样的事情让我们可以推测，早上睡懒觉的孩子还是为数不少的。

水井与河川

在官员和贵族家中，用人从一大早就开始忙碌，从井中打水就是他们的工作之一。有的地方一户一井；[14] 有的地方则是一村一井（图2-3）。[15]

如果没有水井，就要前往河边取水。[16] 有的水井不过是简单挖了个洞，有的水井上方用木头围成了井字形边框。还有的水

◇图2-3　汉"常饮食百口宜孙子"铭陶井圈（高密市博物馆藏）

井或是安装了滑轮，或是装饰有鸟兽雕像。

当时有谚语曰："千里井，不反唾。"意为人要善始善终，不可做短视之事。如果水井不是一座聚落的中心，就不会有这样的谚语存在。不管水井是否是地理意义上的聚落中心，人们总会聚集到水井边，在井边闲聊。

多数聚落都面朝河川。河川存在泛滥的危险，却也兼具运输通道、排水设施与鱼类产地的功能。例如汉代长沙郡临湘县城面湘江而立，数百万平方米的县城内有一百七十多处水井遗迹。[17] 商周时期的聚落通常

会避开泛滥平原，建在丘陵地带，但是伴随着水利技术的发展，秦汉时期的人们开始将聚落建在平原地区。[18] 也就是说，聚落出现在更加靠近河川的地方，便于保障人们的水源供应。

尽管如此，利用近处的水井取水还是更加方便。身体带有各家烙印的奴隶每次取水，[19] 都会在井边碰头。有自知之明的奴隶不会加入妇女们的井边闲聊，三两下打好水后就给主人送去了。

古代人也视牙如命
——口腔卫生与虫牙

主人和家人们用打来的水洗脸洗手，但不会刷牙，只在起床时和餐后漱口。[20] 现存最古老的牙刷来自唐代。几乎同一时期，古印度人从早上开始就反复咀嚼木片，以木片代替牙刷。[21] 这类东西被称为"齿木"或"杨枝"，但在古代中国并不存在。也有人用小木片剔除牙齿间的脏东西，但这一现象绝非普遍。那么，仅凭漱口就能保持口腔卫生吗？

汉代人在日常生活中最恐惧的可能就是虫牙。就算不是名流要人，也会视牙如命。虫牙一旦出现便难以消除，它的魔爪一点点侵蚀牙齿，严重的还会波及旁边的牙。人们不得不日日忍受疼痛，直到超过临界点。

想要消除痛苦，我们现代人会服用止痛药，或是拔牙、补牙。但是在那个时候，补牙的技术尚未出现，麻药也没有现在这么强劲。不过东汉末年神医华佗的全身麻醉术确实得到了传承，[22] 使用大麻进行麻醉也存在一定的可能性。[23] 吸入大麻的做法由来已久，可追溯至公元前1000年之前，吐鲁番洋海墓地和加依墓地出土了大麻的种子和叶片粉末，应该是用于仪式和医疗。[24] 可以想象这一技术在汉代已经流入中原地区，只是相关史料太少，我们至今仍然不知道当时的民间医疗对这一技术的应用究竟到了什么程度。

汉代的医书《神农本草经》列举了缓解牙疼的方法，其他中国古代医书还列举了漱口液、按摩、草药、泻药和针灸等方法。暂且不论实效如何，这毫无疑问是当时的人们在乎牙疼的证明。因此，牙齿的日常护理是必不可少的。

然而，当时的人们并不刷牙，只会在起床时和每餐后漱口。东汉时期也有"杨枝"一词，[25]但如前所述，这恐怕是指古印度的齿木，与我们现代人的认知截然不同，而且在中国国内的日常生活中并不常用。这样一来，一定程度的虫牙就无法避免了。其实，表示虫牙的"齲"字的起源可以追溯到殷商，[26]虫牙从很久以前就开始折磨人们。

例如汉元帝，才四十岁不到就开始掉牙脱发。[27]前几年发现的汉末曹操墓出土了约六十岁男性的头盖骨，虫牙非常严重。据文献记载，曹操长期被头痛困扰，原因可能就在于虫牙。近年挖掘的隋炀帝墓也出土了两颗牙齿，皆是虫牙。唐代的白居易和韩愈等文人甚至专门写诗描述牙疼。[28]

一旦掉了牙，能吃的东西也会受到限制。有的无牙老人会雇用女性当乳母，依靠母乳生存。[29]能用舌头舔食的糖也是无牙老人的选择。[30]

古代中国人就这样为虫牙烦恼。不过，汇总至今发掘出的尸骸牙齿状况，就会发现古人虫牙的数量虽多于现代人，但也没有多到夸张的地步。

例如马王堆汉墓出土的干尸是长沙国丞相的妻子，身高154厘米，重34.3公斤。她五十岁时患有冠状动脉疾病、动脉硬化和多发性胆结石，又感染了血吸虫病，在蛲虫和鞭虫的侵袭中死亡。观察她的口腔情况就会发现，恒牙（除智齿外有二十八颗）还剩下十六颗。[31]现代日本六十多岁女性的平均牙齿数量为二十一颗，两者相比，还是马王堆的干尸更少一些，但所剩牙齿并非全是虫牙。

从牙科角度分析，虫牙发生的原因之一是淀粉物质。现代日本人通过食用颗粒状大米和粉末状小麦（面粉）来摄取高黏性淀粉，其中隐藏着虫牙发生的风险（后文会对食用颗粒状和粉末状食物进行详述）。但是唐代以前的饮食生活与此不同。正如下文所述，汉代人主要食用颗粒状的小米，黏性并不强。同时，他们也不常食用粉末状的小麦。这或许就是他们能够抑制虫牙的原因之一。

切实的口臭问题

当然，过日子不刷牙，必然会出现口臭。口臭一旦严重，则不论男女，都会在恋爱、结婚和工作上遇到麻烦。战国时期秦国的占卜书籍《日书》[32]上就记录了若干口臭问题，如"××日出生的孩子一定会有口臭""××日结婚的女性一定会有口臭"。这些恐怕都是针对即将生育的父母或即将结婚的男性进行的占卜，可以一窥口臭问题的迫切性。

如果成了皇帝的近侍，为了避免引发皇帝的不快，最好事先服用去除口臭的杜若或鸡舌香，[33]尤其是珍贵的鸡舌香，曹操就曾将其赠予天才军师诸葛亮，暗示"请来我耳边谏言"。[34]

不过，搞到鸡舌香可不是件容易事。有位老臣从皇帝那里得到了鸡舌香，一含入口中便觉奇苦无比。他误以为皇帝赐他毒药，于是回家后告知家人，引得众人一阵混乱，纷纷猜测他在皇帝面前到底犯了什么大错。后来，他的口中传来阵阵奇香，众人开怀大笑，他也终于明白了事情真相，[35]自己此前从未使用过鸡舌香，只是因为自己口臭，皇帝特此赐下。

顺便一提，当时有美女被形容为"气若幽兰"，应该也是使用了去除口臭的东西。如后文所述，古代中国的恋人之间是会接吻的，所以相应的礼貌必不可少。

发型与秃顶

接下来就要梳头了。在古代中国，男女都会将头发梳起。发型千变万化，但都会尽量将发梢隐藏起来。这一习惯可以追溯到公元前1000年，商朝人相信灵魂会从发梢飘走，若不藏起发梢，人就会死亡。[36]

到了春秋时期，人们戴上象征身份的冠，显示自己的地位。上下关系由此变得清晰可见，社会秩序趋于安定。孔子就格外重视这一点。此外，男子的成人仪式之一就是冠礼，即在成年时戴冠，并接受父亲的训诫。后来，戴冠成了知识分子和官员的一种义务。不过在君主面前行礼时，如果没有发髻填充固定，冠就会啪嗒一下掉到地上，因此发髻愈发重要起来。另一方面，周围各民族多"被发"，也就是散乱披下不梳理的发型，与现代人的一般发型一致。中国南方的被发尤多，与中原相异。

为了梳头，人们使用竹子或玳瑁制成的梳子，细齿为"批"，粗齿为"梳"（图2-4）。将头发聚拢起来，用黑色薄绸布包好，再用笄卷成发髻，根部绑上绸布（总），多出的部分垂在后面。笄分为男女通用和男性专用，发髻的形状则多种多样（图2-5）。此外，不少文官用笔代替笄，或是将笔夹在耳后，束在紫色的头巾内。

对官员来说，头发与冠十分重要。头发必须留长，因此不会频繁地将头发解开，也没有专门的理发店。与此相对，朋友相聚时则会散发。上了年龄的男性会戴上假发（髢）。汉代壁画中可见官员之间

◇图2-4 汉 玳瑁梳
（湖南博物院藏）

◇图2-5 秦始皇陵兵马俑的发型
（参见《秦始皇陵兵马俑》，平凡社，1983年）

往来交谈的画面，不少人都是秃子，不禁让人感叹这些不戴假发努力工作的官员有多么辛苦（图2-6）。与现代男性相同，脱发也困扰着当时的人们，战国时期甚至出现了"越洗越秃，不洗更秃"的说法。

戴上祭冠

整理好发型后，再戴上冠。冠不仅具有审美作用，更象征着戴冠者的等级。冠分为祭祀用的祭冠和朝廷用的朝冠。现在已知的祭冠有冕冠、长冠、委貌冠、皮弁冠、爵弁、建华冠、方山冠、巧士冠等。[37]

冕冠不是日用品，而是最重要的祭冠，只有皇帝和大臣祭祀时才戴。[38] 公元59年，冕冠的规格和佩戴规则正式确立。冕冠是从爵弁中独立出来并受到重视的，而爵弁在不久后就成了与音乐相关的官员（乐人）专用的祭冠。在细腻的绸布上涂漆做成壳，用来包裹头发，再将红

◇ 图2-6 开始谢顶的官员们
（河南省洛阳八里台汉墓出土，波士顿美术博物馆藏）

黑色的上板放在上面，即是爵弁和冕冠的基本结构。

爵弁的后部垂着布条（收），与笄相连。冕冠与爵弁的外形相似（图2-7）。皇帝的冕冠前后都垂有旒，共十二条，长度及肩。大臣们的旒只有前侧才有。旒的颜色也因身份而异，天子为白玉十二旒（一旒十二粒），三公、诸侯为青玉七旒（一旒九粒），卿、大夫为黑玉五旒。冕冠左右有长绳，靠近耳朵的地方镶有玉石。古代日本的冠位十二阶制以冠的颜色表示身份，而汉代则更看重旒的数量。不过连接玉石的绳子与用来将印挂在脖子上的绳子（绶）颜色必须相同，因此颜色也并非完全和身份无关。此外，头戴冕冠参加祭祀时，要搭配黑色上衣和浅红色裙裤，衣服的纹样也是身份的象征。

在冕冠之外还有若干种祭冠，但都与民众的日常生活无关。更值得我们关注的应该是朝冠，即皇帝和官员在朝廷处理政务时所戴之冠。官员在上朝前要先戴好朝冠，因此民众也有目睹朝冠的机会。朝冠包括皇帝的通天冠[39]和诸王的远游冠，以及高官的高山冠、文官的进贤冠、法官的法冠、武官的武冠、宫殿护卫官的却非冠、卫士的却敌冠与樊哙冠、天文官员的术士冠等。[40]

◇ 图2-7　头戴冕冠的东汉光武帝（阎立本《历代帝王图卷》，波士顿美术博物馆藏）

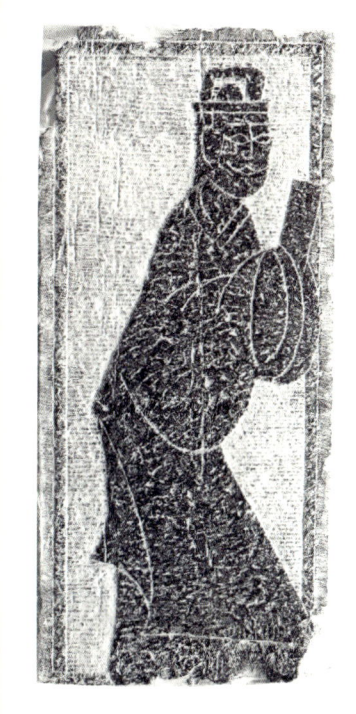

◇ 图2-8　头戴进贤冠的执笏门吏（画像石拓本，南阳汉画馆藏）

进贤冠广泛见于文官群体，上至三公、诸侯，下至三老（图2-8）。[41]各种冠会根据身份差异在细节上有所区分，例如进贤冠依据梁的条数，皮冠依据玉石的色彩数与缝合方式的不同。但是，人们并不会根据冠的颜色来区别身份。[42]有些冠配有装饰，例如有的高官在冠上镶嵌象征高洁的蝉文金珰（黄金蝉纹徽章）或珥貂（貂的尾巴）。冠的带子各有长短，[43]不过带子容易变得皱巴巴的，一旦太长，毕竟还是会显得衣冠不整。

对于当时的官员来说，冠和带子皆是时尚的亮点。刘邦担任亭长时，特意让部下到因制冠而闻名的薛地购买竹皮冠，简直就像如今赶时髦的人从海外订购名牌货一样。[44]我们在古代中国的聚落中穿行，至少也该找个水准相当的设计师来帮我们制作冠。否则万一获得了拜谒皇帝的机会，岂不是要丢大脸了。

与祭冠和朝冠不同，男性平时经常戴"帻"。那是一种从额头向后戴的东西，类似头带或头巾，与强调形式的冠不同，原本只有身份较低的人才戴。绿色和蓝色的帻属于身份卑微者，因此苍头是奴隶的代称。

不过，据说汉元帝前面的头发怎么梳都不服帖，经常用帻来遮盖，于是帻就这样普及开来，不再与身份有关。王莽也曾用改良后的帻来隐藏自己光秃秃的头顶。[45]也就是说，东汉时期的帻就像帽子一样，而另一种无法覆盖头顶的帻则逐渐成了未成年人的专属用品。[46]后来还出现了在戴帻的基础上再戴一顶冠的现象。在帻之外，还有一种"巾"，指用来包裹发髻的布。暂且不论帻和巾在使用方法上的区别，让我们先把帻戴在脑袋上吧。

第三章

整理衣装
早晨七点

平民的服装

让我们来整理一下服装吧。当时的人起床时会从睡衣换到日常服吗？还是没有睡衣，就穿着日常服睡觉呢？

罪犯和奴隶大都只有一套衣服，因为手头用来买衣服的钱实在太少。当然，奴隶要是臭气熏天，主人也很头疼。也有怜惜奴隶的奇特主人，[01] 如果在这样的主人身边工作，有替换的衣服也并不稀奇。但是，官家奴隶和罪犯夏天会得到一件麻质薄长衣，冬天则有麻衣和袴。[02] 他们不可能拥有睡衣。

平民也不见得有许多替换服装。在贫困地区，儿子和孙子穿同一件衣服是理所当然的。[03] 也就是说，衣服会在两代人之间传承，兄弟姐妹间也是如此。对于平民来说，衣服属于贵重物品，穿破了也不会立刻扔掉，主要由家中的女性负责缝补。如果稍微有些破旧就要买件新的，这些家庭手头可没有如此宽裕。（图3-1）

另一方面，富裕的家庭正如当时的诗句所说，"罗襦晓长襞"[04]，既有睡衣也有日常服，起床后就立刻替换。

平民的日常服装至少分为夏装和冬装两类，其中冬装以袍和袴为主。棉袍长及脚部，成年人还会再穿上一条袴，穿着方式就像在连衣裙下面穿打底裤一样。夏装称为襌，只有一层，[05] 与现代日本的男士夏季和服"浴衣"相似。

冬装与夏装基本由麻布制成，必须搭配腰带。服刑人员和穷人也穿一样的衣服，但一年四季只能用一套衣服来凑合。即使到了冬天，也有人还在穿夏季的襌，[06] 或是在廉价的麻布中稍微加一点儿棉[07]（称为"褐"[08]）。不过对于这些服刑人员和穷人来说，穿着厚棉衣安度天寒地冻的时节是不可能的。[09] 在"秋风发微凉，寒蝉鸣我侧"[10] 的九月，正如"凛凛凉风升，始觉夏衾单"[11] 所咏，天气渐凉时，还是多穿两层为好。

穿内衣的人几乎没有，也不存在穿半袖的习惯。[12] 一般的服装都带有颜色，白色的则是丧服。如果身穿白服进入宫殿，就会被逮捕。[13]

在上述麻布服装的基础上，有些时期还流行毛织头巾、腰带、袴等衣饰，但有人认为毛织物是胡人生产的东西，实在不怎么吉利，[14] 由此可以看出毛织物并不普及。当时的人们多在长衣外面披狗皮或羊皮，这是冬天常见的打扮。

犊鼻裈、囚衣与老人的拐杖

屠夫、厨师、酒馆老板、音乐家等职业的服装特征显著，以"犊鼻裈"居多。[15] 他们皆为体力劳动者，身体活动量

◇图 3-1　汉　执锸石俑
（四川博物院藏）

大，因此比其他人更容易感到炎热，经常需要赤裸上身。如果在穿袍或单衣的情况下只脱上身，有可能连下身也一起露出。为了方便工作，一条围住下身的布巾是最合适的。

服重劳役的罪犯（城旦舂）需要和普通人加以区分，因此按规定穿红色囚服，后背写有罪名，头上也必须戴红色头巾。[16]

此外，老人拄拐十分常见。按基本礼法，五十岁以上可在家中拄拐，六十岁以上可在乡里拄拐，七十岁以上可在都城拄拐，八十岁以上可在朝廷内拄拐。另外还有种种优待措施，过五十岁则免除体力劳动，过六十岁则免除兵役，过七十岁仍在朝廷工作者则可随时退朝下班，即"七十不俟朝"[17]。政府会表彰部分七十岁以上的人，并赐予特别的拐杖，手柄处附有斑鸠装饰，称为鸠杖（图3-2）。斑鸠出现在这种地方的原因尚不得知，当时做事的官员似乎也不太清楚。[18] 获赐鸠杖的老人享有和职业官员相同的待遇，可在衙门内悠然踱步，殴打他们的人罪同谋逆，可见其特权之丰厚。

让我们以西汉后期的人口统计为例。山东半岛南部的东海郡有男性706 064人，女性688 132人，其中六岁以下有262 588

◇图 3-2　汉 彩绘木鸠杖
（甘肃省博物馆藏）

人，八十岁以上有 33 871 人，九十岁以上有 10 670 人。七十岁以上获得鸠杖者有 2 823 人，也就是说，这样的人在老人中都是极其少见的。[19]

祭服与朝服

接下来，让我们来看看官员的服装（图 3-3）。到了朝廷开会的日子，高级官员们在早晨七点已经悉数出勤。态度认真的官员会披星戴月前来上班，又披星戴月下班回家，日复一日，[20] 工作时间绝不算短。就算不是会议日，他们此刻也都已经收拾妥当，坐在室内打个小盹儿，等待马车或牛车做好出发准备。[21]

观察官员的衣料就会发现，夏季也有穿麻布衣服的人。麻布透气性好，但是平民也会穿着，多少有种廉价之感，因此比麻布更受欢迎的是绢。绢是一种由蚕丝织成的料子（养蚕业的相关内容详见后文），很少有平民穿着，就算是富有的商人，也会受限于身份而无法享有。也就是说，穿着绢质服装是手头宽裕的高级官员的特权。

最高品质的绢称为锦，结实的纬线穿过细密的经线，最后经纬交织形成纹样。[22] 外行是无法立刻学会的。汉代的襄

◇图 3-3 汉 官员的服装
（湖南博物院藏）

邑锦（河南产）十分有名，后来又有蜀锦（四川产）风靡各地。当时有言"富贵不归故乡，如衣绣夜行"[23]——发达后不回故乡，正如穿着锦衣走夜路，锦可谓华丽服装的代名词。纹样罕见的绢称为绫，以山东所产最为著名。根据织法和纹样不同，还可以分为绮、罗、縠、纱等种类。

官员的衣服分为祭服（祭祀用的服装）、朝服（朝廷参内的服装）和日常服三大类。日常服包含若干样式，不能过于随意。例如系腰带时必须把多余的部分垂在身前，[24]否则就会显得没有品位。

有的官员非常讲究衣服的颜色和纹样，当时曾有多种刺绣图案，如离云爵、乘风、豹首、落莫、兔双鹤等[25]，但具体样式已无处可考。人们对衣服的喜好因地而异，例如战国时期的秦国人讨厌花哨，除了圆圈形的玉（玉璧）和垂在腰间的玉（玉佩），最多再系条腰带。腰带分为大带（绅）和革带，前者为绢制品，在腰前打结；后者源自北方游牧民族的服饰，用搭扣（带钩、铰具）固定（图3-4）。

祭服不仅需要美观，还需要体现穿着者的身份贵贱，相关规定十分细致。例如举行重要的国家祭祀时，皇帝以下都要穿

◇ 图3-4 汉 金带扣
（新疆维吾尔自治区博物馆藏）

黑色上衣（玄衣）和浅红色下衣（纁裳），玄衣上的图案（章）数量因身份而不同。皇帝为十二章，三公、诸侯为九章，九卿为七章。皇帝的十二章包括日、月（太阳与月亮中绘有神兽）、星辰、山、龙、华虫（雉鸡）、藻（类似水草的曲纹）、火、粉、米、黼（斧头状花纹）和黻（黑与青相间的花纹），总之与平民完全无关。

朝服是在朝廷工作的官员穿着的服装，平民也有机会看到他们上朝时的模样。朝服因身份而异，高官穿深红色的袴与鞋，搭配黑袍，样子与皇帝的朝服几乎无异。例如汉文帝就曾身穿没有图案的黑色厚绸衣，佩带鞣革木刀。[26]

文官手中还要持笏（图3-5）。笏是一种扁平的木棒，原本是用来及时记录君主命令的书写材料，后来失去实际功能，只剩形式。有些文官会将笔别在耳后，即"珥笔"[27]，适时进行记录书写[28]。

部分官员的脖子上挂着带有颜色的特殊绳子（绶），前端系着官印，塞在腰上的袋子中。[29] 这就是所谓的印绶。并非所有官员都戴印绶，有人只挂绶或只戴印，也有人两者都没有。

官员中的儒者多为光说不做的"书呆子"，在礼法上比别人更加讲究。在农村地区，人们嫌弃这样的官员，认为他们头

◇图3-5　汉　执笏画像石人物拓本（萧县博物馆藏）

第三章 ◇ 整理衣装 ◇ 早晨七点

脑偏执，却又无法忽视他们的存在。他们身着腋下部分下垂的衣服（逢掖、缝掖），戴圆冠（章甫冠），持笏，穿着前端带绳子的方鞋（絇屦、絇履），腰挂佩玦，系腰带（绅），出行时不带任何武器[30]。

不少官员都绞尽脑汁，在有限的制服内寻找无限的时尚，那样子与如今的日本女高中生没有什么两样。不过制服里也有卓越的豪华品，例如毛皮（裘）就属于高级货。祭祀时，皇帝身穿羊羔的黑色毛皮（大裘），诸侯身穿黑羊与白狐的毛皮合制的黼裘，卫士则穿虎皮或狼皮。狐白裘的档次最高，既有用西伯利亚银狐毛皮制成的，也有只用狐狸腋下毛皮制成的稀有品。平民在寒冬时节也穿毛皮，但最多只能穿狗皮或羊皮。[31] 总而言之，对于那些身裹狐皮、在室内一边烧火一边端坐于熊皮垫上的人来说，破衣烂鞋的平民生活是难以感同身受的。[32]

女性的容貌与身体

关注当时的女性，就会发现农妇是没有余力化妆的。到了农忙期，农妇们在暴晒下播种、收割，汗流浃背。偶尔看到流动商贩，她们也会用仅有的一点儿闲钱买些抹脸的白粉，却很难用在晒伤了的皮肤上。她们怀抱对都市时尚的憧憬，又不得不走向田间。这样的光景一直延续到了20世纪，鲁迅的小说《阿Q正传》也描写了农妇们冲到主人公身边，只为看一眼从都市带回来的物件。

例外当然也是有的。传说中的美女罗敷以黄色绫绢做裙（裾），以紫色绫绢做背心（襦），采桑时也打扮得精致时尚。[33] 但是普通的农妇究竟适不适合这样的装扮，今人仍有不同看法。毕竟每个人喜好不同，喜欢男装贵妇的君王也是存在的。[34]

化妆是上流阶级大小姐们的日常。说到美女，就必须提到郑、卫两个地域，其次是燕和赵。若列举相关都市，则以颍川（位于今河南省禹州市）、新市（位于今湖北省京山市）、河间（位于今河北省沧州市)、观津（位于今河北省衡水市）最为人知。[35]简而言之，美女集中在黄河中下游流域。且不论实际情况如何，就像现代日本有"秋田美人"[36]的说法一样，上述地域的女性长时间以来都给人以美人的印象。

这些女性讲究时尚，对发型、化妆方法和身材维持十分敏感。让我们参考《珮玉集》《列女传》《玉台新咏》等史料，来考察一下当时美女与丑女的基准。尤其是《珮玉集》，清晰区分了"美人"与"丑人"。这里所说的"美女"与"丑女"相当于对《珮玉集》中"美人"和"丑人"的翻译，并无其他意图，特此申明。

形容美女，人们会用到明亮的眼睛（明眸）、洁白的牙齿（皓齿）、白皙的手臂（皓腕）、纤细的腰身（柳腰、纤腰、楚腰）、光滑的肌肤（玉体）、平滑的细眉（蛾眉）、红润的嘴唇（朱唇、丹唇）、细长的手指（细指）等描述，且这些要素最好搭配得恰到好处，"羞言赵飞燕，笑杀秦罗敷"[37]。那份美丽也被称为"容华若桃李""朱颜""妖且闲"。简而言之，苗条白皙、面颊带一抹绯色的美女最为动人。

与此相对，形容丑女会用到"木槌头""一脸苦相""皮肤粗糙""皮肤黑""O型腿""细脖子""凸额头""没下巴""鸡胸""溜肩膀""皮肤坑坑洼洼""虫牙""鼻梁太高""头发太少"等描述。这么一看，与上述相反的"双腿笔直""黑发浓密"等形容，应该也可以列入美女的必备条件中。与现代社会不同，当时的记录中并没有留下"双眼皮"这一点，不过查看汉代的《说文解字》就会发现，表现大眼睛的字有五个之多，关联字的数量也不少，人们并没有忽略眼睛的形状，而且对视力颇为重视。

富家大小姐们从不缺少努力。正如当时有言："女为说己者容。"[38]她们会为了满足恋人或丈夫的要求而竭尽全力。如果男方仍然无动于衷，女方便会撒娇道："膏沐为谁施？"[39]——我涂了发油，好好洗了头发，可都是为了你啊。在战国时期，"楚庄王好细腰，故朝有饿人"[40]，有的女性因为君王喜欢身材苗条的美女，甚至节食而死。当然，女性的价值不能仅凭外貌来决定。[41]但历史上确实有男性曾经大放厥词，说脸就是女人的命，魏晋时期一个名叫荀粲的人就"常以妇人才智不足论，自宜以色为主"[42]。

女性的气味与发型

体臭也是必须注意的事项。有的女性身带芳香，有的则有腋臭。后者也称愠羝、腋气、胡臭或狐臭。虽说萝卜白菜各有所爱，也有喜欢腋臭味儿的人，[43]但这样的情况少之又少。总而言之，我们最好还是用兰花或杜若的油代替香水。使用申菽或杜茞等香花也不错，但它们究竟对应现在的哪种植物，我们还无法确定。[44]点燃兰草熏蒸衣服便能留下香气。夜晚在室内点灯时混入兰花精油，房间里的香气就会更浓一层。

接下来让我们看看女性的头发。当时的女性"必十五而笄"，即十五岁插笄，[45]留着美丽乌黑的长发。人们并不至于一辈子都不剪头发，但当时确实没有理发店和美容院。在宫廷内，宫女为贵人剪发。[46]一般家庭中则由家人或用人来剪。

女性会用簪子或卡子别住长发。每个时期都有时髦的发型，东汉时期的长安就曾流行过几十厘米高的盘发，"城中好高髻，四方高一尺"[47]。西晋宫中流行将头发梳成环状再用绢布束起，[48]这一风俗后来传到民间。西汉的上元夫人梳三角髻，[49]东汉的明德皇后梳四角高耸的大髻[50]，都极富特色。

都市中的发型很容易被视为最前沿的时尚，甚至在各地的传播中遭到夸大。例如东汉时期长安流行将头发高高梳起的高髻，周边很快便有高达一尺的发型出现。长安一流行粗眉毛（广眉），附近地区就有人把眉毛画得粗到占了额头的一半。[51]茂密的发量是美的象征，不少女性都采用戴假发或接发（髲、髢、义髻）的方式增加自己的发量。马王堆西汉墓女尸的头发尽管没有漂染的痕迹，但也在原本的头发之上佩戴了假发，佩戴这种假发不影响露出修长的脖颈（图3-6）。[52] 相反，贫穷的女性会出售自己的头发，卖出的头发会变成假发或接发的原材料。[53] 乌黑的头发受到推崇。压力过大会导致白头发增加，[54] 还是尽量放轻松为好。

◇图3-6　汉　假发
（湖南博物院藏）

化妆的女性

如上所述，对于都市里的人小姐们来说，追求美是终生不懈的，因此化妆也十分重要。当时，化妆普遍在早上起床后立刻完成，因此又被称为朝妆。战国时期有这样一种说法：称赞毛嫱和西施等美女并不会让自己变成美女，但只要有口红、香粉和眉笔，就能加倍美丽。[55] 可见化妆是女性通往美丽的近道。

关于化妆的方法，汉代认为，如果化出一双泪眼和一对愁眉，梳起倾斜的发髻，迈着晃晃悠悠的折腰步，露出牙痛般的微笑，那么无论什么样的男子都会立刻为之倾倒。[56] 故意皱眉也是一种美，传说中的美女西施含胸皱眉，散发出无以言表的美丽。有个乡下的丑女模仿西施，因为实在不堪入目，富人家紧闭大门，穷人逃得头也不回。[57] 成语"东施效颦"即由此而来。想要做出真正的媚态确实不易。

接下来，让我们更进一步，具体来看看化妆的样子。

首先，眉毛的形状要类似蚕的成虫的触角（蛾眉）[58]，用镊子修整眉毛，再画上眉粉（黛）[59]。名为"南都石黛"[60] 的品牌最为著名。眉毛的形状也有潮流，如前所述，宽度达到额头一半的眉毛（半额）也曾风靡一时。[61] 当然，并非所有人的妆容都是一样的。

香粉有铅制、水银制和米粉制，其中铅制香粉被称为胡粉。[62] 涂上这样的香粉不会变成日本歌舞伎演员那样的大白脸，反而会形成一种均匀透明的白[63]，让我们快用丝绸粉扑涂到脸上吧。如果化妆导致皮肤粗糙，千万不要试图挤破痤疮，否则可能会导致情况进一步恶化，这一点古人早就有所注意，有痤疮的皮肤就像有瑕疵的玉，去掉不如保留。[64]

从化妆盒（奁）里拿出小巧的手镜，用布擦去污渍，望向镜中自己的面容（图3-7）。有人还会特意化出酒窝的效果。[65] 化妆时，有的丈夫会帮助妻子，如"新妆莫点黛，余还自画眉"，有独自赴外地工作的丈夫给妻子寄来诗歌，表示回家后会为妻子描眉。但是太过亲密反而会招致周围人的嫉妒，《汉书》记载张敞"为妇画眉"，结果被人告到了皇帝那里，还是多加留心为好。[66]

◇图3-7 汉 双层九子漆奁
（湖南博物院藏）

涂漆的化妆盒里塞满了花椒和化妆用品，无论哪种都香气扑鼻。战国时期贵族墓（荆州市包山二号墓）中出土的化妆盒内除了花椒，还有一面方形铜镜（边长11厘米）、一面圆形铜镜（直径15厘米）、两根骨簪、一副贝壳和丝绸粉扑，可见当时的男性贵族应该也会化妆。合起的贝壳里放着彩妆和口红。[67] 口红是以红花为原材料的胭脂，最具代表性的高级品种来自北地郡（甘肃省东部）[68]。

戴上首饰，镜前端详

最后一步是戴上首饰。当时的人们戴的是据说源于中国南方的耳饰（珥）[69]。四川省与云南省的大山深处还有人戴着鼻饰。[70] 男性的耳饰又称充耳，起源可以上溯至春秋时期。[71] 不过另一方面，战国时期君王的侍女既不能剪指甲，也不能扎耳洞。[72] 总之当时的女性打耳洞正如现代的女高中生想要戴配饰一样，要根据规矩行事。

此外，一般认为汉代极少有人佩戴华丽的戒指[73]，但其实明器（随葬的土人偶）中的女性人偶，有许多都戴着戒指，并非没有实证，只是不存在今天订婚戒指和结婚戒指的说法。

再次看向化妆盒内部，里面还放了有图案的玻璃球（蜻蛉玉），似乎是时髦一族的配饰。玻璃的主要成分是硅酸盐，需要1200℃至1500℃的高温才能制成，但再加工时只需约800℃，战国以前的人们十分热衷于对玻璃进行重新加工[74]。汉代曾出现过半透明的玻璃窗和玻璃杯，都是珍贵的稀有物。

女性的首饰中有不少可爱之物。西晋时期曾流行用金、银、象牙、角、鳖甲等材料制作武器样式（斧、钺、戈、戟）的簪子和首饰，[75] 但此外长时间受到喜爱的皆是可爱风格的首饰。

◇ 图 3-8　汉　手持镜子的女性（四川博物院藏）

至此，梳妆打扮基本完成，只需通过镜子进行最终检查[76]（图 3-8）。汉代以前的人们在金属大盆里倒满水，以水面为镜子（鉴），但进入汉代后，铜镜逐渐成为主流，还出现了镜台和手镜。4 世纪的下级官员墓中出土了铜镜和木梳，可知老年男性也会使用铜镜和梳子。化妆镜则分为手镜和有台座支撑的镜子。西汉的墓中还出土过像梳妆台一样的全身镜。

女性的化妆镜刻有铭文，有的铭文记录了女性在恋爱中的心情。尤其是在西汉，自由恋爱的风气依然存在，当时的铜镜甚至刻有提醒人们不能喜新厌旧的警句。而东汉铜镜的铭文则更加强调夫妻之间的和睦。直径 13 厘米的手镜价值大约三百钱，下级官员也可毫无压力地购买。那么，就让我们最后一次在镜中确认自己的装扮，然后迈出家门吧。

第四章

享用早餐
早晨八点

进餐的次数

差不多该准备早餐了。当时的早餐时间要更晚一些，上午九点前后被称为"食时"[01]，不过当时也有"终朝未餐，则嚣然思食"[02]的说法，"食时"到来前就进餐是非常普遍的，早一些也无妨。太阳当空时的室外劳作十分辛苦，干农活儿当然是越早越好，当时的农民不可能不知道这点，难以想象他们会在适合劳作的九点悠闲地吃早餐。因此，让我们以早上八点用餐为目标，从现在开始准备。

顺便一提，春秋时期的晋平公每天要用"朝食"和"暮食"；[03]汉高祖刘邦也是一早一晚用餐，[04]不过在局势安定下来之后，汉朝皇室相关人员一日用餐三到四次的情况也逐渐增多。

淮南王刘长谋反被贬，但获得特许，每日可以进餐三次。[05] 由此可以判断，其他诸侯王一天应该也至少用餐三次。此外，东汉史料显示君王一日进餐四次，诸侯三次，大夫两次。[06]

平民的餐食想必更加简单，一天两次的可能性较高。[07] 但如果早餐时间过早，晚餐前就会肚子空空。现存记录中可以看到有二十天只吃了九顿饭的穷人，[08] 恐怕已经到了极限。汉武帝认为政变带来了乱世，责任感让他一天只吃一顿饭，[09] 但这充其量只是个案而已。

谁来做饭

　　看向厨房，职业厨师以男性为主，[10]汉墓中保存下来的砖石（所谓画像砖或画像石）上可见的厨师也以男性居多（图4-1）。这里我们再拿《周礼》看一看。《周礼》成书于汉代，汇集了周王室和战国时期的制度，并根据儒家的政治理想进行了润色。书中可见配膳负责人（膳夫）、操刀人（庖人）、烹煮负责人（亨人）、肉类厨师（兽师）、营养师（食医）、调酒师（酒正）和调料负责人（盐人）等官员名称，职业厨师被细分成若干职务，与现代日本厨师被分为花板（相当于主厨）、立板（主厨的辅助）、煮方（负责烹煮高汤）、烧方（负责烧制菜品）等类似。暂且不论《周礼》中的制度是否真实存在，当时的职业厨师中确实男性较多，汉代的高级厨师也确实按照职务类别被细致分配到了各个位置。

　　这些厨师被厨房的热气熏蒸，不时需要到室外纳凉。[11]炎热的时候也有人吃冰块解暑，[12]聚落中建有冰窖，冬季将河川和池塘里的冰存入冰窖，还能用来保存食物。[13]

◇ 图4-1　汉 庖厨图（画像石拓本，临沂博物馆藏）

与此同时，普通家庭的厨房里尽是女性忙碌的身影。[14] 到了南北朝时期，北朝的女性更倾向于外出活动，南朝的女性则倾向于守在家中。并非所有女性都忙于家务，但"女性负责准备衣食"的观念一直延续下来。[15] 总之在古代社会，丈夫在家为妻子做饭的场面极少出现。[16] 主妇做饭时使用井水，在灶中放入稻草和木柴，用聚光的凹面镜（阳燧）或打火石生火。

让我们把目光转向餐桌。当时贫富差距明显，想象"一般家庭的餐桌"是有些困难的，但桌上至少应该摆着谷物、蔬菜和盐。

准备主食

让我们具体看看当时的食谱。首先从谷物开始。"说到主食则非谷物莫属，而谷物中首先想到的就是大米，由大米又可联想到水稻种植，除大米之外，其他作物都是杂粮。"这样的看法至少不适用于古代的华北地区。黄河流域的主食多为小米（图4-2），稍微高级一些的则是黍，大麦也是主食之一。哪种谷物更加美味，这是因人而异的问题。例如东汉的王充最喜欢黍，其次是稻子，小麦和豆子在他那里味道平平。[17]

在古代，人们主要食用稻子、粟、黍和大麦的颗粒，[18] 先煮后蒸，整粒食用。这在如今的中国被称为捞饭，由于维生素和蛋白质会随着煮熟的汤汁一起流失，因此算不上营养丰富。平民吃的就是这类捞饭再加上葱花。[19] 此外，人们也会食用小米等谷物碾成的粉末，将谷物磨成粉状后加水和成面，做

◇图4-2 山西省的小米
（2017年9月笔者拍摄）

成年糕或面条等食物。

青海省民和县的喇家遗迹出土了公元前 2000 年前后的小米面条。[20] 周文王也好，秦始皇也好，还有项羽和刘邦，以及三国时期的刘备、诸葛亮和曹操等人，平时大概都会经常吃面。

另一方面，小麦在当时人们的生活中究竟扮演了怎样的角色，至今仍存在疑问。小麦整粒也可食用，但是它外皮坚硬，胚乳柔软，而且部分外皮嵌入胚乳中，剥皮后很难保留完整的胚乳。因此，人们在用木棒敲打脱壳后，会依靠牲畜或水力，将外皮和胚乳一齐用石臼（古称"碾硙"）磨成粉食用。这类臼不是垂直运动、用来脱壳的臼或碓，而是水平运动的砻或磨。通常认为，这类碾硙的普及与食用面粉的习惯到了唐代才开始兴盛，[21] 但也有不同观点，认为食用面粉的历史可以追溯到汉代。[22]

汉代的遗迹中已经出土了水平运动的石臼（图 4-3），东汉的童谣中也有如下内容：小麦青青，大麦却已经枯萎，在地里收割的只有媳妇和婆婆，因为男人们都去西边打仗了。[23] 因此，我们很难认定汉代人完

◇图 4-3　汉　石臼（居延地区 K710 出土碾硙，2006 年 9 月笔者拍摄）

全不吃小麦,只是不能过于夸大小麦在汉代的普及程度。

顺便一提,3世纪时流行扁平的圆形面饼(胡饼),用酵母菌发酵的技术已经出现,7世纪的吐鲁番地区(今吐鲁番市)也已经开始吃饺子,简而言之,从汉代到唐代,人们食用小麦面粉的比例稳步上升。

长江以南地区食用大米。大米大致分为籼米与粳米(还可再分为热带粳米和温带粳米)。这里所说的粳米原产于长江中下游,汉代的长江流域吃的也是这种米。而籼米相对更细更干,是现在的印度咖喱餐厅常用的种类。严格来说,"黏糊糊的籼米"和"干巴巴的粳米"也是存在的,[24] 但生活在东亚的人们自古以来就没什么机会品尝。长江流域的粳米所含淀粉糖尤其丰富,与日本黏糊糊的米口感相似。

想吃大米,人们使用的是青铜或土做成的"甑"。甑是一种看起来有些奇怪的壶状器皿,使用时放在鬲的上面。首先在下方壶状的鬲中加入水,将水煮沸,再放上甑。甑的底部开满了小孔,在那里垫上布片,放好谷物。蒸汽缓缓从下方升起,谷物不久就会被蒸熟。用甑做好的谷物称为"饎",松松散散,类似于日本只靠蒸、不加水的强饭,再加热称为"馏"。像这样将准备好的谷物放干,待客人来访时加水煮成粥,这种做法与如今的速食食品非常相似。

厨房

厨房里最醒目的就是灶(图4-4),古时写作"竈"。汉代一般的灶台上都开着洞,釜和甑就放在洞的上方。[25] 这一形式被称为釜甑形式,是三国以前的主流。行军中的部队也会用釜和甑做饭,[26] 表明饭是不可缺少的主食。

灶是烹饪的必备设施,大多数家中都有。如果三天不点火,则说明太贫穷了。[27] 一两天不吃饭在当时并不稀奇,不过也由此可以推测当时各家在用餐时都会升起袅袅炊烟。与此相反,部分地区在隆冬时节习惯

◇图4-4 汉 明器中的炉灶（湖北省荆州市谢家桥1号汉墓出土，照片由荆州市博物馆副馆长杨开勇提供）

有一个月禁止用火，人们不能吃热乎的饭，也不能用灶代替暖炉，许多人都被冻死。[28] 家家户户的烟囱里是否升起炊烟，简直就是人们生死的象征。烟囱从房顶伸出，可见时常有燕子和麻雀在那里筑巢。[29]

灶台有多种样式。有的灶整体呈方形，做饭的人站立的位置与火口位于同一侧；有的灶与此不同，火口和烟囱位于人的左侧或右侧。在汉代，灶的样式逐渐从前者转变成了后者。[30]

做饭的人可以自己调整火力，这是前者的便利之处，但火就在脚边烧，多少有些危险。后者虽然需要人们左右移动调整火力，或者由两人分别负责做饭和生火，麻烦是麻烦，但是各种厨具操作起来相对简单。

平民的小菜

饮食中不可缺少糖分和蛋白质。糖分是维持生命必需的能量源，除了可以从水果和蜂蜜中摄取，还能从谷物的淀粉中吸收。淀粉的宝贵之处在于可以长期保存，反之，保存蛋白质十分困难，但人们也能从大豆等易于保存的食物中摄取，故豆制食品经常出现在汉代中国北方的餐桌上。[31]

不过，其他富含蛋白质的食材大都保存困难，必须通过干燥、脱水、发酵、加热、冷藏、冷冻、熏蒸、密封等技术来维持鲜度。此外，为了生存下去，人还需要各种营养，因此小菜就成了生活必需品。

蔬菜是制作小菜时当仁不让的主角。便宜的蔬菜有大葱、豆芽、韭菜（包括其近亲香葱和小根蒜）。[32]许多贫民都身穿萱草和茅草，口嚼大葱和韭菜。韭菜炒鸡蛋是当时的家常菜。

除了韭菜、大葱和豆芽，秦国贵族召平在长安种植的东陵瓜广受好评。[33]人们在农历八月去掉瓜皮，将瓜肉做成腌菜食用。[34]此外，藜的叶子和藿（豆类作物的叶子）等也都是廉价食材。[35]发生饥荒时，人们还会吃桑葚、香蒲、豆荚、决明、蜗牛和田螺。[36]

几种蔬菜都赢得了人们的喜爱，但与此同时，几乎没有平民在日常用牛肉当小菜。这并非因为牛肉不合口味，而是因为牛价值不菲，且用于农耕。从战国到秦汉，甚至出现了禁止捕杀耕牛的政策，人们认为随意食用牛肉会受到老天的惩罚。[37]为此，牛肉只会出现在祭祀的场合，平时只能用狗肉等来解馋。

羊肉串在如今的中国价格低廉，但在汉代可不是随时都能享用的。[38]下级官员，每天只能吃干饭和蔬菜，[39]因公出差到了驿站，也只有谷物、调味料和飘着韭菜大葱的蔬菜汤相伴，[40]肉类是非常昂贵的。

此外，在沿海和沿河地区，无论贫富，人们都经常吃鱼，还有地方能吃到生鱼片。[41]内陆地区也有喜欢吃鱼的人，例如战国时期鲁国的大臣公仪休。为了满足这类需求，人们会养殖鱼类。[42]但是，仅有部分地区的人能知鱼味，所以还是让我们来品尝那些最受欢迎的蔬菜吧。

提到蔬菜的烹饪方法，首先就是汤（羹）。汤是典型的家常菜，食材丰富，与法式肉菜浓汤相似，平民在家中也可以享用。有人成年后仍对母亲烹制的汤念念不忘。[43] 对于现代日本人来说，大概就相当于味噌汤。此外还有许多菜谱保留下来，但与上流阶级使用青铜厨具不同，平民使用的是土制或瓦制的厨具，材料受到极大制约，因此无法采用炒和炸等需要油和火的烹饪方法。[44]

上流阶级的小菜

上流阶级的饮食与上述平民饮食形成鲜明对照，家畜类包括牛、羊、猪、马、鹿、狗和兔子，禽类包括鸡、雉、鸭、鹌鹑、麻雀、大雁、天鹅和鹤，鱼类包括鲤鱼、鲫鱼和鳜鱼等，都是食用的对象。尤其是小牛、小羊和幼禽等因肉质柔软广受喜爱，春季有繁殖期的白鹅，秋季有雏鸡，冬季有温室栽培的冬葵和韭菜，每个季节都十分丰盛。[45] 战国时期的君王中也有喜欢熊掌和鸡爪的人，有时还能吃到鲤鱼的生鱼片、有子的虾做成的汤和烤甲鱼。[46]

有的贵族从食材培育的环节开始就十分讲究，专吃用人的母乳喂养的猪，结果因为过度奢侈而遭到君主指责。[47] 现代社会其实也有通过饲料让食材更加美味的做法，例如让伊比利亚猪吃下大量橡子，以期能做出更好吃的生火腿。为了美食，这也是无可奈何之事。笔者也特别喜欢伊比利亚猪肉制成的生火腿。

总而言之，如果饮食过度奢华，就会招致平民的嫉妒，因此当时的官员也会追求简朴。而且山珍海味一旦吃得太多，还可能导致肥胖、痛风和糖尿病，当时的人们已经认识到其中的危险，明白烈酒和肥肉对健康不利。[48]

吃肉在上流阶级十分普遍，肉制品包括调过味的干肉（敖）、肉汤（羹）、加肉的蔬菜汤（濯）、生肉（脍）、烤肉（炙）和煮肉（濡）等（图 4-5）。汤以米曲、盐和酒等为底料，做法因食材而异，主流的五种

◇图 4-5　汉 铜烤炉（南越王博物馆藏）

分别为醢羹（切好的干肉）、白羹（米粉与肉）、巾羹（芹菜与肉）、荓羹（芜菁叶子与肉）和苦羹（苦菜与肉）。此外还有谷物与肉一起烹饪的做法，例如将牛肉、羊肉和猪肉切成均匀的小块，按照糯米与肉类分量二比一的比例混合烤制，称为糁。

烤肉串也是有钱人家的常见食物，做饭的人用木签刺穿肉类，在高级的桑炭上烤熟。[49] 肉的部位也加以细分，例如马王堆一号汉墓的随葬品清单（遣策）中就和现代一样，有里脊、五花、板腱、肝脏、肚、百叶、舌、心脏等区别，而且还分开随葬，妙趣横生。

上流阶级使用的调味料同样种类丰富。例如甘蔗汁（柘浆）就是颇受重视的调味料，到了东汉还成了饮料。[50] 当时还没有砂糖，因此甘蔗也是非常重要的甜味剂。此外，在吃熊掌时，人们会用掺有芍药根的酱调味。

酱是当时最流行的调味料，用豆子和肉，或者用鱼加上盐、米曲和香辛料制成。人们还经常在酱中加入"醢"，那是一种用切碎的干肉加上盐、小米米曲和酒，放入瓮中密闭放置百天制成的调味料。在豆子中加入盐后放在阴暗环境中腌成的"豉"同样很受欢迎。[51]香辛料中包括姜、花椒[52]、肉桂、蘘荷、蘸和木兰，西汉中期以后，大蒜从西域传入，与中国本土的小蒜一同用于肉类烹饪。[53]一般家庭也能吃到的羊枣（属于枣类的一种），可以让口中变得清爽。当时还没有辣椒，豆腐也尚未登场，因此还没有麻婆豆腐。中国古代菜肴与现代截然不同。当时人们认为，浓厚的调味、刺激的香辛料和烈酒对身体不好，[54]因此我们还是选择清淡的菜肴吧。

上流阶级的餐桌上还摆放着其他珍馐。例如东汉末年的丞相曹操得到了北方的酸奶（酪），会随即分给各位部下。[55]东晋的丞相王导以酪待客，[56]证明酪已经传到了南方。北魏的《齐民要术》中还记录了干酪和酥等乳制品的制造方法。[57]当时，北方游牧民族的势力已经涌入华北，饮食文化也随之流入。乳制品是牧民最重要的食品，[58]《齐民要术》的记录正是源于这一背景。长江流域的腌渍鱼（鲊）以及拌菱角和拌菖蒲此前已经传到了华北，[59]不过这些珍馐最多传到了上流阶级的口中，平民是无缘享受的。

餐具的种类与使用方法

让我们赶紧吃饭吧。当时都有怎样的餐具，又该如何使用呢？[60]上流阶级使用青铜器和涂漆的木器，平民则使用木器、竹器、土器和瓦器，再搭配筷子（箸）、勺子（匕）和一种类似今天叉子的工具（畢）（图4-6、图4-7）。叉子曾经与刀和勺子共同使用，但在秦汉之后逐渐淡出人们的生活。叉子可以叉肉，但使用的机会很少，而且没有筷子方便，于是就被逐渐淘汰了。

◇图 4-6 汉 滑石勺
（湖南博物院藏）

◇图 4-7 汉 漆绘云纹匕
（湖南博物院藏）

筷子在汉代应用广泛，多为青铜制和竹制，在市场就能买到。[61] 考察先秦的遗迹，可以看到目前已经出土了大量骨制、青铜制和象牙制的筷子，大都为圆柱形，长 25 厘米左右，直径在 2 毫米到 3 毫米之间，用来夹起汤羹中的蔬菜。有些筷子做工精巧，或是外层涂漆，或是镂空雕刻。[62] 不过在吃米饭的时候，人们会端起碗（瓯）用勺子吃，即"擎瓯"[63]。

餐具最好别太豪华。一旦用上象牙筷子，一定会感到朴素的陶器不再相称，进而想搭配犀牛角杯或玉杯，里面盛上牦牛肉、大象肉和豹子的内脏，再搬进豪华的宅院，浑身裹满绫罗绸缎。[64] 人类的欲望是无穷无尽的，餐具的规格最好适可而止。

就座方法与座次排列

吃饭需要就座。古代中国的坐姿有跪坐（坐）、双膝跪地（跪）、抱膝坐（蹲踞）和伸直两腿坐（箕踞），[65] 吃饭时以跪坐最为常见。如今在日本说到蹲踞，一般是指膝盖弯曲打开，用前脚掌着地支撑，这种坐姿常见于剑道练习者。但中国古代的蹲踞近似于抱膝坐，而且被视为粗鲁无礼，一定要特别注意。与地位身份较高的人同席时，膝盖绝对不能放松，虽然会导致双腿酸麻，[66] 但还是保持跪坐最为稳妥。

椅子（胡床）在东汉末年从西域传入，人们从那时起开始习惯盘腿而坐。在那之前也有人凭物而坐，例如汉高祖刘邦与郦食其、英布会面时会坐在床上。[67] 床是一种长方形的低矮台座，睡觉时也可以用来当作卧榻。

但是，坐在床上并不礼貌，椅子传入之后更是如此。[68] 如果独自正坐，可以坐在称为"枰"的台座上，如果多人同坐，则可使用宽 80 厘米左右的榻，或是更宽大的台座。这样的床和榻多为木制，不用时可以立起靠在墙上。[69]

人们在榻或床上铺席而坐，有时还会铺好几层。东汉时，官员们在皇帝面前辩论，每当有学者做出精彩的论述，皇帝就会赐席，甚至会出现有人口才力压群雄，一路夺取别人席位的精彩场面。[70] 穷人家没有席，人们直接坐在榻上，但冬天寒冷刺骨，有人会铺上羊皮。[71] 孝顺的罗威天冷时先用身体暖席，再让老母亲坐上去。[72] 富人家则完全不同，不同的季节使用不同的铺垫物。当皇帝的敕书送到时，就算正在吃饭，也必须站在席上拜受命令，否则就会受到惩罚。[73]

在席上坐定，饭菜会端到面前的几上。几又称案，除了用来当桌子，还能用来趴着，或放在左右两侧支撑手肘，称为伏几（唐代的夹膝）。[74]

让我们再次确认座席的位置。若在豪宅内用餐，座席背后会有屏风（图 4-8）。汉代有多人围坐而食的"共案"和单人单桌的"分餐"。正式场合多为分餐，共案则出现在村落祭祀共同用餐或非正式宴会的场合（图 4-9）。[75]

◇ 图 4-8　汉　彩绘漆屏风
（湖南博物院藏）

◇图 4-9 汉 陶石案
（甘肃省博物馆藏）

座次排列很有讲究。首先，在与大人物同席的正式场合，以桌子北侧为上座，南侧为下座。其次，家族内部同桌就餐时，礼法相对随意，身份较低的人、年轻人、弟子和宴会主办人坐在东侧，身份较高的人、师长和宾客坐在西侧。四人聚餐时，从上到下的顺序为西、北、南、东。[76] 并排就餐时，右侧为上座。[77]

切勿贪食

早饭准备好了。如前所述，平民基本都是一日两餐。早饭一吃完，就必须坚持到下午三点。奴隶两餐的分量基本相同，但从事重体力劳动的服刑人员会在上午多吃一些。[78]

贵族从早饭起就奢侈豪华。有个暴发户一大早就砰砰拍着肚子直呼"太撑了"，[79] 那副样子从古到今都没有变化。臣子在皇帝面前用餐时，吃个八分饱比较合适。中山孝王曾经在父亲成帝面前吃得肚圆，起身时撑开了袜子上的绳子，结果在成帝心中落得个无能的印象。[80] 面对身份地位更高的人，还是不要逞强，保持得体仪表最为稳妥。

如果寄宿别人家中，就餐时更要察言观色。如果早上起来没有饭吃，就是让你赶紧滚出去的意思。[81] 如果主人盛饭时刮得釜底喀啦作响，就表示饭菜没有富余，你还是快回去吧，刘邦就曾遭此对待。[82] 成熟的社会人自会明白这些委婉表达背后的含义。在现代日本，京都人应该对此心知肚明。[83]

家中与老人孩子一起吃饭时，要尽量多多关照他们。老人大都非常疼爱孙辈，一有好吃的就立刻拿给他们。[84] 总而言之，穷人的伙食费可没那么好挣，浪费是万万不可的。上一个时代的中国民众曾经食物有限，"吃饭了吗"成了日常问候。古代也是如此，留下了"努力加餐饭"的寒暄用语。[85]

室内脱鞋吗

让我们来看看室内。现代日本人都会脱鞋进入和室，但是在欧美和中国，进入室内也不怎么需要脱鞋。那么古代中国的情况又是如何呢？

战国时期，有个人到列子家拜访，看到屋外摆满了客人的鞋，面朝北方略作思考，随即准备回家。一位客人将此情况告知列子，列子立刻手拿鞋子光着脚往外跑，在门口追上了那人。[86] 根据这段记录，列子家的门位于南侧，与北侧的房屋之间有中庭相隔。客人会在屋前脱鞋，光脚进入室内活动。

在战国时期，老子住在驿站时，前来拜访的杨朱和阳子居，把鞋脱在室外，进入室内后跪地前行至老子近前，向老子请教问题。[87] 无论在自家还是驿站，在门口脱鞋属于一般常识。有的女性夜晚在孤独煎熬中辗转无法入眠，"蹑履起出户"[88]，"揽衣曳长带，屣履下高堂"[89]，必须先穿鞋再外出[90]。《新序》中有这样的故事：秦公子胡亥与兄弟们一同拜谒秦始皇，获得食物赏赐后退下时，看到台阶下方排列的鞋，胡亥便走上前，对着那几双高级鞋乱踩一通。[91]且不论这个故事是否属实，总之宫殿内也分为需要脱鞋和无须脱鞋的地方。

有意料之外的客人来访时，光着脚便飞奔出门的例子在后世文献中也不时出现，可见"室内＝光脚"在很长时期内都是社会习惯。[92]正因如此，在汉代的礼法中，当屋外摆放着两双鞋时，最好先站在外面问候，得到回应后再进入屋内，否则就只能在门口等候。[93]这时的房间里至少应该有两个人在，如果无人应答，则对方很可能正忙于手头事务，贸然进入极易给对方带来麻烦。

穿鞋外出吧

终于到了外出前穿鞋的时候。说了这么多，我们甚至还没走出自家的屋门。汉代也有草鞋，但一般都是穿麻制的鞋子。现代的鞋经过精心设计，鞋带大多在脚背上，很难掉下。但当时的鞋设计粗糙，像士兵那样需要四处走动的人最好用鞋带绕过鞋底，将鞋捆在脚上，才会比较放心。

人们都会事先量好尺寸，再到市场去买合适的鞋，但也可以在鞋店现场测量尺寸。[94]如果鞋带开了，就自己系好。但是朝廷之内君王的鞋带松了，大多数时候会由臣下帮忙系上。[95]

鞋是越穿越习惯的。当时的人也一样，一双鞋刚上脚，总要先走一段试试，否则容易磨脚。因此买了新鞋就得试穿，确认是否合适。这一步骤被称为"试履"。

麻制的鞋价格低廉，丢了只要再买一双就好，不至于向别人借，因此又有个别称叫"不借"。官员的鞋由所在部门提供。[96]鞋的种类繁多，包括仪式用的高级绢鞋、厚底鞋（舄）、女用厚底鞋（跣下）、麻与草混织的鞋、适用于泥地的屦、身份较低者的鞋（屩）、木屐、草鞋等

（图 4-10、图 4-11）。[97] 人们还会穿鞋垫（绞）或袜子，鞋掉了也不用担心。女鞋前端多为圆头，男鞋则为尖头。[98] 在战国时期，带有刺绣的豪华绸面鞋子曾被无故禁穿。[99]

接下来只要酌情准备好绑腿（邪幅、行縢）和手套，就可以出远门了。如果有多套衣服，就把多余的衣服挂在衣架上，或者叠起来收好吧。[100]

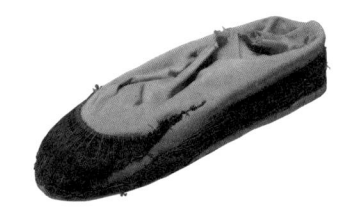

◇图 4-10　汉　锦鞋
（中国国家博物馆藏）

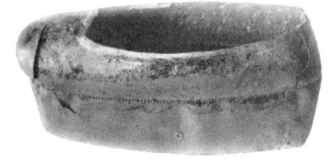

图 4-11　涂漆的厚底鞋
（参见平壤名胜旧迹保存会，《乐浪彩箧塚》，便利堂，1936 年）

第五章

漫步都市与聚落
上午九点

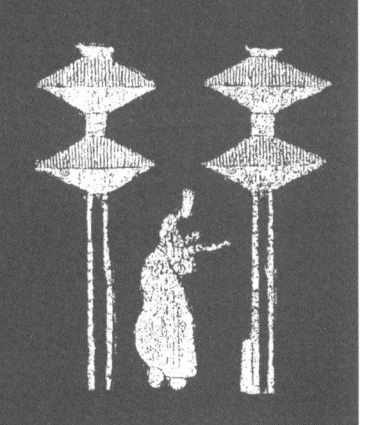

四合院的结构

做好外出的准备，终于能从屋里出来了。

中原地区的建筑以四合院为主流（图5-1）。[01] 所谓四合院，是指由细长的房屋四面合围形成的方形院落，至今仍然存在。四合院是中国极具代表性的独特建筑样式，历代的普通住宅、宫殿、官衙和宗庙也大多采用这一样式。

四合院的大门多数都朝南开，人们从那里进出。四面围墙具有防御功能，可以阻止小偷等外人侵入。在初春易刮沙尘暴的地区，围墙还能起到防沙的作用。

走出屋门，映入眼帘的就是院子。让我们首先来仔细观察一下。

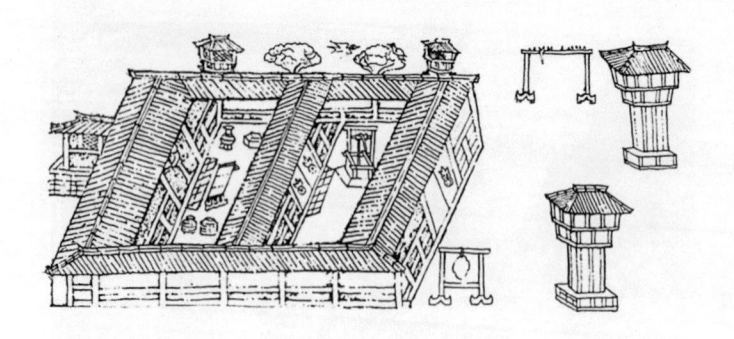

图5-1　汉代四合院建筑的画像石
（参见《沂南古画像石墓发掘报告》，文化部文物管理局，1956年，临摹）

对于四合院来说，中间的院子是必不可少的。人们经常聚集在院子中，宅院整体也因院子的存在而通风良好、光照充足，人们可以在院子中晾晒衣物。院子没有顶，仰头即可眺望天空，当时的人们将这里视作通天之处。当鸟儿飞到宫殿或宗庙的院落中时，经常会出现传言，称这是吉祥或天谴的预兆。

院子也是与祖先相连的地方。春秋时期以前，亲人一旦离世，遗体会被暂时安葬在院中。院中一般修有排水沟，雨水和垃圾（烦壤）积累到一定程度，就会排出院外。院子是神圣的地方，最好经常洒水保持清洁。

当时的人们相信，四合院里有井神、厕神和灶神等诸多神明。汉代人原本就倾向于多神崇拜，与日本人对八百万神明的信仰相似。正如宫崎骏导演的《幽灵公主》和《千与千寻》展现的世界，人们相信自然神与祖先神的存在，认为神明无处不在。但遗憾的是，内心不再纯粹的笔者已经看不到神明的身影了。院中一般还有水井和烹饪区，站在那里环视四周，四面的建筑分为若干区域，若干个家庭（户）分别住在其中。

院中的居民并非毫不相关，一般都是亲属。也就是说，四合院里基本都是两代人或亲属共同居住。

挨家挨户观察，就会发现建筑多为一堂二内或一宇二内。两者是否样式相同，至今仍不甚明确，但至少一宇二内是指一个宇（建筑）中有两个内（房间）。[02] 人们起居的建筑称为寝，有的寝附近有厕所，有的院子左右还设置了车库、猪圈、厨房和仓库等。[03]

建筑各异

四合院具有诸多样式，地域差异也十分明显。[04] 有中央建有阁楼的，也有四方建有监视台的，还有被高墙或建筑包围的，南门和前院围成"∩"形的,以及两个院子呈"日"字形的。

在汉代以前,建筑占卜(即后来的"风水")就已经出现,[05]建筑物的配置据此决定。现代社会也有类似现象,例如对有隐情的房子驱邪,或是根据风水改变房间内部装修。古往今来,迷信的人始终如此。

版筑、晒制砖瓦(土坯)、石积和砖砌,是住宅墙壁的主要修建方式(图5-2、图5-3)。所谓版筑,是将土填入木板框架中,用木棒从上向下捣实,待土变硬后,就将木板框架拆除。版筑一词既指这一方法,也指用此方法筑起的墙壁。这是中国古代最常见的方法,如今的农村仍在使用。砖同时也用于道路的铺装,其中包括空心砖和小条砖,后者从西汉末期开始受到喜爱。小条砖的长、宽、厚比例大致为4:2:1,随着尺寸的规范化和砌筑技术的发展,还出现了由小条砖修建的筒形建筑和穹顶建筑。墙壁外层涂有灰浆,有时还会将烧制贝壳形成的贝灰掺入其中,闪闪发光,[06]阳光洒下,周围便会一片明媚。

◇ 图5-2 石积秦长城(呼和浩特市附近,2012年9月笔者拍摄)

◇ 图 5-3　日干砖石修建的汉代烽火台（张掖市东部，2015 年 9 月笔者拍摄）

屋顶的形状也丰富多彩，不同的形状对应居住者不同的身份，汉代尤其流行悬山顶（图 5-4）。[07] 刚刚建成的住宅土层未干，椽子架好尚未太久，屋顶看起来就像浮在上空。一段时间后，土层的重量压弯了椽子，屋顶便会显得敦实厚重。[08] 从旁经过时，强风有时会将屋顶的瓦片吹落，最好时刻小心。[09]

除了四合院，在汉代的中原地区和四川的山区，还有不少人住在

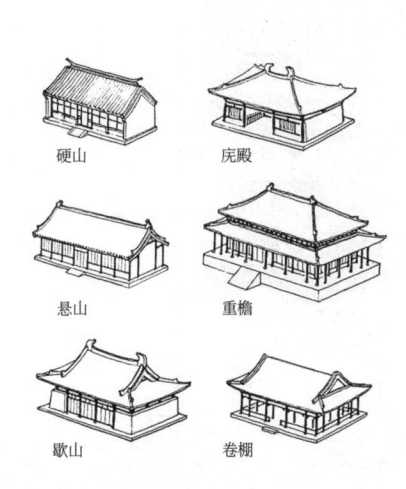

◇ 图 5-4　汉代屋顶样式

洞穴之中。[10] 在黄土高原的侧面挖出的窑洞就是其中的典型。有些穷人还居住在用艾蒿葺成的破房子里。[11]

干阑式建筑在中国南方颇为盛行。[12] 但干阑式建筑的出现原本就是为了应对低海拔湿地和水边环境，这是由于中国南方气候潮湿，并非国家规定"北方居所＝洞窟""南方住宅＝干阑"。[13]

总而言之，当时的中国建筑种类繁多，时代差异和地域差异显著，建筑材料和手法上也具有多样性，而四合院正是其中最为著名的一种。

与鸡、狗、猫一起生活

终于能到四合院外看看了。在那个时代，如果有人太阳当空却还窝在家里，很可能会被来访的客人误认为卧病在床。白天要外出是当时的社会共识。[14] 那是个对"家里蹲"并不友好的社会，白天最好还是出门活动。

让我们赶紧穿过院子，走向南门。用长约12厘米的钥匙打开门扉，[15] 来到四合院外。街上已经有不少人了。少年们正在十字路口兴高采烈地斗鸡，旁边有个男人拿着扫帚扫地（图5-5），即"洒扫"，他似乎是在贵人的宅邸工作的人。[16] 有男人

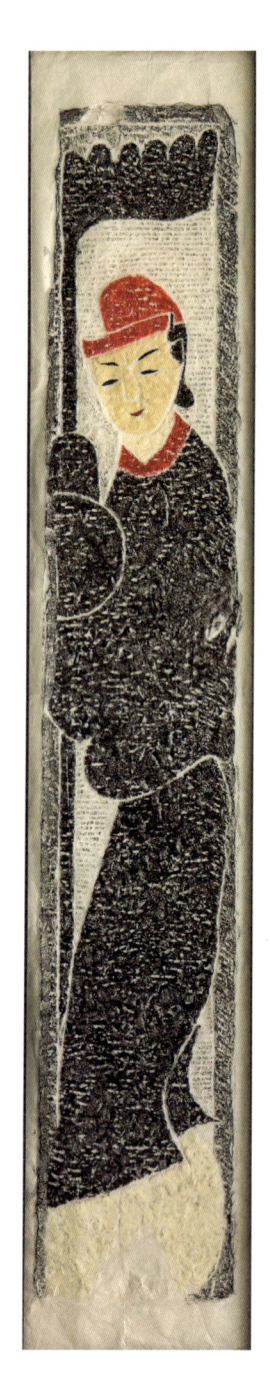

◇图5-5 汉 拥彗人物（画像石拓本，南阳市汉画馆藏）

从一大早就引吭高歌，也有女人一边热情呼喊一边舂捣谷物。[17]

家家户户都养狗养鸡。鸡能报时、下蛋，对人们的生活有益。有的家庭还用笼子饲养鸽子和猫头鹰。[18]

即使是在古代，狗也是人们最常见的伙伴（图5-6）。众所周知，狗与狼不同，它能够读懂主人的表情，甚至能和主人共同玩耍。狗的性格会逐渐趋向于主人，能与人类建立坚不可破的关系。[19]

◇图 5-6　汉　褐釉陶狗
（湖南博物院藏）

当时的人们非常看重猎犬（田犬）和看门犬（守犬），牧羊犬则尚不存在。[20]山东半岛的汉墓出土了《相狗经》，即一本关于如何鉴定猎犬的书籍，可见汉代人从一开始就十分重视狗的品种鉴别，而早在战国时期就已经有专人来鉴定狗的品种。狗不仅能用来驱赶鹿和野猪，有时还会用来捕鼠，《吕氏春秋》中即有如何让狗捕鼠的故事。[21]

汉代还有赌犬和斗犬。此外，狗也会和马等动物一起出现在狩猎和竞赛中，[22]也就是广义上的斗狗和赛马。热衷于赛马的不仅有历代皇帝，还有东汉末年尚未扬名的刘备。

看门狗各有名字，脖子或腿上拴着绳子。[23]有人也会给家里养的牛取名，史料中留下了"黑"等名字。[24]当时的人们应

第五章 ◇ 漫步都市与聚落 ◇ 上午九点

该是根据身体特征为家畜取名。此外还有传说称一只名为"盘瓠"的狗是蛮夷的先祖，[25] 可见给家畜取名的习惯由来已久。

一盯着看门狗看，狗就会汪汪直吠。但是看门狗也不是只要会叫就好。[26] 例如酒馆里养的看门狗要是冲客人叫得太多，客人必然不再光顾。[27]

当时还有忠犬，三国时期吴国丞相诸葛恪的故事就令人回味。一天早上，诸葛恪准备上朝，家里的狗咬着他的衣服不放。诸葛恪不顾阻拦出了门，结果在宫殿里遭暗杀身亡。[28]

路旁也有猫，被称为家狸、狸奴或狸狌，能在捕鼠上发挥作用。[29] "狸"字现在指狐狸，但是在古代中国就是猫的意思。擅长捕鼠的猫被视作珍宝，有"百钱之狸"[30] 的说法，价格能达到一百钱左右。早在新石器时代，以利比亚猫为主的猫就已经不断家畜化，豹猫也完成了这一过程。[31] 秦汉时期的人们相信长寿的猫会化作妖怪，中日两国在社会风俗中给予猫的位置是相似的。[32]

环顾聚落中，人群中甚至还有饲养乌鸦的人。据说一旦剪断乌鸦的翅膀和尾巴上的羽毛，乌鸦就只能依靠人类进食，进而变得顺从。[33] 人们就是这样饲养乌鸦的。这样的故事着实残忍，放到今天恐怕会激怒动物保护团体。

顺便一提，上古时期似乎曾存在夷隶（鸟语翻译者）和貉隶（兽语翻译者）等官职，但我们至今仍不明白他们是怎样工作的。此外还有公冶长、介葛卢、詹何、管辂等人，据说能理解鸟兽和家畜的语言。这类传说我们不用嗤之以鼻，但也不必全信。

道路的名称与垃圾的去向

大都市中，道路纵横交错。门和道路（至少是一部分路）各有各的名字。西汉长安城内有章台街和章台门，皆取自名为章台的宫殿。[34] 命名的方法原本就不甚明晰，但至今尚未发现如"始皇大道"之类冠以人名的街道。

道路两侧树木繁茂。洛阳城中的道旁种着桃树和李树，花朵和枝叶在春风中摇曳，一派明媚之色："洛阳城东路，桃李生路傍。花花自相对，叶叶自相当。春风东北起，花叶正低昂。"[35] 其他道旁还有枣树，但随意摘果是会被管理者骂的。[36] 长安城内还种有成排的槐树。[37]

垃圾在路上随处可见。当时不可能有像现代这样的清洁工，因此对于都市居民来说，垃圾是一大问题。蔬菜切掉的边角和土器的碎片就扔在路旁，[38] 有时会因腐烂而散发恶臭。与此同时，首都已经修建了排水系统。例如战国时期的齐国都城临淄就有下水道（图5-7），西安西郊则出土了秦朝的下水管道，据推测应来自首都咸阳城。但是，上述基础设施在当时仅存在于城市中。

◇ 图 5-7　临淄的下水道（2010年4月笔者拍摄）

以社为中心的聚落配置

接下来，就让我们想象无人机的角度，从上空俯瞰整个聚落。

春秋时期以前的都城皆以历代君主的宗庙为中心。宗庙是祭祀君主祖先的地方，人们定期献上牛等供品。牛身披绫罗绸缎，饱餐一顿后，便在宗庙迎来被杀的命运。[39]

这类以宗庙为中心的都市设计在秦汉时期也得到继承。但是到了公元元年前后，在都城近郊祭祀天地的"郊祭"开始受到重视，[40] 居处北辰的昊天上帝的地位开始高于祖先。长安南北新建了名为南郊和北郊的设施，南郊的祭祀规格尤其高，祖先的宗庙也从皇城迁移到了通向南郊的道路旁。

与这些大都市的设计与祭祀风貌形成鲜明对照的，是各地的小聚落几乎都以社（土地庙）为中心，老百姓定期上供。社汇聚了人们对树神和土地神的崇拜，与祭祀昊天上帝的祭坛截然不同，是民间长年举行祭祀的场所。[41] 社也可以是县的中心，每逢农历二月和年末，各县会在中央政府的命令下调配羊和猪，供奉在县社里。[42] 到了东汉，郡和州也设置了社，并供上猪羊。[43]

每村一社，普及度正如现代日本的神社，但两者的不同之处不仅在于信仰对象的区别。现代日本那些著名神社往往占地开阔、建筑高大，而古代中国的社既没有建筑，也没有屋顶。[44] 只有土堆和被当成神体的标志石，再加上旁边的榆树或槐树。[45] 人们将社视作通天之处，因此承受风吹雨打也是理所当然的。

与此相反，如果一国被灭，那么战胜国就会给战败国的社盖上屋顶，在地面堆起柴火，不让战败国的社再有机会与天相通。[46] 社的祭祀仅在晴天和多云时举行，遇到雨天则会中止。老鼠经常在祭坛下筑窝，必须定期用烟把它们熏走。[47] 社内放有抹了泥的木头，老鼠也会在那里挖洞。[48]

在社之外，各个聚落还有祭祀当地名人的庙，例如长江流域的庐江郡就有供奉楚汉战争时期军师范增的庙。[49] 邺供奉着战国时期的政治家西门豹，燕和齐供奉着西汉初期的将军栾布，人称供奉处为"栾公社"，同样承担了社的功能。东海郡的人们感念西汉丞相于定国的父亲判案公正，在他还在世的时候就建起于公祠，[50] 为活人立生祠可谓另有意义。

聚落中散步

聚落有大有小，但大致都有几十人到几百人居住。以某座县城为例，该县城由十个里组成，环绕四周的土墙高 3 米到 6 米。每个里占地

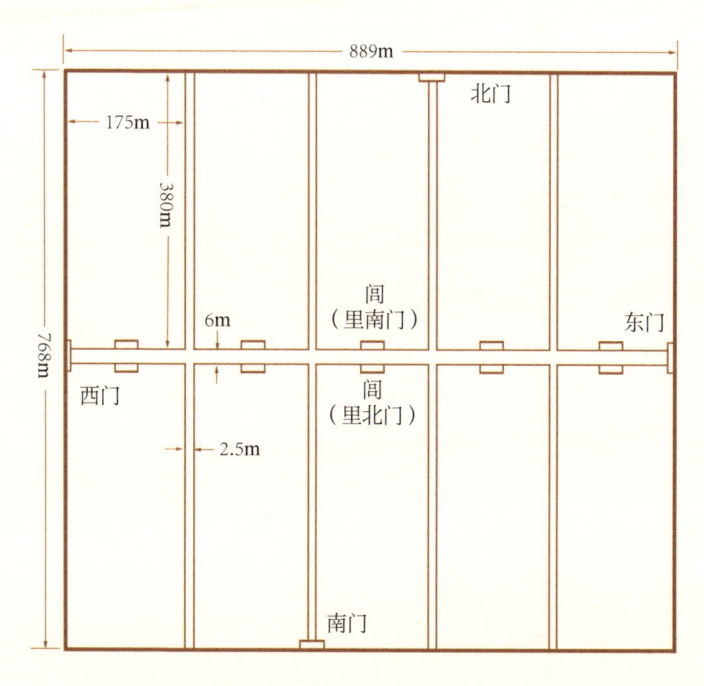

◇ 图 5-8 汉代的午汲县城（参考五井直弘，《汉代的豪族社会与国家》，名著刊行会，2001 年）

约 380 米 ×175 米，住着大约 100 户人家（图 5-8）。[51]

历史上既存在像这样由整齐排列的里组成的县城，也有外侧还散落着小聚落的县城，每座聚落内有六户人家，每户人家占地约 160 坪[52]，户与户之间相隔 15 米到 30 米。[53] 住宅本身则占地几十坪。

此外，大山深处还散布着一些规模大约有十户人家的聚落。[54] 田边也有孑然独立的四合院，其中住着好几户人家（图 5-9、图 5-10）。每个四合院大约占地 30 坪（10 米 ×10 米），靠南的一半为院子。[55] 这样的四合院绝不算宽敞，但当时的农村生活既不通电，也没有电视，能在室内做的事极其有限，因此空间或许已经足够。

宅院的类型多种多样，其中规模最大的称为"宫"，高大威严的建筑称"殿"，高耸的楼阁称"阙"，用于防御的高耸楼阁称"楼"，用于警戒瞭望的高台称"橹"，建在高台上的高层建筑称"台"。与现代的别墅、宅院、独栋等称呼一样，当时的建筑也因形制而被赋予了丰富的名称。

聚落中有正在修理房屋的工匠，其中既有官方专业匠人，也有民间人士。两者相比，还是官方专业匠人技术水平更高。例如，曾有说法称秦始皇陵中的每个兵马俑都是参照真实存在的士兵进行雕刻的，但是根据近年来的研究，兵马俑应该是先由工匠大量生产零部件，后组合而成的。[56]

兵马俑上留下的工匠名字多达 87 个，其中还有女性的名字。这些人里包括了制造宫殿排水管道和瓦片的人，可见他们并不是专门负责兵马俑的。他们在宫廷内同属一个工房，经受过同样的训练，在制造过程中分别承担不同作业，进行批量生产。

综上所述，所谓"规模化生产出现于 15 世纪到 16 世纪"的一般观点其实是有讨论余地的。[57] 总而言之，我们正行走其中的街巷，是一个因先进的建筑技术和工艺技术而熠熠生辉的世界。

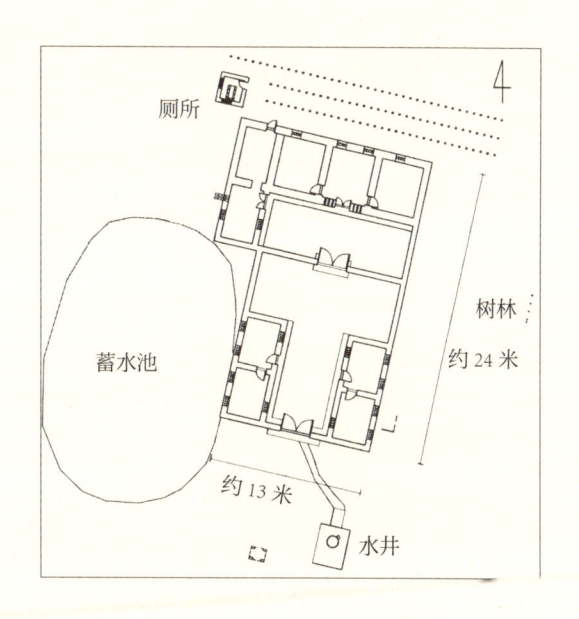

◇ 图 5-9　河南省内黄三杨庄 2 号汉代庭院遗迹

◇ 图 5-10　河南内黄三杨庄遗迹 3D 模型（林源提供）

过桥——麻风病患者、战争孤儿与鬼

我们终于要出聚落了。有的聚落中能停放马车,可以"入外门不下车"[58],有的聚落则以危险为由严格禁止。与此同时,在聚落之间往来时,乘坐马车最为轻松,也不存在礼仪上的问题。这一点在城墙环绕的都市中同样适用。如果马车花费较高,则换成牛车也可行。商人因身份制约不能乘坐马车,要特别注意。

有的都市中有小河流经,有河就有桥。桥是公用的基础设施,由村内居民合力修建,地方长官担任指挥。最理想的情况是避开农忙时期,收割完成之后再去施工。[59]一般不存在过桥费,但也有仗势乱收费的人。[60]

桥连接此岸与彼岸,古人相信那里是通往异世界的入口,因此当时曾流行在桥附近见到鬼的传言。[61]日本也有很多桥边冒出妖怪的传统故事,显然是基于同样的思考方式。到了夜晚,都城的大桥旁会点灯照明[62],万种风情尽在其中。

上桥观察,桥边躺着乞丐和麻风病人。[63]犯罪的麻风病人会被收入名为"疠迁所"的隔离设施,[64]与其他犯人区别开来。由此可以推测,麻风病人平时或许生活在与平民有一定距离的地方。春秋时期,有个叫豫让的人冒充麻风病人趴在桥头,试图暗杀仇敌。到了战国时期,战死者的遗孤在路边乞讨,也常在桥边活动。[65]桥成了麻风病人和战争孤儿的聚集地。

麻风病人原本并不全都是遭受歧视、被迫隔离的对象。有个病人本来和家人共同生活在聚落里,但不久后就遭到了邻居的警告:"趁着还没死,赶紧轰出去吧,否则子子孙孙都会染病的。"家人身不由己,只能将病人扔进山里。[66]人们并没有在麻风病人刚出现时就立刻将他赶走,但是病人承受的压力绝不算小,最终还是被赶入山中。

高级住宅街

过桥一看，高级住宅街在面前排列延伸。从有气派大门的宅院或垂着帘子的贵人宅前走过时，有些胆小怕事的人或礼仪周到、关心他人的人恐怕会不由自主地一路小跑。[67] 大型豪宅有看门人值守，负责打扫门前卫生。受过良好训练的看门人将尘土扫向自己，[68] 避免波及路人。

首都的高级住宅街尤其豪华，皇帝居住的宫殿区外侧也有巨大的官衙和府邸林立。中央政府办公室的门涂有红漆，在朱门工作是当时官员的最高荣誉。[69] 平民居住的里也分布在四周，高官聚集的尚冠里和宗室之人聚集的戚里则混杂其中，可谓现在所说的高级住宅街。长官的私宅位于衙门之内，其他官员则住在相邻的官舍中。在宫殿工作的宦官和宫女就住在宫殿区内。

不经意间抬头一看，宫殿屋顶上排列着美丽的瓦当（图 5-11、图 5-12）。不同官衙的瓦当上的图案和文字不同，例如卫尉（未央宫的警备人员）所在的侍卫处就配置了刻有"衛（卫）"字的瓦当，[70] 墙上还描绘了烈士的风姿，[71] 让庄严的氛围更添一层。同时，宫殿中不仅有圣王尧和舜的画像，还有古代暴君桀和纣，意在让皇

◇图 5-11 秦 旋曲纹瓦当
（中国国家博物馆藏）

◇图 5-12 汉 "汉并天下"瓦当、
"单于天降"瓦当
（中国国家博物馆藏）

帝以此为戒。[72] 书法和水墨画作品的装饰习惯可以追溯到战国以前。[73] 画作题材种类丰富，在边疆地区作战的勇士也希望自己的英姿能被画入其中。[74]

大路两侧立有神兽铜像，其口中喷出的水能洗净路上的污迹，并顺着排水沟流走，[75] 与如今新加坡的鱼尾狮雕像功能十分相似。

首都之中还有郡邸。所谓郡邸，是供各郡的上计吏每年上京报告年度财政状况时居住的宅邸，邸内连金库和监狱都一并设置，郡太守上京时也会住在此处。这很容易让人联想到江户时代的大名参勤交代[76]时住在各藩位于江户的藩邸。在各地领有封地的皇族、诸侯王和列侯的宅邸也格外气派，紧邻大路，被称为"第"。[77]

高级住宅街中还有楼阁高耸（图 5-13）。郊外也有富豪的别墅，有些地方还修建了家用水利设施："重堂高阁，陂渠灌注。"[78] 官衙附近有仓（谷仓），分为长方形和圆柱形两种（囷）。谷物以一万石（约 20 万升）为单位储存，用竹席隔开，由县乡官员共同管理。负责的官员一边注意不让老鼠和虫子啃食仓库里的谷物，一边执行仓库附近禁止养鸡的规定，[79] 因为鸡会啄米。

官衙旁边建有武器库（库），同时承担车辆保管和产品制造的功能，从官员到囚徒，各种各样的人都在那里工作。[80] 南北朝时期，武器库旁可见具备消防功能的池塘，[81] 由此可以推测此类防灾设备很可能在秦汉时期就已出现。县内还有储备公用资金的"府"。[82]

全国设置的监狱多达 2 000 处，西汉后期每年都有几万人被判处死刑。[83] 从 1991 年到 2010 年，日本被判处死刑并实际执行的共有 84 人。与此相比，古代中国的死刑人数要夸张得多。我们不能用现代人的价值观加以评判，但实际情况确实与"夜不闭户，路不拾遗"的太平世界相距甚远。

◇图 5-13 汉 庭院画像（成都博物馆藏）

负郭穷巷

从光彩夺目的大街拐进旁边的小巷，到处都能看见横卧路旁的穷人。人们通常认为，进入里门后，左侧被称为"闾左"的区域是穷人居住的地方，但这只不过是一种误解。闾左其实是指所有平民，与豪右（豪族和富人）相对。在当时的观念中，右比左更加高贵。[84] 因此，与其说穷人仅能居住在进入里门后的左侧区域，不如说实际上大部分穷人都居住在桥边，还有人居住在聚落里。

都市的城门一带还有靠唱歌赚钱的行人。[85] 不少穷人家都紧邻郡县外墙（郭）的外侧居住，"负郭穷巷"一词便由此而来。这些人家的门多用草席代替，以野草为屋顶，用破的瓮当作窗户（瓮牖），逢雨便漏，潮湿难忍。[86] 住在里面的穷人或遭人蔑视，或被视为潜在罪犯，和富人结婚之类的事简直想都不敢想。

最让人感到讽刺的是，这些地方因为距离城郭最近，最适合被开垦为田地。官员和富人在这些地方持有的田地被称为"负郭田"，是良田的代名词。附近道路行人交错，既有斗鸡的人，也有为了砍柴每天往来的人。[87]

与负郭区域形成对照的，是距离城郭较远的田地，平民每天从郭内往返，十分辛苦。对于农忙期的人们来说，在田边建起小屋（庐舍、田舍）并住在那里工作，是更为便捷高效的方法。这类距离都市和聚落较远的田地，价格也比较低廉。

我们就这样漫步都市与村庄，与形形色色的人擦肩而过。接下来，就让我们观察一下他们的样子吧。

第六章

前往官衙
上午十点

赶路的男性与马车、牛车

让我们来看看行人的样子吧。战国时期有个邯郸学步的笑话，说有个乡下的年轻人来到大都市邯郸，模仿都市常见的走路姿势，结果不但没有学会，就连原来怎么走路都忘得一干二净，最后只能爬回老家。[01] 城里人和乡下人似乎就连走路姿势都不尽相同，正如参加过巴黎时装周的模特和笔者走路方式之间的差异。邯郸在秦汉时期是首屈一指的大城市，人们在城中大路上英姿飒爽，昂首阔步，那情景仿佛就在眼前。

路人中既有徒步行走的，也有乘坐马车和牛车的。马车是当时最高级的交通工具，牛车次之。[02] 与古代日本贵族只乘牛车不同，马车在古代中国更高一等。皇帝自然不用说，诸侯也大都乘马车出行（图6-1）。到了西汉后期，有些失势的诸侯也开始乘坐牛车。[03] 马车多为两轮，[04] 高官的马车被称为"朱轮"，车轮上涂有朱漆。

另一方面，商人受到社会歧视，就算腰缠万贯，也不能乘坐马车。[05] 不过大商人中有些会在官衙挂职，常有行贿之举，因此官员对他们乘坐马车也是睁一只眼闭一只眼。按律法规定，官衙的高官不得经营高利贷，否则就会被罢免。[06] 商人的孩子也不得为官，[07] 但商人出身的官员其实并不算少。高贵的女性也可乘车。

让我们把目光转到步行者身上。女性的妆容前面已经看过，因此现在让我们看看男性。从遗传学上来看，在10 000年前到5 000年前的黄河

◇ 图 6-1　汉 打虎亭壁画里的马车

中游和长江中游曾生活着不同的族群，但是到了秦汉时期，族群之间已经深度交融。[08] 在春秋时期之前，山东半岛还生活着带有西域血统的人，但到了秦汉时期已经消失，绝大多数人已经与现代中国人无异，[09] 他们脸部扁平，只有极少数有中亚血统的人轮廓分明。

帅气与否

看看那些男人的脸，有的英俊帅气，有的平平无奇。对于当时的人来说，什么才是帅哥的标准呢？史上留名的帅哥有春秋时期的子都、三国时期的何晏和西晋的潘岳等人，他们都不是肌肉男，肤色也不黑，皆是肌肤白净、双眸有神、胡子精致的男子。传说中的美女罗敷也描述自己的丈夫肤白须密，以其俊美的容貌为傲。[10]

第六章 ◇ 前往官衙 ◇ 上午十点

这样的帅哥只要在大街上一走，就会听到女性的尖叫。女人们积极地凑上前去，或是向车里扔水果，或是包围马车。《世说新语》中就有这样的场景："潘岳妙有姿容，好神情。少时挟弹出洛阳道，妇人遇者，莫不连手共萦之。"[11] 别说未婚少女，就连已婚女性也会跑到帅哥身边，那副情形与包围英俊偶像的现代女性毫无区别。当然，男性也会跟女性搭讪。有些自恋的帅哥会边走边照镜子，陶醉于自己的容颜。[12]

与此同时，相貌平凡的男性无论在哪个时代都会感到悲哀。虽说萝卜白菜各有所爱，男人与女人对英俊的定义并不一致，但是在当时，吊眼角、端肩膀、鹰钩鼻、龅牙和短下巴，都是公认的丑男要素。[13] 此外，彼时人们对欧洲和中亚常见的金发（红发）、蓝眼（碧眼）和棱角分明的面部轮廓也都持负面评价。[14] 若有丑男模仿帅哥的样子招摇过市，必然会遭到女人们的唾弃。[15]

男人的性格人品当然重要，但史料中几乎没有留下男人相貌丑陋却广受女性追捧的例子。鲜有的个案来自哀骀它。此人是生活在春秋时期卫国的丑男，但与他交谈的男人也会被他吸引，女人则会请求父母："与其做别人的妻子，不如给他当妾。"[16] 原因就在于此人德行高尚。不过，正因为这是个例中的个例，才会令人惊异地留在史料中。

若是秃子、矮子，有口吃或残疾的人，则更加悲惨。尤其是口吃会对职业发展造成不良影响，克服这一毛病最终成名的人有韩非子、曹叡、邓艾和成公绥等，绝不算多。另一方面，史料中并没有留下因为肥胖而无法就业的记录，反而身材魁梧的出色士人不在少数。[17] 不过如果吨位太高，倒是容易成为被人戏弄的对象。[18] 毕竟当时的普通人家没有体重计，是通过腰围来判断胖瘦，因此人们对自己的体重也仅仅知道个大概。

个子最好也不要太矮。秦汉时期，身高与年龄是民众服劳役的基准，因此国家会记录民众的身高。虽然没有留下明确记录平均身高的史料，但是翻阅史书就会发现，成年男性的身高大都会记录为七尺（约

161 厘米）。[19] 文献中还保留了有关高个子的记录，身高八尺（约 184 厘米）以上的人被形容为"姿貌甚伟""容貌绝异""容貌矜严"，是他人眼中的巨人。以《三国志》为例，除了七尺五寸的刘备，其他被记录为高个子的人几乎都在八尺以上。身高八尺是身体健康结实的证明。[20]

身高如果不满六尺（138 厘米），则被视为残疾的一种，且不用服劳役。就算满怀政治野心，向往荣华富贵，只要像战国时期的孟尝君一样矮，就难逃被鄙视的命运。例如生在高个子家庭的冯勤身高不满七尺，在兄弟中最矮，由于害怕后代的身高与自己相似，他为儿子娶了高个子的妻子，[21] 看得出来他对这点十分在意。

此外，当时的人们尚不具备关于视力和听力的概念。不过视力过人的离朱和听力过人的师旷的传说都留存至今，可见人们应该已经意识到人与人之间的视力和听力存在差异。

进入官衙

让我们走近官衙看一看。在西汉的首都长安，政府机构群旁边就是未央宫，皇帝在那里与大臣开会。在东汉首都洛阳，皇帝在名为朝堂的会议场所主持会议。[22] 汉初，大臣会根据需要升殿，后来变成每五天升殿一次，拜谒皇帝需要提前预约。[23] 官居高位的大臣也渐渐无法再轻易拜见皇帝的尊容，平民更是如此。现在，就让我们尽可能随意地在官员工作的官衙转转吧。

汉代的官衙红旗飘扬，宫殿和官衙入口附近的地面及台阶也被涂成红色（丹墀）。当时受到重视的不仅有红色，还有黑色，例如军旗准确来说不是纯粹的红色，而是"黑边红旗"。[24]

让我们进入丞相府看看。丞相相当于现在的总理，当时是皇帝之下的最高官职。丞相府内常种柏树，有时还会有数千只鸟聚集。[25] 丞相工作的厅堂和院落（廷、听事、厅）并立，每年农历十月，几百名上计吏汇聚一堂，报告各地财政状况，聆听敕命。

　　堂与院落被回廊环绕，进入其中需要穿过中门。中门外侧设有停放马车的场所（驻驾），旁边设有侧门（閤）。侧门由苍头把守，若是受到丞相信任的下属，随时都可以通过此门入内面见丞相。官衙的门上大都配有圆环形的门把手，装饰豪华。例如元帝庙的门上就配有乌龟和蛇形的青铜把手。[26]

　　丞相府的中门前不仅有停放马车的场所，还有下属的办公室。堂的背后是丞相的私宅，再向后则是后堂。郡县一级的官衙也是如此，长官的私宅在官衙最深处。私宅前面是长官的办公场所，再向前依次是中门和驻驾，以及下属的办公室。

　　长官不一定每天都在办公室内，也有五天才上一次班的情况。其实私宅和办公室就是前脚出后脚进的距离，这种情况下仍不上班，足以见其高高在上的身份。

　　地方长官的上班时间因人而异，在夏天，有人从日出开始工作，冬天则从正午开始。当然，在其他时间段，长官多少也会在家里做些工作，即所谓的居家办公，但由于部下很难进入长官的私宅，所以非常麻烦。想要与长官会面的人会特意选择良辰吉日，但就算成了官员，也不是立刻就能晋升到可以面会长官的级别。[27]

　　有的长官自己不上班的时候，会让优秀的书生或苍头代为处理公务。刚刚上任的长官尤其容易受到部下轻视，有的部下还会装病请假，或做出原本禁止的行为，例如与妻子共同住在官舍中。

高耸的城墙

　　都市大多沿河而建，呈方形。城墙多为版筑，现存城墙的厚度从5米左右到几十米都有，不尽相同。版筑的城墙垂直耸立，但内侧呈斜坡状，供士兵登城。为了防止墙体风化，有的城墙内外两侧都以土覆盖。这样的土堆名为护城坡，城墙与护城坡外还设有壕。壕与城墙间的距离从几米到几十米不等，宽 20 米到 30 米，深 3 米到 4 米。

城门是进入城墙内部的唯一通道。以大都市临淄为例，外郭有十一座门，宽度在 8 米到 20 米之间，长度则从 20 米到 86 米不等。穿过城门的大道未必笔直，城内的街道也未必像棋盘一样整齐划一。日本古代平安京的街道如棋盘般横平竖直，通常被认为是模仿了中国的城市建设，但它模仿的对象是北魏的洛阳城和隋朝的长安城，与秦汉时期的都市无关。[28] 秦汉时期的都市更加杂乱，只有长安城内宽 45 米的大路（中央为皇帝专用的驰道，宽 20 米；左右两侧为宽 12 米左右的普通道路）和洛阳城内的大道给人以整齐气派的印象，离棋盘还差得很远。

在上述郡县乡里中，设有郡县一级官衙的里，规模相对较大，人员往来较多。大都市里民宅比邻，一旦发生火灾，极易扩大。自古就有"滥炎妄起，灾宗庙，烧宫馆，虽兴师众，不能救之"[29] 的说法，可见火灾时会动员军队来处理。

仪表堂堂的官员

让我们看看官衙里官员的模样吧。令人惊讶的是，这里的官员个个相貌堂堂，"状貌甚丽"，"头须皎然，衣冠甚伟"，看来容貌英俊应该是汉代官员的录用条件之一。[30] 就连孔子都曾以貌取人，因子羽"状貌甚恶"，"以为材薄"，然后又后悔不已："以貌取人，失之子羽。"[31] 可见帅哥无论何时总能占到便宜。历史上也曾留下兔唇男子受到君主赏识的传说，以及丑男被委以国事的故事，如鲁哀公任命哀骀它"国无宰，寡人传国焉"[32]。但是正因为这些事情在现实中极为少见，才会变成传说和故事，在史书上留下一笔。

宫廷的护卫与侍从官（执金吾、侍中郎）尤其威风凛凛。汉光武帝年轻时也曾梦想成为执金吾。[33] 假如十五岁当个小差，二十岁晋升大夫，三十岁成为侍中郎，四十岁当上城主，[34]就会受到女性的格外青睐。当时的社会是个关系社会，如果父辈有权有势，则无论容貌美丑，皆有可能攀至高位，但最好还是保持外表的清爽干净。

护卫官自然需要习得武艺，但太平盛世里彰显武功的机会并不多。因此，汉代朝廷曾举行投石、拔距、格斗（手搏）等比赛代替实战，以比赛中的表现作为晋升条件。[35]

职业与非职业

与官员打招呼前，为了不失礼，我们要提前确认他们的身份。西汉总人口约6 000万，日常为国家工作的劳动者约有150万人，服兵役者70万到80万人。[36]此外还有官员，分为正式和非正式两种。[37]

正式受雇的官员大都住在官舍中，每五天可以休假回家一次。[38]无论是秦还是西汉初期，每年的休息日加起来可有几十天，获得假期的方法也有多种。[39]至少在秦朝，结婚时和父母病重时都可以获得十天左右的假期。[40]

在这些休息日之外，官员原则上都要住在官舍中，大多数时候采取单身赴任的形式。不过也有和妻子共同居住在官舍中的官员，相关规定似乎并不严格。这里所说的正式受雇的官员是真正的职业官员，国家会支付给他们相应的工资（秩）。

与此相对，非正式雇员可以说是"非职业"的，也可以说是类似临时工的存在，主要负责在工作中打下手。他们当中受到赏识的人每天都来上班，待遇接近于正式雇员，被称为"冗官"。而与这种天天上班的"非职业"不同，普通的非正式雇员以月为单位进行轮班（称为"更"）。不为官衙服务的时候，他们或是在民间找工作，或是务农。当时的刑徒也会轮流服劳役，并非每天从早到晚都在鞭打下被迫劳动。不少平民也会轮流服劳役或兵役，劳役之中就包括担任官衙的非正式雇员。

例如，湖北省荆州市荆州区纪南镇松柏汉墓出土的简牍就显示汉武帝时期的南郡拥有县级行政区 17 个（13 个县，4 个侯国），其中免老（因年事已高免除劳役的人）和罢癃（残疾人、病人、伤员）各有将近 3 000 人；成年劳动人口（15 岁以上，免老以下）中有男性 20 000 多人，女性 32 000 多人；未成年（7 岁到 15 岁）劳动人口中有男性 25 000 人，女性 16 000 多人；不满 6 岁的幼儿人数不明。同时，南郡整体的兵役承担者（卒）有 10 000 多人，其中可以随时出动的有 2 000 多人。兵役承担者和实际出动人数之间的差异源于当时采用的轮流制兵役制度，也就是说，大部分服兵役和劳役的人（包括刑徒）都不是正式固定的，这一点同样体现在非职业的官员身上。

在非职业官员中，也有人并不太愿意承担这份工作，他们基本上都是身处别人毫不羡慕的职位。例如相当于聚落长的里典，由里内身份较低的人担任，[41] 故不要产生"聚落长＝老大"的误解。不过，在官衙工作的非正式雇员中也包含了病人、伤员和残疾人，[42] 官衙就是他们的容身之处。从这一层面上看，应该也有对这份工作心怀感激的非正式雇员。

为了解职业官员的厉害之处，我们可以来看看西汉后期东海郡的情况（表6-1）。[43] 县级行政长官（县令、县长、国相）、副长官（县丞）和军事长官（县尉）享受职业官员的工资（秩）。他们手下有法务科长（狱丞）和警察局长（亭长），其中一部分并非职业官员。而在这些人手下，还有许多打杂的人。

在东海郡，职业官员的数量不满 100 人。西汉时期共有 100 多个郡，因此就算加上供职于中央朝廷的官员，全国的职业官员也只有几万人。东海郡的官员（包括非职业在内）总数为 2 000 多人，全国则有几十万人。也就是说，大部分官员都是非职业的，而数量庞大的非正式打杂工则处于更低一层。

表6-1 在东海郡的县与侯国任职的官员们

行政单位	令	长	相	秩	丞	秩	尉	秩	狱丞	官有秩	乡有秩	令史	狱史	官啬夫	乡啬夫	游徼	牢监	尉史	官佐	乡佐	邮佐	亭长	侯家丞	仆行人门大夫	先马中庶子	总数
海西县	○		1000	1	400	2	400	0	1	4	4	3	3	10	4	1	3	7	9	0	54					107
下邳县	○		1000	1	400	2	400	0	2	1	6	4	3	12	6	1	4	7	9	2	46					107
郯县	○		1000	1	400	2	400	1	0	5	5	5	3	12	1	3	9	7	2	41					95
兰陵县	○		1000	1	400	2	400	0			4	4	13	4	1	7	0	35								88
朐邑	○		600	1	300	2	300	0	0	1	3	2	4	6	2	1	2	4	6	0	47					82
襄贲县	○		600	1	300	2	300	0	1	2	6	3	1	8	1	3	7	4	0	21					64
戚县	○		600	1	300	2	300	0	0	0	1	2	2	4	1	1	3	5	5	0	27					60
费县		○	400	1	200	2	200	0	0	0	1	2	3	5	5	1	3	8	4	2	43					86
即丘县		○	400	1	200	2	200	0	0	0	2	2	8	4	1	2	6	0	32						68
厚丘县		○	400	1	200	2	200	0	0	0	4	1	2	9	2	1	3	4	1	0	36					67
利成县		○	400	1	200	2	200	0	1	3	3	2	3	3	0	3	5	5	1	32					65
况其邑		○	400	1	200	2	200	0	0	0	2	2	5	2	2	4	4	4	0	23					55
开阳县		○	400	1	200	2	200	0	0	4	3	2	2	3	2	1	3	4	0	19					52
缯县		○	400	1	200	2	200	0	0	0	1	4	2	2	3	2	1	2	4	2	0	23					50
司吾县		○	400	1	200	2	300	0	0	0	2	2	7	2	1	2	6	0	12						41
平曲县		○	400	1	200	1	200	0	0	1	4	2	2	0	2	0	3	4	2	0	4					27
临沂县		○	300	1	200	2	200	0	0	0	4	1	0	7	3	1	2	4	2	2	36					66
曲阳县		○	300	1	200	2	200	0	?	?	?	2	0	2	1	2	6	1	0	5					28
合乡县		○	300	1	200				0	0	0	1	2	1	2	5	0	0	7						25
承县	○		300	1	200				0	0	0	3	2	0	1	1	1	4	1	0	6					22
昌虑侯国		○	400	1	200	2	200	0	0	1	2	4	2	2	5	1	2	7	1	0	19	1	3	14	65
兰旗侯国		○	400	1	200	2	200	0	0	0	3	2	1	4	2	1	2	7	2	1	12	1	3	14	59
容丘侯国		○	400	1	200	1	200	0	0	0	2	2	2	4	1	1	2	5	0	11	1	3	14	53
良成侯国		○	400	1	200	2	200	0	0	0	1	1	1	2	1	2	5	3	0	7	1	3	14	50
南城侯国		○	300	1	200	2	200	0	0	0	0	2	1	9	0	2	1	2	0	18	1	3	14	56
阴平侯国		○	300	1	200	2	200	0	0	0	4	2	1	3	2	1	2	4	3	0	11	1	3	14	54
新阳侯国		○	300	1	200				0	0	0	3	2	1	2	1	1	4	0	0	12	1	3	14	47
东安侯国		○	300	1	200				0	0	0	3	2	1	1	2	5	0	9	1	3	14		44
平曲侯国		○	300	1	200	1	200		0	0	3	2	1	1	1	2	5	0	0	7	1	3	14	42
建陵侯国		○	300	1	200				0	0	0	1	2	1	1	1	0	0	6	1	3	14		39
山乡侯国		○	300	1	200				0	0	0	3	2	0	1	1	1	4	0	0	4	1	3	14	37
武阳侯国		○	300	1	200				0	0	2	1	1	1	3	0	0	3	1	3	14			33
都平侯国		○	300	1	200				0	0	0	2	2	0	1	1	1	3	0	1	3	14		31
郚乡侯国		○	300	1	200				0	0	3	2	0	1	2	1	0	5	1	3	14			41
建乡侯国		○	300	1	200				0	0	0	3	2	0	1	2	1	5	0	4	1	3	14	40
干乡侯国		○	300	1	200				0	0	0	2	0	1	1	6	1	0	5	1	3	14		37
建阳侯国		○	300	1	200				0	0	0	3	2	0	1	1	2	5	0	3	1	3	14	41
都阳侯国		○	300	1	200				0	0	2	0	0	1	1	0	1	4	0	0	3	1	3	14	32

表中数字为定员人数，非实际人数。"？"表示无法判读，但是根据官员总数倒推，合计应为6人。

晋升路线

接下来让我们以东汉为例,来看看职业官员的晋升路线。晋升方法之一,是首先在地方官府里以非正式职员的身份工作,获得相当于正式职员的职位。如果能从上司那里听到"你工作认真,隔几个月才来一个月太浪费了,每天都来上班吧",那就可喜可贺了。然后一路担任掾史、督邮或主簿、五官掾,之后晋升功曹(图6-2)。这些都是地方下级官员

◇图6-2 东汉时期的门下功曹(河北省望都县1号墓壁画。参见《中国出土壁画全集》,科学出版社,2011年)

图 6-3　汉代的砚
（盖上刻有龙和五铢钱，山东省沂南县北寨 2 号墓出土，沂南县博物馆藏）

◇图 6-4　汉"白马作"毛笔
（甘肃省博物馆藏）

的序列。

　　跨越这一层，晋升为地方上级官员或中央官员，则必须具备全新的职业资格。这里有两条路线，一是由中央官僚或地方长官向中央推荐（察举），二是由中央高级官僚亲自招聘幕僚（辟召）。但如果既不认识政府高官，又不是名门出身，则与辟召无缘。

　　这样一来，就只剩下察举这一条路。这与现代日本的大学入学考试相同，有多种考试方法。但如果家世一般，那就只能争取获得名为"孝廉"的资格，以此在察举中占据优势。

　　孝廉这一资格有固定人数，每二十万人每年评出一人。此人必须是四十岁以上的地方下级官员或无位无官者，且必须在考试中合格。然而汉代常有中小贵族子弟蜂拥前来应试，且考试以面试为主，因此平民很难通过。假如被推荐人能力不足，则推荐人也会受到严格处罚，[44] 所以推荐人在推荐时要格外小心。不过他们还是会从权贵子弟中选择，在这样的环境中，平民子弟就只有握住笔摆好砚，努力学习了（图 6-3、图 6-4）。

　　此外，成为职业官员有时其实也有财产规定，原本的要求是拥有十万钱（汉景帝以后为四万钱）以上的私有财产，家中有奴隶或食客，且必须自费饲养马匹。当时也存在家庭贫困但获得提拔的人物（如贡禹等人），但基本上都必须具备"中家"（一般家庭水平）以上的经济实力。[45]也就是说，平民子弟不仅要努力学习，还必须提前做好经济上的准备。

一旦取得了孝廉的资格，职业官员的竞争就会立刻开始。被举为"孝廉"者一般都从皇帝的近侧人员（郎中）做起，积累一定经验后便调任为地方上级官员（县令等）。待做出业绩，再重新接受中央的召唤。也就是说，当时的精英都是在往来于地方和中央的过程中逐步晋升的。[46]

精英的矜持与艰辛

看到上述晋升路线就会明白，就算天赋异禀，如果没有相应的家世、资金、人脉和运气，那么就连接受学校教育的机会都没有，考试合格更是白日做梦。

现代社会有时也是如此。想要进入优质的大学，前提是接受优质的教育，孩子们所处的环境（包括经济资本、人力资本、社会资本）十分重要。阶层上的差异极易从父母传给子女，孩子将来能否成功，未必只取决于孩子的能力。秦汉时期的这一倾向比现代更加明显，魏晋时期则更甚。[47]在这样的环境中，成为职业官员的难度在某种意义上比中彩票还高。不少史书里都有类似"年轻时穷困潦倒，后来成为职业官员"的例子，但我们不能盲目将其理解为普遍现象。这些例子只不过是成功学故事，而这种渲染是中国史书中常见的。

如前所述，真实的职业官员大多来自富裕的家庭。他们因此不太计较个人得失，可以竞相发表政治言论。官员的世界其实就是权力的巢穴，他们并不在乎有多少民意能被反映在现实的政治中。民众只能赌上一把，看官员是否还能保持作为精英的矜持。

诸位踏足的官府，就是这样一个有精英存在的世界。在开放的民主制和公正的选举制度尚未出现的时候，无论他们对民众如何严苛，民众都毫无办法。让我们尽量不要惊扰他们，走进官府去看看吧。

首先，因为"不下公门不敬"[48]，我们要在门前走下马车或牛车，然后迈着小碎步躬身进入。一旦走进宫殿或官府，就必须保持这样的小跑。《史记》中记载，蒯成侯得到赏赐，可以"入殿门不趋"[49]。

官员与他人交谈时，首先要相互作揖。跟贵人打招呼时，不但要长时间作揖，还必须鞠躬行礼（拜），"长揖不拜"可不行。[50] 这类寒暄方式都有着详细的规定，不提前学习可是要遭殃的。[51]

一旦落座，就不宜再起身跑到其他座位旁招呼别人。如果在台阶上碰到熟人，必须站到同一级上才能交谈。《孟子》中有右师王驩因孟子不与他说话而不悦的故事，[52] 但孟子看起来怠慢的行为正是"礼"的体现。朝廷的官员随身不配武器，以小跑代替行走。只有极少数功臣拥有在宫殿内佩剑和行走的特权。[53]

官员的世界并没有那么光鲜。正如有官员感叹：在官府工作是何等压抑啊，简直就像被困于窘境，冠上的带子就像捆绑犯人的绳子，如何能逾越礼法教条呢？[54]

第七章

在市场享受购物
上午十一点至正午刚过

古代中国的二十四小时 ◇ 秦汉日常生活指南

市场的喧嚣

差不多到了"食坐""莫食"的时间段,大家都吃完早饭了。即使是开会的日子,此时会议也已结束,官员们已经奉命行事去了。

在城外那些孤零零的房子里,有人还在睡觉,不知道是因为熬夜工作,还是因为这天没有急事,或只是早饭后睡个回笼觉。不幸的是,有个强盗破门而入,杀害了睡梦中的居民们,随后携财物而逃。强盗一边把赃物卖给路人,一边晃晃悠悠地回到了城内。[01] 这本应是个安稳平和的上午,但实在让人无法安心。身处古代中国的我们要一边留神四周,一边在城内散步。首先,让我们去人潮汇集的市场看看吧。

市场内已经摩肩接踵。那里不仅有做买卖的职业商人,还有前来购买午餐食材的主妇,[02] 以及远道而来的访客。主妇来市场时,总会有孩子央求同行。[03] 对孩子来说,比起金钱之类虚幻的东西,还是有"抟黍"(饭团)的多彩市场更加吸引他们。[04] 罕见的商品琳琅满目,各种各样的传闻也会飘入耳中。当时的游客一般以人多的城市为目的地,只要一到城市,就先奔向市场。[05]

市场也是罪犯被割颈(弃市)[06] 的地方。按说应该有父母认为这样的场面对孩子不好,但不可思议的是,无论男女老少,总是会在死刑现场聚集起来。死刑也有多种等级,在法定的死刑中,腰斩是最重的一级。此外还有非常规的极刑,例如车裂,就是恐怖的象征。犯人的双手双脚分别被绑在四辆马车上，马车向不同的方向拉拽。如果拉力均等，犯人的身体就会清脆断裂，瞬间毙命，可是一旦行刑不顺，例如只拽掉了右腿或只剩下了左臂，犯人就只能在惨叫中等死。

　　西汉初期还有一种名为"磔"的法定刑，比普通的弃市更重一级。尽管比不上腰斩，但磔刑十分特殊。斩首后，行刑者将犯人的尸体摊放在车上，一旦出现腐烂开裂，便将其缝起，尽可能延长暴尸的时间。[07] 这与基督教中耶稣被钉在十字架上不同。尸体长时间暴晒，自然奇臭无比，让人怀疑民众是否真的会在那样的地方做买卖。在唐代的首都长安，死刑犯的尸体不会出现在市场中，而是在城外示众。[08] 然而秦汉时期，犯人首级悬于市场的光景仍不时可见，[09] 或许也曾有磔刑的尸体被放在市场外面。总而言之，市场曾经就是这样的地方，死刑犯临死前痛苦的声音在这里回荡。

拨开人群

　　人们来到市场的目的多种多样，但最大的目的当然还是买卖商品。正如当时的俗语所言，"吾闻先生相与言，则以仁与义；市井相与言，则以财与利"[10]——与做学问的人谈话，总会谈到仁义；而与百姓谈话，话题则离不开金钱。民众最关心的是财产和利益，市场就是战场。因此，市场附近并不适合青睐静谧环境的贵族居住。还有些家庭担心孩子大了只会算计，因此干脆从市场旁边搬走了，孟母三迁的故事即是如此，看到"其嬉戏为贾人衒卖之事"，孟母认为："此非吾所以居处子也。"[11]

　　环视四周，既有在热闹氛围的带动下漫无目的闲逛的人，也有喜欢挑事的无赖。从早上到上午，市场多为商人之间进行交易，到了傍晚则以贩夫走卒为主，毕竟时间越早商品越多，时间晚了就会缺货。[12] 行走在这样的市场里，"肩摩于道"[13]，想不撞到他人肩膀都很难。

哎呀，踩到别人脚了，对方要是个无赖可不好办，否则说一声"放骜"（不好意思）就行。若是兄长踩到了弟弟，就要抚慰一番；若是父母至亲踩的，就什么都不用说。[14]

市场上人头攒动，人们与从未碰面的人擦肩而过，因此不时也有传闻出现，说看到了妖魔鬼怪。发生旱灾或火灾时，人们会归咎于这些妖怪，为了去除厄运而特意搬迁或关闭市场。在当时的人们眼里，市场就是连接异世界的空间。[15]让我们现在就进入市场，去看看做买卖的场景吧。[16]

步行者可以直接进入市场，乘坐马车和牛车的则必须在门前下车。[17]如果门口牛粪和马粪过多，市吏就会被问责，当时也有在市吏指派下打扫卫生的人。市场有门卫，还有在市场内部巡逻的官员，如果检查不严，同样要承担责任。[18]

只要不是位于偏僻之处，市场四周都有墙壁环绕。当时的城市与现代的纽约、东京、伦敦和北京不同，并非到处都有商店，聚落里的路旁也不能开设便利店。市场只不过占据了城市的一角，如果想买东西，就必须前往那里。尽管在普通的聚落或野外的路旁也可卖东西，但是存在限制，比如人们可以临时在街上卖东西，但不能在同一位置连续出摊超过十天。[19]直到唐代前后，随着围墙环绕的市场逐渐解体，商店才开始出现在大街小巷中。这不仅是市场制度的变化，更体现出中国古代都市景观与现代截然不同。

多彩的商店

市场并非每个里都有，只要每个乡都有一个就能满足需求。大城市内的市场格外热闹，分别被称为郡市和县市，由外墙环绕。墙内道路纵横交错，中央设有亭（管理点）（图7-1）。市场有时也设在城外。[20]

市场的大小是有规定的。例如西汉长安城有名为东市和西市的巨大

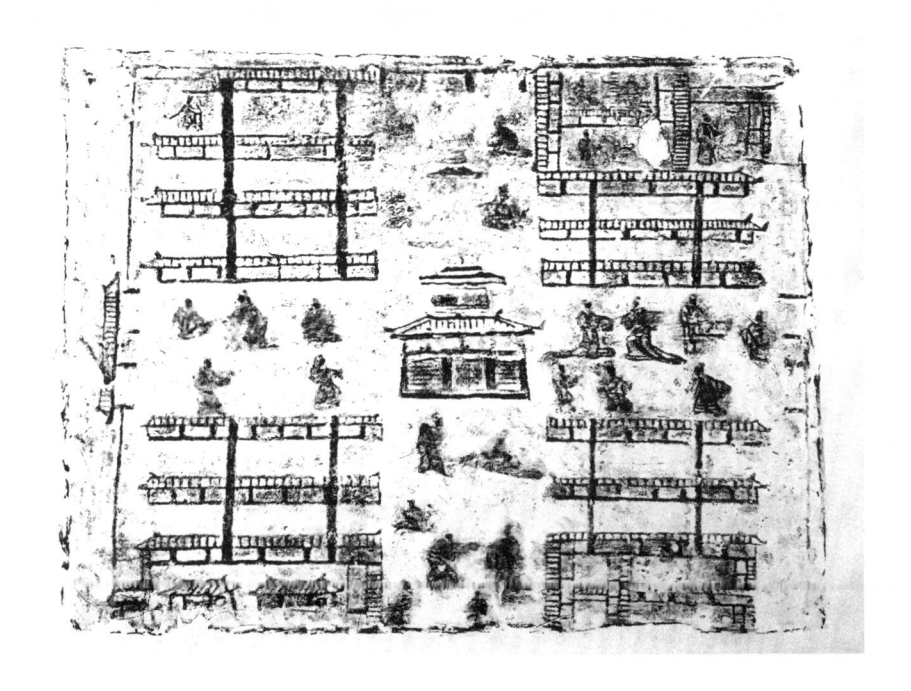

◇图7-1　汉 巴蜀市井图（画像石拓本，原物藏于四川博物院）

市场，均被外墙包围。东市东西长约780米，南北长约700米；西市东西长约550米，南北长约480米。墙壁的基石部分厚达5~6米，每一面都有两座门（图7-2）。道旁商店成排（列肆），按照经营种类分区。

环顾市场，这边服装店鳞次栉比，那边鱼店井然有序。还有干货店（枯鱼之肆）、染坊（染家）、[21]雇佣劳动者聚集的店（佣肆，相当于现代的职业介绍所）[22]和酒馆（酒家）集中的区域。[23]人们在酒馆不仅可以用酒壶或涂油的麻袋沽酒，[24]还能现买现喝，乃至"之市而醉归"[25]。佣肆中还能看到衣饰华丽的奴隶被关在栏中出售，[26]因此这里也是贩卖人口的地方。

酒馆门口挂着门帘和旗帜作为标志，[27]其他商铺应该也大同小异。市场内还有制作箭矢的匠人（矢人）、制作铠甲的匠人（函人）、巫医

第七章 ◇ 在市场享受购物 ◇ 上午十一点至正午刚过

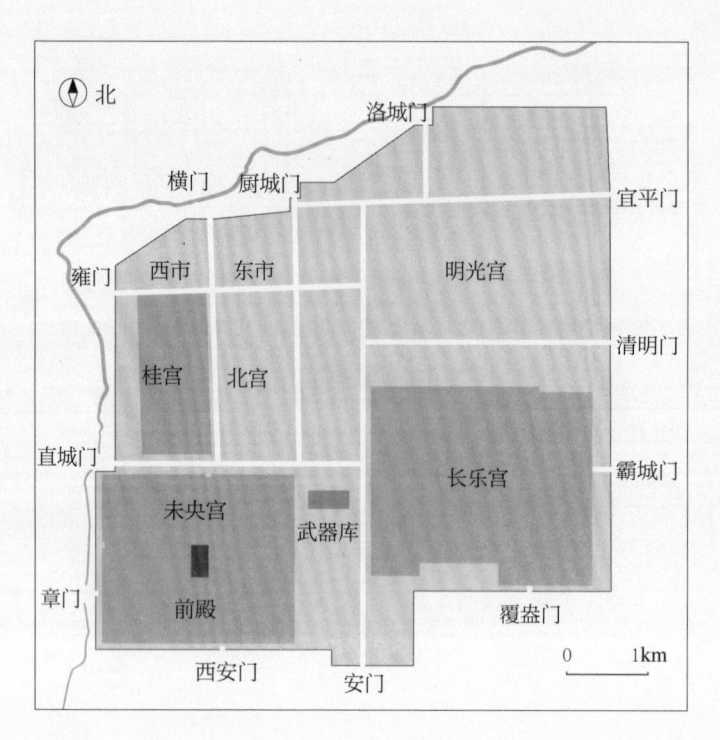

◇图 7-2　西汉长安的东西市

（巫匠）和交易黄金的商人（鬻金者），[28]不同职业皆按类划分。

看向列肆，就会发现商店的门面大小取决于其出售商品的价格，店面平均大小约为 3.2 平方米到 4.8 平方米[29]。附近的主妇们拥向蔬菜店，一幅竞相血拼的画面呈现在眼前。一家布料店的店主于是据此叫卖："夫人们快来看啊，这布是多么透亮，多么洁白。这么透亮的东西，在这世上也就只有那位曾子的心和这块麻布了。这可是用那长江和汉江清澈的水洗过，又让那秋天的艳阳晒过，便宜卖喽。"店主是"南蛮鴃舌之人"，南方口音很重，就像百舌鸟的叫声般难以听懂，但是对潮流格外敏感的妇人们还是蜂拥而至。[30]

市场不仅有列肆，还有坐贾（图 7-3）。所谓坐贾，是指没有特定

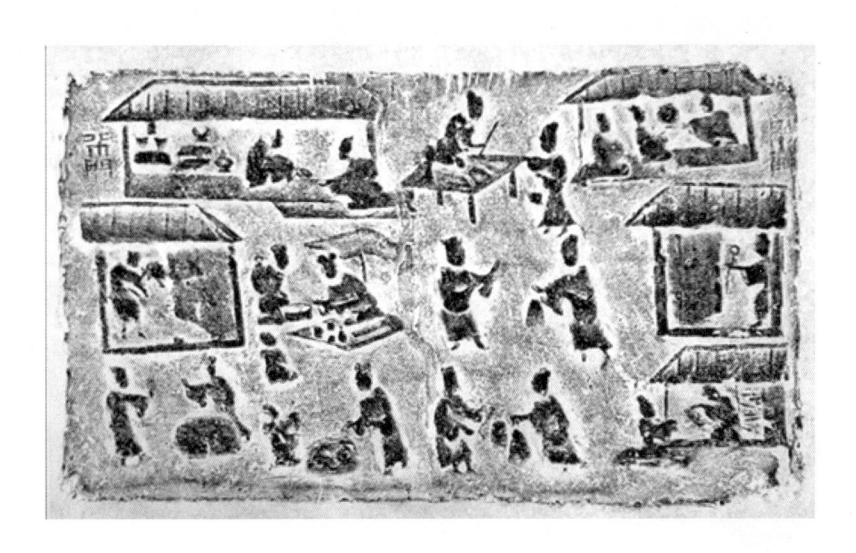

◇图7-3 汉代的市场与坐贾
（画像石拓本，四川省新都杨升庵博物馆藏）

店铺的生意人。他们坐在路旁，临时支起帐篷之类的东西来做买卖。有人专卖捆在打鸟用的箭矢前端的线，有人修鞋，有人卖草鞋，有人卖扇子，还有人卖山羊形状的木雕，也有卖药的和磨镜子的，种类繁多，让人眼花缭乱。[31]

坐贾中也包括为了生计而以摆摊为副业，出售自家产品或二手旧物的人。坐贾不仅出现在郡市和县市中，还会出现在夜市、聚落庙会和每月或每周一次的集市上，以及村中或街道两旁。市场中还有乞丐四处游荡，[32]最好格外小心。接下来，就让我们看看市场中物品的种类和价格吧。

按需使用的货币

在市场买东西是需要货币的。买家手头有货币就能买东西，卖家手

◇图 7-4　秦"半两"钱
（中国国家博物馆藏）

◇图 7-5　汉"五铢"钱
（中国国家博物馆藏）

◇图 7-6　汉 海昏侯墓出土的金饼
（中国钱币博物馆藏）

头有货币则能进货。当时最常用的是半两钱（图 7-4）和五铢钱（图 7-5）等小额货币。不过，正如硬币、纸币和电子货币在如今这个世界并存一样，历史上的货币也未必都是金属的。

在古代中国，除了钱，还有其他物品也可作为货币使用，例如麻织物（约 185 厘米 ×58 厘米）相当于十一钱，一斤黄金（约 250 克）相当于一万钱左右。买卖日用品时，钱的使用率是最高的，但是在购买房屋时，一次必须准备好几万钱，交易起来十分麻烦。在这种时候，人们就会拿出黄金（图 7-6）。

直到今天也是如此。如果拿大额钞票去买罐装果汁，就会找回很多零钱，拿着很不方便。反过来也是一样，不会有人拿硬币去买电视。作为大额货币的一斤黄金和作为小额货币的一万钱即使价值相同，使用场合也有很大差异。因此，当时的人们会根据情况熟练地按需使用钱、黄金和麻织物。

在物价方面，当时存在固定官价、平价和实际价格这三种概念。固定官价是法律条文中明确记录的物价。例如汉初存在使用喂牲畜的草（刍）和稻草（藁）来缴税的制度，依据"刍一石（约 20 升）= 藁三石 = 十五钱"的固定官价，缴税时也可以用钱来代缴。

实际价格是根据时期和场合变化的价格。现代日本也一样，例如一大早去岸边的鱼市，就会了解何谓实际价格，这种价格是在竞争中决定的。同样的蔬菜挨挨挤挤摆在店前，虫子咬过的就便宜，味道鲜美的就昂贵。小米和小麦也一样，丰收时一斛（约 20 升）三十钱，但饥馑时一斛可能会卖一万钱。

平价是各县至少在每年农历十月会决定以平衡市场的价格。东汉时变成每月变更一次，也称月平。平价本应写作"平贾"，战国时期又称"正贾"，是"评价"一词的词源。平价是参考实际价格制定的。

在固定官价、平价和实际价格中，实际价格对于平民之间的交易最为重要。而在向官府纳税，或者官府进行支付和核定价格时，则会优先依据固定官价和平价。固定官价与实际价格相差过大时，就以平价为基准。也就是说，当时的物价未必都是固定的，同一商品的价格保持一致的"一物一价"原则并不存在。国家完全控制物价的市场属于特例。[33]

交易技巧

了解了上述情况，让我们实际去市场买些东西吧。当时在市场上通用的最小面额货币为一枚钱，也就是一钱。不满一钱的商品不可能出售，因此蔬菜和谷物等是没有零售的。只要有一钱，就能买到相当分量的蔬菜和谷物，因此人们都会批量购买。蔬菜的价值本身不会浮动，例如一棵葱的价值不会增减，而是通过一钱能买几棵葱来体现价格的变化。商人们就这样彼此竞争，努力卖个好价，而买家们则试图更省钱。双方你来我往，互相较量。

低价买好货需要技巧。例如西汉的赵广汉擅长"钩距"，也就是事先向卖家询问多个商品的价格，由此推测想买的商品要价是否妥当。想买马之前，先去确认狗、羊和牛的价格，再询问马的价格，便能判断其是否合理。[34]

也有买家被不良商人欺骗。例如米商中就有在称量工具上做手脚的人。对于他们来说，纯洁无瑕的孩子被派到市场跑腿，简直就像自己送上门的鸭子，汉代甚至出现了"别让小孩儿去市场跑腿"的说法。当时的官员为国家制定了清晰的计量规格，正是为了防止欺诈的出现。[35]

正如前文所说，当时商品价格并不适用"一物一价"的原则，价格会因时间和场合不同而上下浮动，故而在讨价还价中会出现近似于欺诈的行为，售价会因买家不同而出现巨大差异。至于买家花高价购买到廉价商品，是因为他们没有事先了解价格的变化规律，不知道出怎样的价格最为妥当，也不清楚商品的质量高低。

另一方面，卖家比买家更了解自家商品的市场平均价格，因此也可以看人下菜，将劣质商品伪装成好货。简而言之，卖家和买家对商品信息的掌握在量和质上都存在巨大的不对称。而且卖家也未必是在看遍世界所有商品的前提下逐一决定商品价格的，毕竟即使是在网络发达、信息交错的现代社会，这样的事情也难以做到。在古代中国，想要走遍各个城市都极其困难，更何况是掌握商品信息了。

当时的卖家和买家皆被"不完整的信息"包围，中间横亘着"信息的不对称性"。在这一背景下，卖家极可能乘人之危，将劣质商品冒充优质商品推销出去。因此买家也会事先提高警惕，怀疑一切商品，试图以低价完成所有交易。优质商品无法以恰当的价格卖出，就会导致商品的品质整体下降。[36] 那么，古代中国人是否真的如此疑神疑鬼呢？实际并非如此。我们在这里需要关注的，是市场制度与顾客关系。

当时的商业交易如前文所述，全部集中在四壁环绕的市场内。这一制度能够遏制商品信息的不对称。在现代，当我们购买日用杂货时，如果想买到真正物美价廉的商品，就必须逛遍地区内的各家店铺。出售日用杂货的店分散于各处，必须事先调查哪家店有特价活动。但是在古代中国，商店都集中在市场中，很容易就能发现哪家最便宜，价格竞争比想象中的更加激烈。

此外，卖家与买家之间还会形成常客关系。例如刘邦年轻时总是固定去两家酒馆，一年到头都在赊账。赊账被称为"贳"。在这种情况下，卖家不会欺骗买家，也不会乱涨价。否则赊账就无法收回，顾客也会流失。这也是要让商品价格稳定的原因之一。[37]

顺便一提，家畜和奴隶等大宗交易每次都要动用数千钱，为了避免纠纷，"侩"会在其中发挥作用。"侩"从民众中选出，交易完成后收取手续费，促进买卖的公正和顺利。几乎所有"侩"都是当地的头面人物。笔者在此将汉代的部分物价做成表格（表7-1），供诸位参考。据此我们可以得知，谷物便宜时二十升价值一百钱，一匹马大约五千钱，一头牛大约三千钱，而购买奴隶需要大约一万五千钱。

市场的阶层性

我们该在哪家店买东西呢？

如果购买日常用品，就算不去郡市或县市，也能在附近的小市场，比如乡市、夜市、街道上的临时摊位，或者从坐贾那里买到。而住在大山深处的人就没那么方便了，想要买鱼，就必须前往几百公里之外的市场。[38] 人们在小市场出售不用的东西，购买必需品，十分方便。与职业的大商人通过远距离交易获利不同，普通的农民至多是把农作物装车运到当地市场贩卖。[39] 同样是做买卖，两者的行动范围有着天壤之别。

人们在秋天一齐出售农作物，容易造成贱卖。资金充裕的商人会借机大量囤积作物，待到春天再卖个高价，手头宽裕的官员也会参与此类买卖。[40] 农民出售作物的理想状态是错峰交易，但实现起来很难。他们手中没有其他商品，还要购买冬天穿的棉衣，修理漏风的房屋，准备祭祀的费用。冬天一旦冻死了人，丧葬费也是必需的。因此，人们无论如何都要趁秋天攒钱。

表7-1　汉代物价一览

种类	物品	价格	出典
谷物	米1石（20升）	1000余钱	《后汉书》朱晖传（饥饿时）
	谷1石	1000钱	《后汉书》虞诩传（高额时）
	谷1石	80钱	《后汉书》虞诩传（低价时）
	谷60石	牛1头	简牍（居延EPF22.4-5，平价时）
	谷1石	100钱	《后汉书》第五访传（善政时）
	谷1石	30钱	《后汉书》刘虞传（善政时）
田地	1亩（457平方米）	2000钱	简牍（居延EPT50.33A）
	1亩	100钱	简牍（肩水73EJT30:115）
器物	笔1	3钱	《御览》卷605引《列仙传》
	刀1	18钱	简牍（敦煌1407）
	剑1	650钱	简牍（居延258.7）
	弓1	550钱	简牍（居延EPT65.126）
家畜	马1	5500钱	简牍（居延143.19）
	马1	5300钱	简牍（居延206.10）
	牛1	3500钱	简牍（居延EPT53.73）
	牛1（2岁）	1200钱	简牍（肩水73EJT27:15A,16A）
	羊1	250钱	简牍（居延EPT51.223）
食物	脯1束	10钱	简牍（肩水73EJT23.294A）
	鱼10条	谷1斗	简牍（居延EPT65.33）
	肾1个	10钱	简牍（居延258.13）
	肉1斤（250克）	4钱	简牍（居延EPT51.235A）
	胃1斤	4钱	简牍（居延EPT51.235A）
	肾1斤	4钱	简牍（居延EPT51.235A）
	肝1个	42钱	简牍（居延EPT51.235A）
	肠1个	27钱	简牍（居延EPT51.235A）
	酒1石	100钱	简牍（肩水73EJT6.154A）
	酱1斤	10钱	简牍（肩水73EJT23.294B）
	姜1升（0.2升）	20钱	简牍（居延505.16）
	葱1束	4钱	简牍（居延32.16）
	韭菜1束	3钱	简牍（居延175.18）
	羊1	250钱	简牍（肩水73EJT21.5）
	酒1石	140钱	简牍（肩水73EJT21.6）
	胡饼	30钱	《三国志》阎温传注引《魏略》
衣料	单衣1	500钱	《后汉书》吴祐传
	袭1领	600钱	简牍（肩水73EJT23.934）
	襦1领	900钱	简牍（肩水73EJT37.1039A）
	履1两	150钱	简牍（居延ESC86）

这类小市场的生意人未必受到官员监视，也不一定每天出摊。没有固定店铺让他们可以自由买卖商品，有人盘腿而坐，有人甚至躺倒在地。有的农民也出售织物和闲置物品，质量当然没有那些职业工匠制作的好，品种也不多，不会出现什么稀奇玩意儿。

在这样的地方，比起大额货币（黄金和布帛），小额货币（钱和谷物）更受欢迎。价值极小、质量较差的钱不能在受到严格监视的列肆流通，很容易就会集中到坐贾手里。相反，大额货币对坐贾来说大材小用，找零时也会带来麻烦，因此不受欢迎。这就和没人会举着金条去买零食是一个道理。

郡市与县市

郡市和县市是人口集中的地方，有些人不远千里也要赶来。郡县的官员在这里购买必需品，县级政府主导的交易和税金的征收也都在县市进行。因此，郡市和县市里不仅陈列着生活必需品，还有平时难得一见的高级货。从这一角度来看，商品价格的高低和品质的优劣让古代中国的市场具备了阶层性。

郡市和县市的列肆，从店铺开设到金钱出入的情况事无巨细皆在官员的监视之下，客人中也包括了官员。由于存在"布袤八尺，福（幅）广二尺五寸，布恶，其广袤不如式者，不行"[41]的规定，交易中使用优质货币的概率较高。

远道而来的贵重商品也在这里出售。由于进货与运输存在多重危险，价格极高，能成功完成此类交易的商人都成了大富商，在《史记·货殖列传》中名留青史。他们当中的大多数人都与各地官员来往密切，一手掌握如冶铁等制造业和销售业，巧妙地降低了交易费用。官员就在郡市和县市中交易，其中也有购入高级商品的官员，买卖就此成立。

郡县一级的市场与级别较低的市场相比，来往商人的能力不同，商品也不同。如果想在出售农作物的同时购买高级化妆品，就必须走访多个市场。若要找寻相关事例，可以参考西汉后期王褒笔下充满幽默、讽刺与活力的文学作品《僮约》。[42]其中既有在郡县一级的大市场里购入高级商品后倒卖到小市场的日常手段，又有在市场内道路上高声叫卖的奴隶身影，还有盘腿坐着的、卧倒路旁的，以及在拉客时恶言相向、破口大骂的。与现代各地千篇一律的便利店不同，在古代中国，不同地方的市场出售的商品也不一样。做买卖的人必须一边提防小偷强盗，一边在各地的市场转来逛去。

第八章

农业的风景
下午一点

古代中国的二十四小时 ◇ 秦汉日常生活指南

农民们的身影

早上的喧嚣终于退去，人们正专注于各自的工作。碧空中飘着几朵白云，从一大早就忙于给农田除草的农民们难耐日晒，有人还戴上了遮阳的斗笠（图8-1）。大多数农民都暴露在阳光下，脖子黝黑，已经分不清是日晒还是脏污所致。无论男女，"面色骊黑，手足胼胝，肤如桑朴，足如熊蹄，蒲伏垄亩，汗出调泥"[01]，劳苦就刻在他们的一道道皱纹和一个个老茧中。

◇图8-1 汉 田间作业的场景（1953年德阳柏隆出土画像石，四川博物院藏）

农民们披蓑戴笠站在田中，担心着农作物的生长情况。[02] 雨滴突然落下，还是到桑树下去避避雨吧。[03] 格外勤于农活儿的人被称为"力田"，能从国家得到赏赐，因此也有人不顾风雨，穿起雨衣（簟）继续干活儿。

眺望华北地区，人们不断用铁斧砍伐森林，聚落周边的田地面积显著扩大。农闲期间，农民们集中住在聚落里，但是到了农忙期便在田边建起小屋居住。[04] 尤其是住在大都市里的农民，从自家到城外的田地之间距离并不近，把农具一件件扛回家可不是什么轻松事。前端带有金属部件的农具属于贵重物品，有可能被偷走，因此也不能放在田里不管（图8-2）。古书中就记载有农民忘了拿农具，却误以为是被邻居偷走了的故事。[05]

老人和孩子被留在聚落或都市的家中。尤其是农忙期，一旦发生蝗灾，官员就必须带着劳动力去田间应对，聚落中人烟稀少，[06] 最多有几个打理家务的女人，其余就是老人和孩子了。有的孩子每天做好盒饭（壶飧、饟），给下地工作的父母送去。[07] 华北地区的聚落都会养猪养鸡，[08] 由老人和孩子照料。七十多岁的老人原本应该拄着拐杖眺望清

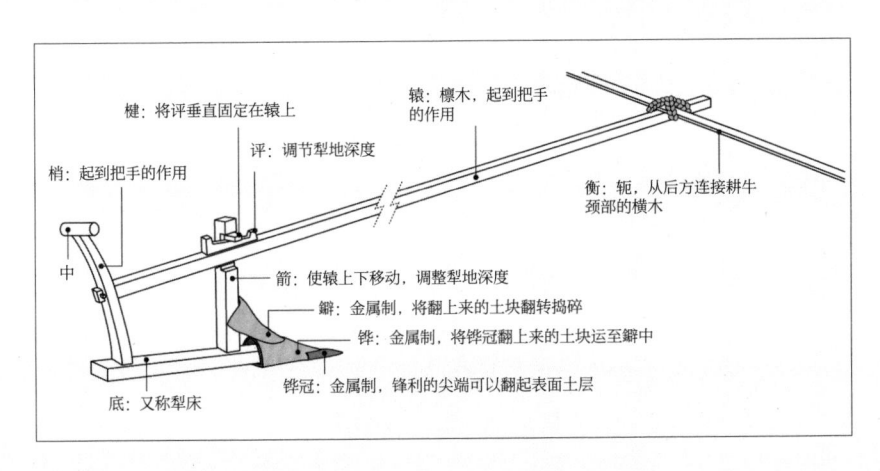

◇ 图8-2　汉代的犁

澈的河流，时而倾听婉转的鸟鸣，时而欣赏游动的小鱼，悠闲地度过余生。[09]但是在贫穷的农家，一切都是奢望。

华北农业的艰辛

"农业"说起来只有一个词，但各地的农业形态截然不同。华北地区的田耕主要依赖雨水，即我们今天说的"雨养农业"，劳作十分辛苦。

以欧洲为例。欧洲冬季多雨，其间不长杂草。因此每到夏末，人们会利用家畜将土连同杂草一起翻上来，以此作为肥料，然后只需等待谷物长成即可。

但是在华北地区，夏季降雨，谷物和杂草都在田间疯长。为了避免伤及农作物，人们在除草时或是用手一根根拔，或是用镰刀割。与此同时，人们还要进行间苗作业。两者加在一起称为治苗。治苗与播种不相上下，最需要劳力。即使是服劳役的刑徒，也会在治苗和播种时期被允许回家二十天。[10]

华北地区农耕的艰辛不止于此。原本覆盖华北的"黄土"来自中国西北部的甘肃、宁夏、新疆和蒙古高原，甚至是中亚干旱沙漠区，堆积得十分均匀。这样的土壤称为黄绵土，颗粒细小，松松散散，连植物都很难生长。黄绵土的颗粒之间到处都是空隙，极易生成类似毛细血管的通道，地下水由此上升到空气中蒸发，进而导致土壤的干燥化和沙漠化，干硬的地表还会聚积盐类，无法种植作物。将土地改为水田虽然可以预防土质疏松现象，但正如前文所述，古代的华北地区气候干燥，不适宜发展水田，农业重心是小米、小麦种植业。如果田地附近森林成片，动物的排泄物和枯叶腐烂后可以起到聚集土壤颗粒的作用，能有效防止土质疏松现象的发生，但是华北地区自战国以来，为了使用木材、扩大农田，人们砍伐森林的活动一直没有停止。

这样一来，剩下的手段就只有让耕作者不断搅拌土壤表层来防止土质疏松了。这一作业被称为"耰"。人们将土挖起捣碎，撒在种子上，以此防止土中水分蒸发。重复如此耕作和施肥的过程，黄绵土就能变成更加肥沃的垆土。从秦汉以来，华北地区的黄绵土和垆土就这样共同存在。

黄河下游还有一种叫黄潮土的土壤，是黄河在漫长的岁月中带来的黄色土。"黄土"正是上述若干种土壤共同的俗称。因此，黄土并不是作物能在没有人工干预的情况下自行成熟的肥沃土地，我们必须承认，长久以来，华北地区的农业是与艰辛的劳动画等号的。[11]

中国南方的水田与烧田法

耕田的方式存在地区差异。战国时期，人们使用宽约 14 厘米的犁（铁铧犁），前端为铸铁材质，耕地深度大约 10 厘米。当时已经出现了给牛戴鼻环的习惯，[12] 耕牛通过鼻环来牵拉犁。另一方面，长江流域梯田较多，耕地时活动面积有限，人们更习惯亲自犁地。

华北地区的作物以小米、黍和大麦为主。现代日本同样种植小米，五月下旬播种，大多会在八月下旬出穗。正如前文在关于早餐的部分提到的，当时小麦的种植面积也在逐渐扩大。华北地区的小麦以冬小麦为主，每年农历八月到九月播种，次年五月收割。[13]

与大米相比，稗子、小米和黍所含的蛋白质、脂肪、钾、钙、镁、磷酸、铁、锌、铜和锰更多，营养之丰富简直出乎意料。但将米再加工成我们熟知的"精白米"这一做法会改变营养成分，例如，相比仅有 10% 脱壳的米，30% 脱壳的米虽然营养成分不如前者，但吃起来口感更好。小米和黍则要经过"收获→采摘→脱麸（去掉外皮）→碾制"的过程才能食用。

中国南方盛产水稻。不过，在格外潮湿的地区，人们喜欢用烧田的方式来处理杂草。由于点火后难以控制蔓延范围，烧田法多适用于斜坡而不是平地。在负责烧田的人中，有人掌握了相当高超的技术，可以通过观察森林中落叶和枯草的量及其干燥状态来计算点火角度，从而防止火势蔓延。但是汉代人的相关技术水平究竟达到了何种程度，至今仍不得而知。

烧田的人会在春季砍伐森林，待干燥后放火烧光，然后撒下水稻等作物的种子。此时烧田有多个好处：第一，燃烧草木得到的灰富含矿物质；第二，土壤中的盐类经过火烧，更容易被谷物吸收；第三，火烧可以去除土壤中的杂草、害虫和病原微生物；第四，正在土壤中休眠的植物会因土壤温度升高而苏醒；第五，火烧可以防止森林中的动物繁殖过度。

烧过的田在第一年几乎不会长出杂草，病虫害相对较少，产量也高。不过三年后，杂草重新开始增加，土壤营养不足，就要另外选择烧田的候补地。原本的农田变成休耕地或休闲地，等恢复正常生态后，再接受下一次火烧。[14]

火烧也会造成养分流失，必须进行补充，因此休耕时间不宜太短。如今的烧田用具依旧简单，包括用烧剩的木头制成的刀和播种前用来挖洞的木棒，因此古代的烧田用具应该也不会复杂。[15]

平均收成

在此基础上，让我们来看看农村的平均生产力。[16] 当时的贫富差距很大，一里约一百户，一户四到五人，每户的劳动人口两到三人，也就是说，"户"大都是一个个小家庭。大多数户都能耕种约 30 亩土地，可以维持生计，但最多也只能供三个大人勉强生活，因此在当时靠这点亩产量生活属实不易。无论古今，人们不愿陷入贫穷的想法都是一样的，但说起来容易，做起来却实在困难。

这里说的"亩"原本是指 100 步（约 190 平方米），但到了汉代初年已经变为 240 步（约 457 平方米）[17]。当时一亩地的小米产量将近 4 斛（将近 80 升）[18]，30 亩就是将近 120 斛。

翻阅战国时期的法律就能看到当时的播种量。稻米和麻籽每亩约 2.6 斗（约 5.23 升），小米和大麦每亩约 1 斗（约 2 升），黍和小豆每亩约 0.6 斗（约 1.2 升），大豆每亩 0.5 斗（约 1 升）[19]。1 斛等于 10 斗。只要没有品种改良，这样的播种量就不会改变，因此汉代的情况也应该大致相同。也就是说，种植 30 亩的小米需要 3 斛小米作为种子。

在此基础上，假如将收成的十分之一用来纳税，同时成年男性的年消费量为 36 斛，女性和孩子为 25 斛，[20]那么收成就会全部耗尽。由于当时还没有多茬种植，[21]不可能再有更多的谷物收成。此外，还有购置衣物、婚丧嫁娶和祭祀等方面的支出。[22]一旦发生饥荒或战争，那就更凄惨了。即便以艾蒿、藜、桑葚、香蒲、韭菜等植物或蜗牛等动物充饥，也只能勉强生存下去。[23]总而言之，耕地只有 30 亩的贫穷家庭需要农业以外的收入。

额外收入之一是在农闲期以非正式官员或劳动者的身份为官府工作，这样可以获得最低限度的衣食保障。当时，服劳役的单身囚犯也能拿到购买食物和衣物的费用，[24]因此非正式官员或劳动者想必也会获得相应待遇。在这一层面上，秦汉帝国为希望工作的人提供机会，从结果上起到了与凯恩斯主义财政政策相似的作用，增加了有效需求。但是，这类工作也无法充分满足生活需要，许多农民都有谷物以外的收入来源。

生计的额外支柱①
——纺织业与桑树栽培

在农家除了谷物以外的收入来源中，不能忽视以麻和绢为主的纺织业。至于是以麻为主还是以绢为主，要看具体地区。在重视纺织业的背后，是夫耕妇织的思想，也就是男人要下田耕地，女人要纺纱织布。这一思想原本只是部分学者提倡的理念，后来却成了政府的宣传口号。早在战国后期，就出现了以"纺织是女性的工作""妻子应在家中承担纺织工作""家用服装由妻子来织"为前提的法律。[25] 纺织带来的收入成了所谓的辅助氧气瓶，支撑着农家的生计。

到了西汉中期以后，纺织成了妇女的美德，由此产生的利润追求却受到批判。[26] 也就是说，"努力支撑家业是理所当然的，但也不能过度追求利益"。此外，部分女性还从事商业、农业、家庭劳动、杂务、乳母、占卜和巫医等行当，并非所有女性都参与纺织。[27] 而且小米等作物与麻、桑的栽培时间和地点容易发生冲突，笔者对于究竟有多少家庭能兼顾谷物种植和纺织业这一问题仍然抱有疑问。我们不能对一般农家在纺织业上的产能抱有过高估计。不过正如前文所述，纺织业确实是支撑生计的辅助氧气瓶。让我们再进一步看看当时纺织业的样态。

绢织业自古以来在黄河流域十分发达，特别是齐国（今山东省一带）的纺织业闻名天下。[28] 绢织物的底色为黄色或白色，其中很多都用涅和丹染成了黑色和红色。[29] 众所周知，丝是蚕制造的纤维（图8-3）。当时的蚕与现在的家蚕（bombyx mori）相同，吃桑叶长大后结茧。人们大多使用家养的蚕吐丝织茧，但也有利用野蚕的时候。[30] 蚕与青虫相似，自古以来就让很多女性感到恶心，不过一旦与赚钱相关，则又另当别论了。女人们专注于工作，视角也为之一变。[31]

蚕会经历"卵→幼虫→蛹→成虫（蛾）"的变化过程。幼虫吃桑叶，在大约二十五天内脱皮四次，然后用两天结茧，再经过十天到十五天变为成虫。当时的蚕基本为一化性昆虫（一年繁殖一代蚕），每年农历四月产卵，因此各家各户都会小心保管蚕卵度过年关。一旦放置不管，卵就会在二月（农历一月）前后孵化，那时没有桑叶，幼虫会很快死亡。人们恐怕是利用了冰室，让蚕卵长时间保持在冬眠状态中（图8-4）。

◇图 8-3　汉　绢地茱萸纹绣（湖南博物院藏）

◇图 8-4　汉　鎏金铜蚕（陕西历史博物馆藏）

以传统的养蚕与种桑手法为基础，参考汉代的《礼记·月令》和《四民月令》，就会发现当时的人们在农历三月准备蚕卵的孵化，农历四月中下旬"上蔟"，将幼虫放入用来单独繁育的容器。在蚕变为成虫前，人们将蚕茧干燥或冷冻十天到十二天，待蚕茧发出喀啦喀啦的声音，便放入水中煮。在热水中轻轻摩擦蚕茧，蚕丝就会松脱，于是人们开始使用工具缫丝。一颗蚕茧可以产生1300米（约2克）生丝。玉茧（由两只以上幼虫形成的茧）、脏茧和有洞的茧则用灰汁（碱性成分）煮软，做成丝绵。制作一反（36厘米×12米）织物需要大约2480颗蚕茧、52.2千克桑、900克生丝。

养蚕需要桑叶，采桑任务主要也由女性承担。即使是高大的桑树，女人也能灵巧地爬上树梢，用钩来打理枝叶。[32]富豪和贵族家的夫人一般不会亲自上手，[33]但是在一般家庭中，从采桑到织布都是女性一手包办。每到夜晚，聚落中的女性就聚在一起织布缫丝，组成只有女性参与的社群，各自承担不同的工作环节。男性也会参与织布以外的其他作业，[34]但是史料中并没有详细记载其参与频率。[35]根据南北朝时期的诗歌，"莫愁十三能织绮，十四采桑南陌头",[36]女性一般从十几岁就开始织布采桑。

生计的额外支柱②
——麻纺织业

接下来让我们看看麻纺织业。麻是一种织物，从雄株上可以采到高质量的枲麻，从雌株上采到的则是劣质的苴麻，不能用来做衣服。说到当时的麻，基本上是指大麻。在汉代，大麻常见于中国北方。根据汉代的《四民月令》，种可食用的苴麻要在农历二三月，种可制衣的枲麻要在农历五月。北魏的《齐民要术》也记载了苴麻和枲麻的播种期，分别为农历三月和夏至前后（农历五月中旬）。[37]上述时间正好与谷物的播种时期重合，容易产生冲突。

到了农历八月，人们割下枲麻放置一个月。待枲麻变成茶色后，再放到河中浸泡一个月，多余的成分就会被去除，只剩下茎部的纤维。将这些纤维用灰汁煮透，然后再次水洗，用手将纤维一根根剥离，纵横交错，便可用来纺织。《四民月令》记录剥离纤维的作业在农历十月进行（图 8-5）。

◇图 8-5　汉　白色纻麻布（湖南博物院藏）

农历十月恰好是河水开始变冷的时期，人们的手很容易出现皲裂。春秋战国时期出现了防止皲裂的药物，其中有一种药格外有效，其发明者一家就是世世代代从事洗涤丝绵工作的。[38] 到了秦汉时期，仍然可见在河边洗麻的女性。正如下一章所述，从旁边走过的男人经常成为这些女人搭讪、捉弄的对象。

洗涤也是女性的工作。《史记》中记录了韩信的故事：有心地善良的女人看到就业失败后在河边垂头丧气的韩信，便拿出食物和对方分享。"我一定会报答您的。""身为男子汉大丈夫却不能养活自己，我是可怜你才给你饭吃，哪里希图你的报答呢？"[39] 故事中透着女性的坚韧。总而言之，纺织绝不是什么轻松活儿。

山间生活

除了农业和纺织业，汉代还有多种职业。秦汉时期，气候相对温暖，山林中植被茂盛，野生动物也活跃其中，因此人们对狩猎和采集的依赖度并不算低。[40] 东汉时曾一度禁止人们同时从事农业和其他职业，给许多人带来了损失。[41] 可见，当时兼顾不同职业的人不在少数。

以渔业为例。在黄河、淮河和长江这三大河之外，中国还有无数河川纵横交错，许多聚落沿河而建，渔业占据重要地位，工具包括钩、饵、网、罟、罾和筍。古时候，传说有个人坐在越国的会稽山上，将钓钩垂于东海之中，钓上了巨大的鱼。而在现实中，应该也存在航行于大海之上的渔夫。有的渔夫专钓河鱼，还有的渔夫扛着鱼竿和鱼线来到用于灌溉的水渠边，从中钓起大鲵和鲫鱼。[42] 不仅有像姜子牙那样在不为人知的深山岩石上垂钓的人，还有在河上筑梁捕鱼的人。钓鱼是农闲期也能从事的工作之一——水獭也会和渔夫一样捉鱼。[43]

狩猎也很重要。捕鸟需要使用弓、弩、毕、弋（系有线的箭矢，用来捕鸟捕鱼）和弹，[44] 抓捕地面上的动物则要使用木制陷阱（削格）、截捕式陷阱（罗络）和捕兔用陷阱（置罘）。生活在沼泽边的野鸡看起来比笼子里的鸟更幸福，[45] 却经常命丧弹弓。大山深处还有貂、黄鼬和鼯鼠，毛皮能卖出好价。猎捕驯鹿、梅花鹿、野鸡和兔子等动物，官民一齐从中获利。[46] 当时讲究维护自然环境，人们只能在部分季节进入山林，因此狩猎属于有时间限制的工作。

伐木也是当时职业的一种。人们砍伐树龄上百年的巨木，制作礼仪用的尊。[47] 楸树、柏树和桑树等树木要用斧子或一种古老的工具"斤"砍伐。若一棵树木很粗，需要三四人合抱，则用来修筑高层建筑；若需要七八人才能合抱，则用来制作贵族和富商的棺材。[48]

山中还能挖到玉石。中国自古以来看重的是乳白色的玉器，而不是西洋的那种透明宝石。新疆维吾尔自治区的和田一带是著名的玉石产地。想要打造一件玉器，需要从河边挖掘原料的人、负责鉴定的人、将原料磨成玉石的人和加工玉石的人，每个环节都需要匠人的技艺。和氏璧是战国时期传说中的玉器，可以交换多达十五座城（图8-6）。

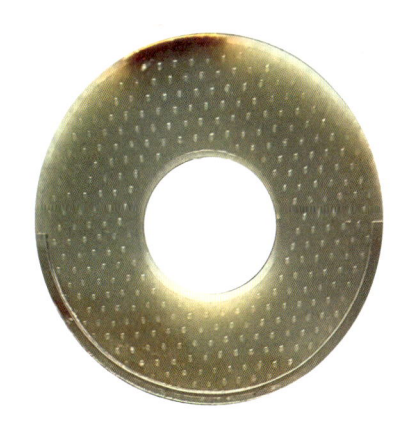

◇图 8-6　汉　谷纹白玉璧
（徐州博物馆藏）

从畜牧到耍猴

无意中环视城外，我们会发现有人在放羊，这基本上是仆人的工作。有人通过牧羊挣钱（例如猗顿和卜式），这种营生尤其常见于华北地区，长江流域也有人养羊。[49] 有的人一边放羊一边读书或赌博，结果弄丢了羊,遭到主人一顿痛骂。[50]

长江上游的山民们采取移牧方式,冬天到温暖的低地放牧,夏天则迁移到寒冷的高地。移牧与在广阔的大草原上寻觅水草丰茂地区的游牧不同,它利用了山地的海拔差,属于狭窄范围内的畜牧。山地与盆地之间存在海拔差和温度差,牧草的生长状态不同,哪怕直线距离很近,只要高低移动,家畜就能获取新鲜的牧草。移牧的优势就在这里(图8-7)。

历史上其实存在很多游牧与移牧并存的情况,兼顾农业与畜牧业的人也不少,且活动范围很大。例如长城附近一般被称为农牧接壤地带,长城以北多为游牧地带,以南多为农业地带,但实际上在长江流域也有畜牧业的存在。与此相反,人们普遍认为蒙古盛行水平迁移的游牧,其实利用山岳地带的移牧现象也不少,即长城以北也有移牧。图8-7正是长城附近的鄂尔多斯地区存在移牧的证据。再加上现在的蒙古国和中国内蒙古自治区自古以来就种植黍,长城以北仅靠游牧为生的定义是不正确的。长城以北地区无疑适合养马,但不必把农业和畜牧业区分得那么清晰。[51]

◇图8-7 汉 移牧(鄂尔多斯市鄂托克旗凤凰山汉墓壁画)

上述渔业、狩猎、伐木、玉器制造和畜牧业等行业全都依赖于山林河流的恩惠。不过在充分利用这些山林河流时，千万不能触犯国家的禁令。战国时期就曾禁止在春季（农历一月到三月）采伐树木和堵塞河流，禁止在夏季（农历四月到六月）烧荒和猎捕幼兽、幼鸟，还禁止采集鸟蛋和部分种类的植物。[52] 古代国家多少也会注意保护自然环境与可持续发展。

此外还有多种工作。例如西汉中期的匡衡，一边从事农业，一边为了赚取学费而受雇于他人。[53] 汉初的将军周勃年轻时，一边制作养蚕用具（薄曲），一边在葬礼上吹箫。[54] 有人去当园艺师（场师），也有人耍猴，用栎树的果实当饵食来驯化猴子。[55] 这些工作与其说是"副业"，不如说是正正经经的收入来源。但是，在重视农业的官员和历史学家眼中，这些工作最多只能算是"副业"或"边缘工作"，并没有在史书中留下什么痕迹。

第九章

恋爱、结婚与育儿
下午两点到四点

古代中国的二十四小时 ◇ 秦汉日常生活指南

午睡的时间

艳阳高照。

正如 3 世纪末的诗中所说，"终朝理文案，薄暮不遑眠"。繁忙时期的官员一整天都不得空闲。不过对于其他人来说，差不多该到午睡的时间了。

在南北朝时期的历史记录中，我们可以看到人们午睡的记载。[01] 而早在战国时期，就流传着庄子在午睡时"梦为胡蝶，栩栩然胡蝶也"的传说。[02] 因此，在战国与南北朝中间的秦汉时期，午睡恐怕也是理所当然的习惯。彼时的人们热衷于占卜梦境，却又遵循着午间之梦绝不占卜的法则，[03] 或许只有庄子这样的哲人才会执着于午间之梦的含义。

对于这样的午睡习惯，大多数当代日本人也许都会觉得"贵人多奢侈"。但在如今的中国，人们仍然十分重视午睡。午睡不仅不会浪费时间，还能提高工作效率。我们不能把午睡视作单纯的怠惰或效率低下的象征。不过，有些政府机关和博物馆会以午休之名关门谢客，对访客来说确有不便。有个问题让人颇为在意：古代的中国人是如何看待午睡的好处与缺点的呢？总之，古代中国人喜爱午睡，认为其有利有弊。

从搭讪开始谈恋爱

让我们将目光移到平民生活上。到了下午两点,人们各自忙碌,有种庄稼的,也有在市场上做生意的。这时,一对恋人模样的少男少女出现在通往村外的道路上。

在古代中国的文献记载中,"恋"这个字着实罕见,仅有的少数实例皆是表达"挂念""思念"等含义,"恋爱"这一固定用语也并不存在。"爱"字虽自古以来就被视作男女之间的"love",应用却很少。昔日的儒者和历史学家们大都顶着古板的大脑袋,装出对一切男欢女爱视而不见的样子。然而不见于文字,并不等于古人就没有恋爱之心。[04]

当然,"恋爱"这个词说起来简单,定义起来却很难。《日本国语大辞典》(第二版)将恋爱解释为"对特定的异性产生特别的爱情与恋慕,或指这一状态",但恋爱并不限于异性之间,"恋慕"一词也与"恋爱"同义,实在算不上是高明的解释。小学馆在 2018 年 5 月到 11 月间举办了"让你的释义登上辞典"的活动,一些关于恋爱定义的投稿倒是一语中的。例如"让人瞬间陷入人生之苦,又同时体味人生之幸""借由对方,直面自我""情感争夺战"等等。阅读本书的诸位恐怕也是如此,早就对恋爱自有理解,无须啰啰唆唆地说明。与其纠结于定义,不如赶紧去一睹秦汉时期的恋爱情景。

恋爱往往是从路旁的搭讪开始的。每到采桑的季节,女人们总会在桑树地里摘桑叶。那是梅子成熟落地的晚春时节,[05]一旦有美人出现,男人们无论是未婚还是已婚,总是结伴上前搭讪。一旦得到女子随身佩戴的饰物,便证明对方接受了这份心意(图 9-1)。

有个男人与妻子一同下地干活,甜言蜜语地向在附近采桑的美人大献殷勤。搭讪无果后返回地里,迎接他的是怒气冲冲拂袖而去的妻子。[06]也有独自赴任若干年后重返故乡的人,途中向美人搭讪,却发现对方正是自己的妻子,让人哭笑不得。[07]更有笑话流传至今:男人在

◇图9-1　汉 透雕龙凤纹重环玉佩（南越王博物馆藏）

路边跟采桑的美人搭讪，不经意一回头，发现妻子也成了其他男人搭讪的对象。[08] 就连孔子也曾令弟子去同河边的浣衣少女交谈。[09] 类似的故事在春秋时期到南北朝时期的史料中多有记载，可谓自古以来随处可见。

在战国时期以前的贵族社会，男性在搭讪时会向女性献歌，女性则以歌应答。双方借此相互确认恋爱之情，这一方式被称作"歌圩"。同时，女性也会脸红心跳地追求英俊潇洒的男性，还留下了感叹"想追帅哥，却来了只癞蛤蟆"的诗作——"燕婉之求，籧篨不鲜"[10]，妙趣横生。能够吟诗抒情的人原本就只限于周代的贵族阶层，平民搭起讪来要直接得多。

总而言之，人们就这样谈起了恋爱。其中也有不解风情之人：有个男人在城门处与女人们擦肩而过，却目不斜视，满脑子都是心上人，[11] 怎么看都是个单纯的家伙。

多种多样的恋爱

另一方面，恋爱也会破裂。"闻君有他心，拉杂摧烧之。摧烧之，当风扬其灰。从今以往，勿复相思。相思与君绝！"[12]有个女人一边哭，一边在城外烧镶有珠宝的簪子。"这样就和那个人分开了，从此以后再也不会想起他。"这个失恋的女人似乎是在烧毁恋人所送的礼物。还有一个叫尾生的人，和女子相约在桥上见面约会，却被放了鸽子。然而此人一副死脑筋，眼见水面上涨也不离开，最终抱着桥柱溺死水中。[13]

无论是春秋战国时期的《诗经》，还是魏晋南北朝时期的《玉台新咏》，"东门"总被描绘成恋爱发生的地方。其中缘由不得而知，而后者中的"东门"大概是对前者的模仿。邂逅当然不只发生在东门，不过东汉诗人繁钦（？—218）的诗中就描述了男人在东门旁向女人搭讪，结果女人也爱上了男人。[14]还有的女人面对别离悲从中来，将心上人送的礼物视作珍宝，将心上人留下的衣服放在鼻下嗅闻。当然，幽会也会发生在城外。[15]

跟踪狂的例子也可见于史料中。传说东汉末年的郡太守史满的女儿爱上了父亲的部下，将对方洗过手的水拿来喝下，竟然就此怀孕。[16]尽管记录者将其描绘得美丽动人，却也难掩行为变态的事实。

男女在结婚前的恋爱不一定会受到法律的惩罚，人们在现实中也不可能去阻碍这类感情。不过，年轻的未婚男人无论对女性怎么出手都不会受到批判，相比之下女性身上出现流言蜚语是绝对的禁忌。跨越门户结婚十分困难，平民女性即使爱上了有钱的贵公子，一切也只能归于痛苦。[17]

沿着城外的小路前行，小河流淌，男女在林中的阳光下互诉衷肠。他们大概是手牵着手，依偎着来到这里的。[18]春秋时期，曾有一群女子主动向一群男子搭话，也就是所谓的"反向搭讪"，随后众人一起在河边游玩。[19] 由此可以推测，上述这对男女大概也是想到避人耳目的河边亲昵一番。

秦汉时期，人们对未婚男女发生关系的态度已经比之前更加严格，若是被他人撞个正着，是有可能论罪的。[20] 而且任何事情都有场面话和真心话。婚前的男女关系受到儒家思想制约。到了西汉后期，儒学作为官学受到重视，儒家的教条在民间的影响力不断加强。在儒家思想中，就连已婚夫妇也要分房而居，衣架、衣柜和澡盆都应各有一套，未婚男女牵手之类的举动就更不可能被允许了。[21] 就连"嫂子溺水，弟弟能不能出手相救"的问题都能引发讨论。[22] 若没有父母和媒人的允许，年轻男女哪怕只是在墙上开个洞相互注视，都会遭到责骂。[23] 谈恋爱还是偷偷摸摸为好。

婚礼前的步骤

将目光转向城内，明天即将举行的婚礼正在准备之中。"嫁娶必以春者。春，天地交通，万物始生，阴阳交接之时也。"[24] 因此，春季的婚礼尤其多。当时的人们认为男人在三十岁前、女人在二十岁前结婚比较合适，[25] 而实际上男女十多岁就结婚的情况比较常见。[26] 走到成婚这一步想必是非常不易的。

结婚被视为开天辟地以来必要且重大的仪式，结婚但没有生育的人被视为不孝。就算婚姻没有得到双亲的同意，也比终身不婚要好。[27] 对于国家来说，年轻人尽早结婚生子有利于税收的增加，因此国家不但设置婚姻介绍所，[28] 还制定法律规定晚结婚就得多缴税。[29] 结婚在法律上的手续十分简单，与官府交换符契即可。[30] 问题更大的不如说是婚礼，也就是礼节仪式。这一点古今皆同。

结婚时，必须考虑两家是否门当户对。其中也有例外，例如陈平是家中老二，年轻时穷困潦倒，他并不打算和穷人家的女儿结婚，可是没有哪个富人家能看上他。有个富翁的孙女结了五次婚，每次丈夫都早早撒手人寰，当时还没有找到下一个对象。富翁看中了陈平的才能，借给他钱让他购置聘礼，婚礼也是由富翁出钱操办。[31] 这一记录表明富人家和穷人家的结亲现象极为罕见，门当户对才是最重要的。

占卜馆

婚前的占卜是必须的。占卜有许多种类，代表性的有龟卜和筮竹，还有占梦和占云。占卜馆都集中在市场中的专门区域内，孩子们正好奇地看着那里。[32]

让我们走进其中一家店看看吧。店内一尘不染。占卜师如果一天能赚一百钱，一个月能赚二千钱，则可以自立门户。人气占卜馆门前会排起长队。在空闲的时间段里，占卜馆还会变身私塾，由师父给弟子讲课。女性客人也不少，占卜师会应对她们提出的关于恋爱和夫妇关系的问题。当时的平民每年要缴纳人头税一百二十钱，与此相比，一次几十钱到一百钱不等的占卜费用并不算便宜。[33]

许多人在娶妻生子时占卜。商人和官员也在占卜馆里吐露心声，比如询问何时出门做生意才能赚钱啊，为了出人头地应该怎么办啊。占卜师不仅占卜吉凶，还给出具体忠告，例如"如果这天结婚，老婆肯定有口臭""这个孩子将来一定会成为××"之类，听起来妙趣横生。还有的占卜师会提出建议："明天不适合交易。""土木活儿应该选别的月份干。"这样的占卜甚至会影响到市场的价格走向。

至于哪个占卜师更好，可以从朋友那里借来《日书》（占卜的书）翻阅，自己选择最合适的占卜方法与占卜师。[34] 如果让来自未来的我们选择，大概会选看手相等比较熟悉的占卜方法吧。[35] 我们可以走进看手相的占卜馆，伸出左手让对方看相。

婚礼的程序

接下来,让我们看看婚礼的程序,可以分为六个阶段。

① 纳采(男方通过媒人向女方赠送礼物)

② 问名(为了进行结婚占卜,询问女方姓名与生日)

③ 纳吉(男方在祖先面前占卜,并向女方告知结果)

④ 纳征(男方向女方送聘礼)

⑤ 请期(男方选择婚礼日期,并告知女方)

⑥ 亲迎(将新娘迎至新郎家中)

男方前来迎亲时,女方母亲会将女儿送到门口,然后告诫女儿:"从今以后,那边就是你的家。你要谨慎行事,不要违背丈夫的意愿。"[36] 然后夫妇共同行礼、饮酒,设宴招待来宾。

婚礼花费很高(表9-1)[37]。就连小农、手工业者和都市平民在婚礼前都要占卜好几次,每次花上几十钱到一百钱。聘礼需要一万多钱到几万钱,女方家也要准备两千钱左右。婚礼则要花费四千钱到五千钱。参加婚礼的客人应该会带来礼金,多少能抵消婚礼费用。婚礼次日,新娘会为公公婆婆准备餐食。三个月后,夫妇一起前往宗庙向祖先报告,然后在这天晚上第一次发生肉体关系。儒家的礼法着实严格。

表9-1 汉代婚姻的相关费用

阶层	占卜费用	聘金支出	嫁入费用	酒宴费用
小农/手工业者/城市平民	数百钱	一万至数万钱	两千钱左右	四五千钱
中小地主/官员	数百钱	两万至十余万钱	两三万钱	数万钱
高级官员/富商/豪族地主	数千钱	数十万至百余万钱	二三十万钱,最高数百万钱	不明
皇族/诸侯王	不明	两百万钱	数十万至千万钱	不明
上位皇族/皇帝	不明	皇后为两亿钱,其余人为数千万钱	数十万至千万钱	不明

怀孕

过去的官员能够获得三年丧假和一年婚假，但汉代没有这一规定。[38] 因此，官员中也有刚结婚就需要单身赴外地工作的人。他们频繁地给妻子写信（书札），信中可见"长相思""久离别"等字眼，妻子则将书信藏在怀中，寄托思念。[39] 分别时，夫妻两人双手相握。[40] 有个负责将郡的决算报告书送交中央朝廷的官员（上计吏），每年上京期间都和妻子通信，内容夸张得仿佛即将生离死别。[41] 有的妻子独守家中，在被子上绣上象征夫妻美满的一对鸳鸯，以此慰藉内心。[42] 总而言之，只要保持夫妻关系，待丈夫回到家，不久后便可能怀上孩子。

汉代帛书中有《胎产书》，[43] 详细记录了分娩的相关事项。例如将胎盘埋在向阳的栅栏下，第二个孩子就是男孩，埋在背阴的栅栏下则是女孩。在怀孕未满三个月的时候，如果吃下两个麻雀蛋，就会生男孩。若把白色公狗的头煮熟吃掉，就会怀上肤色白皙的漂亮孩子，而且分娩过程会十分顺利。此外，月经结束后第一天同房会生男孩，第二天到第三天同房则会生女孩。

《胎产书》中有许多迷信的内容，但是在月经与受精的关系等方面，还是涵盖了一些科学的记述。顺便一提，据笔者所知，目前还没有在史料中发现有关女性如何应对生理期的详细记录。不过当时的人们至少还是知道生理期内是不能同房的。[44]

此外，《胎产书》还留下了这样的记录：怀孕第一个月称为留形，孕妇要食用干净且能补充体力的食物，酸汤（羹）要煮透，不能吃辣、吃腥；第二个月称为始膏，同样不能吃辣、吃腥，且要安静休养，不能行房。

怀孕第三个月，胎儿渐渐成形，孕妇目之所见将决定胎儿的成长，因此要避免看见侏儒和猴子。此外，还不能食用葱、姜和兔子汤。若想生出男孩，则要将弓矢放在身旁，射雄鸡，骑公马，看公虎。若想生出女孩，则要戴簪子和珠形耳坠，收集珠宝。在这样的观念背后，可以看到与詹姆斯·弗雷泽"顺势巫术"相同的思维模式。

怀孕五个月的孕妇要趁天没亮就起床沐浴，然后包裹严实前往客厅，让阳光温暖身体，再吃下米饭或麦饭，喝下用茱萸调味的牛肉汤或羊肉汤。到了第六个月，孕妇要外出观看奔跑的狗或马，食用禽兽的肉。分娩时，胎盘要用清水洗净。分娩行为本身和胎盘都被视为不洁，需要避讳。

分娩

一旦到了分娩的时候，先从市场运来湿润洁净的土，砌成长宽70~90厘米，高约10厘米的台子，将新生儿放在上面。然后用土撒满新生儿全身，再用热水洗净，孩子就能健康。此外，若将草席烧成灰后放入热水，给孩子冲洗，孩子的头上就不会长包瘙痒。母亲也要喝下少许热水，避免患上其他的疾病。

以上就是分娩时的程序。人们之所以制定如此详细的规则，原因之一就在于分娩本身在当时被视为不洁之事。也有人发表观点：分娩与万物的诞生基于同一原理，并非不洁，但这种观点仅限于少数派。[45]此外，人们在胎教方面有若干传统，[46]选择什么样的胎教方法取决于父母。

有的婴儿在出生后即被杀害。家庭贫困还会导致孩子（尤其是女孩子）被杀，[47]并非所有的孩子都受到喜爱。养育女儿需要钱，因此杀孩子的恶习到了南北朝后期仍然存在。[48]另外，服丧期间是禁止行房的，就算怀上孩子一般也会打掉。

当时还有"五月子者，长与户齐，将不利其父母"的说法，存在"第三个孩子如果在五月出生，就要杀""正月和五月生的孩子长大会给父母带来祸害，必须杀"的习俗。[49]战国时期，田婴已经有了四十几个孩子。新的孩子出生时，他命令孩子的母亲说："这孩子是五月五日生的，不能养！"[50] 杀死出生的孩子会引起法律上的问题，但是在上述习俗的影响下，或是在孩子身体残疾的前提下，当时的社会是容忍杀婴行为的。[51]

育儿

在众人眼中，有幸得到父母养育的婴儿是怎样的存在呢？

在现代的发达国家，人们倾向于将孩子视作"大人应该守护的对象""纯粹、纯洁的存在""倾注爱意的对象"。但是在中世纪的欧洲，孩子更多被视为"幼小的成年人""幼小的劳动者"。[52] 在1984年的统计中，发达国家的人们会因生育子女而获得精神上的满足，而发展中国家的人们则更多会因增加了新的劳动力，而获得经济上和实用性上的满足。[53] 也就是说，时代和家庭经济水平的不同左右着人们对孩子的看法和态度。

再看秦汉时期，人们将传宗接代视作最大的孝顺行为，因此格外重视孩子，尤其是男孩。就连试图逃亡的人也是如此，哪怕丢弃手中的宝玉，也必须带上孩子。[54] 看淡生死的"列子派"的人们虽然逞强表示——过去没有孩子并不伤心，现在孩子虽然死了，也只是回到了过去的状态，没有什么可悲伤的[55]——但终究属于例外。如果两个婴儿同一天诞生在同一个村子里，人们会杀羊喝酒，大肆庆祝。[56]

婴儿身穿婴儿服，在父母和亲戚们的爱护中长大（图9-2）。即使是贵族，

◇ 图9-2　汉 哺乳中的母亲像（四川省德阳市旌阳区黄许镇出土，德阳县博物馆藏）

也不会把育儿工作全都甩给侍者。父母会拉着孩子的双手穿衣服，一起吃饭，一起外出玩耍，哥哥姐姐们的衣服和书会传给弟弟妹妹。[57] 背孩子的不仅限于母亲或乳母，父亲也会参与其中。附近的男性邻居也可能会帮忙照看孩子。[58] 例如东汉末年，刘备的父亲早逝，刘备在母亲的抚养下长大，但住在附近的亲戚对他多有照顾，让他并不孤单。七岁时，刘备曾和亲戚家的孩子一起骑竹马，而叔父就在一旁看护他们。[59]

孩子们就这样在珍视中长大，但一味溺爱可是成不了大事的。孩子是会成为吊儿郎当的浑小子，还是从小就知书达理，完全取决于父母的教育（图9-3）。教育方法因家庭而异，战国时期有孟母三迁的故事，为了让孟子获得更好的教育环境，孟母甚至不惜三次搬家。

南北朝时期的贵族家庭有这样的家训：天才无须教育即可成大事，傻子再怎么教育也不管用。平凡之人若不接受教育，则会变得人不像人。孩子到了三四岁，能够看懂大人的表情，便要立刻开始立规矩，让他们听从大人的教导。到了五六岁，则可考虑体罚。世间尽是忽视规

◇图9-3 淘气的孩子
（甘肃省敦煌市佛爷庙湾第39号墓壁画，甘肃省文物考古研究所藏）

矩、溺爱孩子的父母。从用餐礼仪开始，对孩子的言行举止放任不理，该批评的地方反而怂恿，该严厉管教的地方反而当成笑谈。那样的孩子一旦长大，就会认为世间皆如此，进而越发无法无天，父母一筹莫展。[60] 当时的人们认为，调皮的孩子就应该用棍棒管教。

良家子女从六岁开始学习数数和方位名称，正如"千金之家，其子不仁"[61]这句格言，或许越是有钱人家的孩子越吝啬，家风也会影响孩子的性格。无论哪个时代，育儿都不是件容易的事。孩子到了七岁以后再调皮捣蛋，通常都会被一巴掌扇到头上。[62]

孩子的世界

孩子的世界中除了学习，就是玩耍。

下午两点到四点，若是夏天，正是蝉鸣烦躁之时。蝉不吃不喝，趴在树上一个劲儿地鸣叫、蜕皮。蝉在汉代被视为高洁、脱俗和操守的象征，高官的冠上可见蝉的装饰。此外，蝉蜕皮的样子仿佛重生，所以自古以来就有在死者口中放入玉蝉的习惯（含蝉），蝉被视为神圣之物（图9-4）。

◇图9-4　汉　玉蝉
（台北故宫博物院藏）

第九章 ◇ 恋爱、结婚与育儿 ◇ 下午两点到四点蝉也是营养价值极高的食物。身体有残疾的老人会承担捕蝉的工作。[63]但是对孩子来说，蝉是不可或缺的玩伴。[64]捕蝉主要使用粘鸟胶，即"粘蝉"，[65]也可以事先弄清蝉鸣最集中的树是哪棵，晚上在树下点火，然后摇晃树干让蝉落下。[66]

孩子们的游戏方式多种多样。掷瓦和格斗（手搏）的"游戏"历史悠久，还有斗鸡和斗鸭，骑马或带狗前去狩猎，或是赛马、赛狗，都是家常便饭。[67]孩子们除了捕蝉，还会捕捉麻雀和蜻蜓，也会赌钱、爬树。[68]掷骰子玩的博戏和樗蒲让大人都沉迷其中，同时也有在围棋盘边专心致志的少年。

到了七岁，孩子们开始给种田织布的大人们帮忙。但此时的他们仍然玩心不减，蹴鞠（国际足联认为这是足球的起源）玩得有模有样。不过蹴鞠容易受伤，皇室子弟可能还是玩弹棋比较合适。[69]

当时还盛行陀螺之类互相撞击的游戏，大人也参与其中，而且以银质或铜质的腰带扣作为赌注。[70]秦汉时期已经有了糖果和蜂蜜，[71]当时的孩子或许都曾品尝过。有些游戏场地会有蛇出没，多少需要提高警惕。[72]

夏天应该会有在河边玩水的孩子，但战国时期有个说法：即使让擅长游泳的越人（东南海边之人）来救华北的溺水者，也不会有好结果。[73]因为华北地区的人似乎没有游泳的习惯。有人想要把一个孩子扔进长江练游泳，只因孩子父亲擅长游泳，结果发现游泳的天赋未必会遗传，于是作罢。[74]总之要注意避免溺水。

男孩子调皮，玩耍可能随时演变成打架。"人们不是常说近大远小吗？所以太阳公公刚出来时离我们最近，因为那时看起来最大。""不对，太阳公公刚出来的时候很冷，到了中午才变热。热的东西离我们近的时候热，远的时候冷。"[75]鸡毛蒜皮的小事就这样变成了争吵的源头。有的孩子以父亲为傲。穿着狗皮的强盗（狗盗）的儿子得意扬扬地说："我爹的裘有尾巴呢。"因受刑失去双脚的人的孩子立刻争道："我爹冬天不穿裤子都没事儿。"[76]

女孩子们正在过家家，以灰尘为饭，以泥为汤，用木头当作肉片。[77] 也不乏早熟的女孩，有的少女一大早就坐在梳妆台前化妆，一边聊天一边涂口红。此外，女孩子也以能够诵读诗文为豪。她们模仿舞者的姿态，在院中奔跑，摘下尚未成熟的果实和花朵把弄玩耍，在雪地上踩跳嬉戏。[78]

除了风筝，三国时期以前的天空并没有人和器械的影子，但是有的孩子会仰望空中的鸟儿，幻想有朝一日自己也能在天空翱翔。他们从老人口中听说舜年轻时曾穿着鸟的衣服从谷仓飞下，又穿着龙的衣服从水井飞出，心中或许曾雀跃不已。当时还有飞行器的传说，据说战国时期的公输子发明了飞行器，列子知晓飞行的技术。[79] 每个时代的孩子都具有丰富的想象力，而古代中国多样的故事足以让孩子们满足。

第十章

醉享宴会
下午四点

古代中国的二十四小时 ◇ 秦汉日常生活指南

何时喝酒，何地喝酒

正如前文所述，古代中国人一般每日两餐，第一餐在早上，第二餐在下午。下午两点到四点被称为"餔时""下餔"，此时要享用第二餐。[01] 人们可能会一起喝酒，进而演变成宴会。有时人们餐后才端上酒来畅饮，如《三国志》中甘宁即在餐后饮酒："食毕，宁先以银碗酌酒，自饮两碗，乃酌与其都督。"[02]

南北朝有诗歌云："扶光迫西汜，欢余宴有穷。"[03] 太阳即将沉入西边尽头的水中，余兴未尽，但宴会差不多该结束了。不少宴会都从傍晚开始，到日落结束。秦汉时期也是如此。

但是同时还有诗歌云："绮筵日已暮，罗帷月未归。"[04] 有的宴会到了日落后仍未结束。"日夕望高城，耿耿青云外。城中多宴赏，丝竹常繁会。"[05] 欢迎会和送别会之类也在日落前后开始。有的宴会则与此完全相反，或是从正午开始，或是从一大早就开始，举办宴会的主人在前一天就已经去市场买好了酒肉。[06]

随便视探一户人家，都可见对方此时正在准备晚酌。不久后朋友就会到来，和主人喝上几杯。他们在路上久别重逢，会相约"一起吃个晚饭"。[07]

首先由妻子迎客。她跪坐在地，腰身笔直，向客人招呼道："别来无恙？"随后将客人带进家中就座，端上清酒和浊酒。此时，主人终于露面，开始向客人敬酒，客人则让主人先饮。随着主人的呼唤声，妻子从厨房端来佳肴。不过若是在偏僻的乡下，所谓"佳肴"也不是什么像样的菜，最多只是甜口的淡酒和鱼干。待宴会结束，仍由妻子将客人送至门口。[08]

与晚间小酌不同，有人会在市场里的酒馆喝酒。战国末期的侠客荆轲曾在燕国的市场一边喝酒，一边与朋友高歌。[09] 刘邦年轻时总在两家常去的酒馆赊账，喝得酩酊大醉。

官员经常在官舍举办宴会。例如西汉初期的丞相曹参嗜酒如命，部下们每天也都在官舍里喝酒唱歌，吵闹不堪。[10] 当然，官员和富豪也有在高级餐馆喝酒的时候。人们喝酒的地方千差万别，与现代社会没有丝毫不同。

大型宴会与余兴

让我们以大型宴会的会场为例。一位县级长官家里有重要来客，门口设置了接待处。这种场合的客人大都持有名片（刺），但若有特别事项想通过接待处向主人转达，最好还是递上自己的"谒"。刺和谒都是具备名片功能的木简，谒的正面写有被访人的信息，背面写有拜访人的名字，指向十分明确。[11]

汉代的书记官年轻时会背诵五千至九千字的文章，然后接受背诵或书写考试，晋升时还要会读写多种字体，[12] 因此读写这类名片上的文字简直易如反掌。另一方面，有些仅凭武艺高强上位的将军并不识字，例如三国时期的王平和五胡乱华时期的石勒，但笔者认为他们好歹应该会写自己的名字。就算是政治宴会，也可临时参加，不过在接待处交过费用后，身份较低者会被安排在室外座席。[13]

在宴会上就座时，必须要注意座次。和早餐时一样，排列座次要按规矩来，必须严格按照规矩就座。晃晃悠悠进入会场，一声不吭地一屁股往想坐的地方一坐，是万万不可的。此外在室内饮酒时，还必须把鞋脱掉。[14]

在上流阶层的宴会上，男性客人身旁都有女性作陪，负责斟酒。关于舞女和陪酒女，本书将在下文叙述，在此先谈一谈其他余兴。在宴会的余兴演出中，音乐家们的乐器演奏最具代表性（图10-1）。正如秦始皇特意请来擅长击筑的高渐离一样，历代皇帝和君王都为音乐名家疯狂。音乐家身份卑微，但也会受到他人欣赏。将军在军营里召开宴会时，奏乐在原则上是禁止的，但会用无声的剑舞来代替。[15]

在大型宴会上，曲艺师和魔术师会一展才华。尤其是招待客人的宴会和婚宴，还会有配乐的傀儡戏上演，其配乐原本只在葬礼上出现，即挽歌，是牵拉灵车时演唱的歌曲，但是到了秦汉时期，人们已经不再拘泥于此。[16]此外，人们还会玩投壶游戏，吟诗作对，论辩儒学经典。

歌舞也会出现在宴会上。古琴、琵琶、古筝、箜篌、阮咸等弦乐和笛、箫、笙、觱篥等管乐相互搭配，再加上鼓、羯鼓、拍板等打击乐，舞女们就这样和着音乐翩翩起舞（图10-2、图10-3）。秦汉音乐歌词单一，但就和现代的音乐界一样，不同时期有不同潮流。到了东汉时期，西域文化的传入也给音乐界带来了变化。例

◇图10-1 汉 击鼓说唱俑
（中国国家博物馆藏）

如东汉末年的汉灵帝是当时引领潮流的先锋,"好胡服、胡帐、胡床、胡坐、胡饭、胡空侯(箜篌)、胡笛、胡舞",[17]热爱西域传来的器物和食物。后人大多将汉灵帝视为昏君,但当时他确实是有很大影响力的,自他即位以来,来自西域的旋律就响遍了整个朝廷。

◇ 图 10-2　汉　二十五弦瑟(湖南博物院藏)

◇ 图 10-3　汉　彩绘陶舞俑(纽约大都会艺术博物馆藏)

音乐家和演员中也有明星出现，著名歌手有战国的韩娥和汉代的李延年，舞姬有汉代的赵飞燕，艺人和演员（优、倡）则有春秋时期的优施、优孟和汉代的郭舍人等。从暹罗来到宫廷中的马戏团曾在皇帝面前进行了口吐火焰、大卸八块、牛马换头和抛球杂耍等表演（图10-4）。[18]

酒的种类

有宴会就有酒。喝酒的容器多种多样，酒文化发达的商周时期使用青铜酒器，温酒器和冷酒器区别很大。汉代的祭祀场所也曾大量使用酒器，但作为娱乐而饮酒时，人们只会用到爵、耳杯和角杯（图10-5、图10-6）。爵原本也按大小分为很多种。东汉末年的刘表是大酒鬼，制造了三种爵，命名为伯雅、仲雅和季雅，容量分别是七升（约等于现代的1.4升，下同）、六升（约1.2升）和五升（约1升）。[19] 换成现代概念，应该就相当于大扎、中扎和小扎。

酒含有酒精。汉代的酒一般都是谷物中的淀粉变成糖后再转化为酒精的产物，在此过程中，人们为了促成发酵，或是使用曲霉（霉菌的一种），或是使用谷物内的淀粉分解酵素，或是使用人的唾液淀粉酶。借助曲霉发酵而成的酒是汉代的主流，笔者推测当时使用的应该是其中的根霉菌一类。

◇图10-4　汉　乐舞百戏图
（内蒙古和林格尔墓室壁画）

◇图 10-5　汉　耳杯（台北故宫博物院藏）

◇图 10-6　汉　犀角形玉杯（南越王博物馆藏）

让我们来看看当时酒的种类。[20] 酒不仅有谷物酿造的，还有游牧民族用乳制品制作的奶酒（马乳酒、酪酒）。东汉时期，西域文化传入，可见宫廷中出现了喜爱葡萄酒的人。[21] 南北朝时期还出现了石榴酒。[22] 早在西汉中期，皇帝的御苑之一上林苑中就有名为"葡萄宫"（亦作"蒲陶宫"）的宫殿，可见当时的人们已经开始种植从西域传入的葡萄，或许已经开始酿造葡萄酒。不过，葡萄酒在汉代还属于高级酒。征服了西域龟兹国的人特意弄来了大量葡萄酒，并为此兴高采烈，可见当时的葡萄酒还是以进口为主。[23]

总而言之，既然酒的种类如此丰富，那么名扬天下的酒豪自然随之出现。其中有据说一次能喝八斗（16 升）酒的阮籍和山涛；有梦见自己乘坐小船享受应季佳肴与美酒的郑泉；还有梦中一手抓着蟹钳一手端着酒杯在酒池里自在畅游的毕卓，都是不折不扣的嗜酒者。[24]

当时的未成年人也可以喝酒。有个勇敢的十四岁青年半路闯入宴会，一口气喝干了三升（约 0.6 升）的酒。[25] 成年男性如果能在一次宴会上喝下一石（约 20 升）酒，那么毫无疑问会被认定为酒豪。[26] 西汉时期的酒多为 3 到 5 度，东汉时达到了 10 度，[27] 因此当时的一石酒相当于现在的 27 瓶啤酒。

酒席上的礼仪

在酒豪们活跃的背后，必须留意那些发酒疯的行为。例如有个叫陈遵的人，喝了酒后兴致大增，见有人宴会尚未结束就要回家，便卸掉对方的马车车轮，阻止对方离开。[28] 刘表见到客人烂醉，便拿针去扎对方的脸颊，确认对方是否还有意识。[29] 东汉末年的张让喝醉后甚至有脱掉客人衣服戏弄对方的恶习。[30] 诸葛亮就曾经告诫自己的孩子不要过度饮酒。[31]

我们还必须注意来自上司的"酒精骚扰"。有的皇帝或君王强迫臣子一口气喝下大量酒，导致臣子身亡。[32] 战国时期赵国的敬侯等人连续多日同家臣一起喝酒，家臣表示"喝不下了"，敬侯就用竹筒硬给家臣灌酒。[33] 在一些庆祝的宴席上，也出现了身份较低者向身份较高者劝酒的场面。无论身份高低，一旦拒绝，氛围就会多少变得尴尬。[34] 早些年间在日本常见的酒桌习惯同样存在于古代中国。

不过，古代中国的酒席也有与日本不同的地方。尤其是古代中国的君主和上司不仅会强迫部下喝酒，还会"以身作则"，自己率先畅饮起来。在春秋时期，如果发表了不恰当的言论，哪怕是君主都要"举觞自罚"[35]。昭和时期的日本上司总是给部下劝酒，自己则不怎么喝，但是中国从古至今都要痛快得多，长者也好，上司也好，都会一个劲儿喝个不停。

如果是贤明的上司，事先会给不胜酒力的部下准备甜酒。西汉时期的楚元王和学者穆生同席而坐，就为喝不了酒的穆生准备了甜酒（醴）。[36] 不过，我们目前尚不清楚甜酒在当时是否已经被视作饮料。

酒肴齐备，众人落座，赶紧举杯开宴，但规矩可不能忘。酒席上的规矩称为"酒令"。例如在长者喝完之前，同席的年轻人是不能喝的。[37] 也有的宴会没这么严格，年轻人会在长者身边一起喝酒。当长者没有喝完，而是把酒吐出来时，年轻人也模仿着吐出了酒。[38] 大概是年轻人觉得长者十分潇洒，模仿起来心情愉悦，但这样的行为实在有失礼貌。

在酒令严格的宴会上，人们能"起如厕"[39]，以去厕所之名暂时离席，却不能以喝不下了为由中途回家。例如西汉的朱虚侯刘章被赋予监督酒席的职责，他事先向众人宣布"臣，将种也，请得以军法行酒"，表示自己会执行严如军法的酒令。结果，看到喝醉后试图离席的人，他竟立刻追上将对方斩杀。[40] 如此令人震惊的宴会也曾出现在历史之中，可见随随便便出席古代中国的宴会是十分危险的。

无止境的宴会

宴会接近尾声，醉客们准备回家。夜晚的宴会必须保持室内照明，花费不少。[41]因此平民的宴会总是早早结束。而且平民很多时候都在市场的酒馆里喝酒，晚上六点，市场就关门了。

市场之外的地方也有酒馆，营业时间没有限制，可以再喝一会儿。这类酒馆十分赚钱，因此作为福利政策，允许没有孩子的老夫妇经营。[42]农民等其他人原则上不得在城外卖酒。[43]

过了晚上六点，都市内部执行夜间通行禁令。西汉中期，就连曾任将军的李广都在和护卫野外畅饮后回家的途中被巡查人员抓住，遭到拘留。[44]

夜晚的宴会需要灯火。对于能够承受这笔费用的富豪和官员来说，入夜后才渐入佳境。即使到了日落后，有的宴会也完全没有结束的迹象。前秦的君主苻坚（338—385）在鱼塘附近设宴，声称"今日之饮酒，当以落池为限"[45]——等到有人喝醉了掉进鱼塘里，宴会就结束。到了休息日，不少官员都大吃大喝直到半夜。[46]春秋时期的韩宣子曾在参加酒宴途中三次返回房间，意味着当时人们连喝了三场。[47]南北朝时期有诗云："谁能共迟暮，对酒及芳晨。"[48]可见还有人通宵喝酒直至天明。西晋的史料中也有不止一处记录了喝醉的美女在清朗的夜空下唱歌的光景。[49]

但是，有些宴会到了半夜没有照明，捉弄人的把戏也开始登场。[50]通宵达旦的宴会大都不会体面收场。如果只喝一夜倒也好说，连日连夜地喝就要出问题了。因"酒池肉林"而臭名昭著的商纣王据说就连喝了七天。因此当战国时期的赵襄子连喝五天，半开玩笑地向家臣炫耀时，得到的是讽刺的回应：商纣王还比您多喝了两天呢。[51]虽然有人认为君主十天不喝酒实属奇怪，[52]但每天都喝还是太难受了。

宿醉

喝了酒，身体就会吸收酒精成分。酒精来到肝脏变成乙醛，再分解成醋酸和水。乙醛含有毒性，如果未经肝脏代谢进入血液，就会造成宿醉。有两种酶可以分解乙醛，其中一种的机能受到第 12 号染色体影响。中国南方有 20% 左右的人在这一染色体上存在变异，容易对酒精不耐受。[53] 因此汉代时中国南方喝不了酒的人可能也不少。

一场宴会下来，部分人烂醉如泥，进入宿醉状态。当时的人管宿醉叫"酲"或"朝酲"。有人不仅醉到第二天，第三天还晕晕乎乎的，被称为"三日不射"。[54] 有诗歌将独守闺房的女性心情形容为"中心如宿酲"，[55] 可见当时的人也因宿醉苦恼不已。

如果宿醉带来的仅仅是身体上的不适，那就算不幸中的万幸了。正如司马子反醉酒贻误战机后被赐死一样，[56] 宿醉会给工作带来麻烦。有人喝多了会在宴会中呕吐。对于关系亲密的人而言，睡着后呕吐被认为是无可奈何之事。[57] 这类行为与日本昔日的大学生并无不同。

酒后呕吐并不限于男性。有的女人醉倒在路边呕吐，被人误以为中了毒，结果女人的儿子"伏地尝吐"[58]，发现呕吐物"性寒"，不是中毒。

就算吐在路旁也没关系，若是在汉代的大都市，地面上有窨井，而且如前文所述，有些地方还铺设了下水管道，因此污物或许能被水冲掉。不过话说回来，还是什么都不吐最好。接下来让我们先去看看厕所吧，在宫殿里随地小便可是会被定罪的，[59] 首要任务就是寻找厕所。

厕所在哪里

汉代的厕所有若干样式，其中以蹲式居多。现代日本管这种样式叫和式，但汉代的更加古老，应该叫汉式更为妥当。例如图 10-7 为河南省内黄县三杨庄遗址出土的厕所，乍一看难以判断是蹲式还是坐式，对此至今仍有争论。但笔者倾

◇图 10-7　汉代的蹲坑厕所
（河南省内黄三杨庄遗址出土，左侧照片由林源提供）

◇图 10-8　涂漆的坐便器
（浙江省安吉县天子湖工业园楚墓出土，安吉县博物馆藏）

◇图 10-9　汉　陶猪圈，猪圈外高台上架筑厕所，下部与猪圈相通
（中国国家博物馆藏）

向于蹲式，若为坐式，双脚就应该伸到照片（左）的前景中，可是坑位又浅，排便时难以冲走。此外，坑位的宽度达到了 37 厘米，若为坐式，臀部会直接陷进坑中。

与此同时，坐式厕所也是存在的。例如安吉县天子湖工业园楚墓就出土了涂漆的坐便器（图 10-8）。现代日本人将坐便器称为"西式厕所"，看起来似乎不太准确。在笔者看来，坐便器究竟起源于中国还是西方，今后着实有必要进行充分讨论。当时的坐便器不仅有椅子型的，[60]还有与地板一样高的，使用者排便时坐在上面，双腿笔直伸向前方。[61]高级厕所旁还会设置清洗下身、更换衣服的房间，[62]因此如厕也被称为"更衣"。

个别地方的男女厕所完全隔开，但一般情况下都为男女共用。[63]许多厕所都设在房屋二层，下方则是猪圈。也就是说，厕所的本体（厕）和猪圈（溷）是合二为一的，排泄物会通过便器落入猪圈中（图 10-9）。猪是杂食动物，因此也可以处理排泄物，做到毫不浪费。而这些猪以后会被人类吃掉，堪称一条微妙的食物链。

厕所无论高级与否，味道都不怎么好闻。因此高级厕所里会提供用来堵住鼻子的干枣，或是放置南方产的香粉和香水。[64]有的厕所会挖坑储存大便，日后用作种田的肥料。

除了各栋豪宅建有厕所，都市里还有公共厕所（民溷）（图10-10）。[65] 打扫厕所属于刑罚措施的一种，有些服刑者会成为厕所保洁人员。厕所既有单间的，[66] 也有多个厕位集于一室的，后者厕位之间没有隔板，大家彼此看得一清二楚，可谓"坦诚相见"。在"害羞"这一点上，古人与现代人的思维方式似乎存在很大差异。

既然身在宴会之中，那么还是去会场内的厕所吧。现代的男人小便时多为站姿，但汉代文物中并没有发现用于男性站立小便的便器。

此外，暂且不论现代日本人在排便后是否都会使用马桶的自动冲洗功能，总之大家最后都是要用纸来擦的。但是在当时，纸还属于贵重物

图 10-10　汉代的公共厕所
（参见《西安南郊缪家寨汉代厕所遗址发掘简报》，《考古与文物》，2007 年第 2 期）

品，纸巾之类的东西并不存在，人们选择的是使用过的木简。将木简折断后，前端经过火烤，便可以将粘在屁股上的大便刮下，这样的木简称为"厕筹"。不过厕筹的数量毕竟有限，因此用水冲洗后再用手抹干也是一种方法。到了夜晚，还有人使用可以大便的便盆（清器、行清）或尿壶（虎子）（图10-11）。[67]

不只解决内急

厕所不仅能解决内急，还屡次成为改变历史的舞台。例如西汉时遭遇政变的吕产就曾逃入官舍的厕所，结果在那里被杀。[68] 曹操的父亲曹嵩在东汉末年遭敌人追杀，也曾"逃于厕"。[69] 走投无路的人们之所以一个接一个奔向厕所，是因为多数厕所都在猪圈上方，可以从那里顺着外墙逃走。东汉末年，吕布被部下袭击，便是从厕所沿着屋顶逃了出去。[70]

◇图10-11　汉　漆虎子（南京博物院藏）

古代中国的二十四小时　◇　秦汉日常生活指南

如上所述，多数厕所气味难闻，且与猪圈形成循环，因此不会设置在宫殿正中。西汉长安的未央宫和东汉洛阳的朝堂都是开会的地方，但会议一旦拖长可就吃不消了。皇帝身边有携带尿壶或便盆的大臣侍奉在侧，可是周遭氛围让大臣们难以起身前去方便，老臣张湛就曾在开会时尿了裤子。[71]

往厕所里一瞧，有人正在呜呜呻吟。便秘导致痔疮，可要格外注意。据说当时有一种治疗痔疮的方法是请人舔舐，[72] 可是究竟什么人会去做这样的事呢？生了痔疮并非完全没有好处，例如在战国时期，人们春天会用活人祭拜黄河，但有痔疮的人被视为污秽，不能成为祭品，[73] 可谓因祸得福。

继续窥探下一间厕所，里面竟然传来喘息声，应该是有男人把女人带进了厕所。济北王有个侍女名叫竖，本来就有脾脏上的毛病，再加上在厕所里一通翻云覆雨，出了一身大汗，当场就一命呜呼了。[74]

若干宴会早早结束，醉醺醺的人们开始步行回家，贵族和富豪们则乘坐马车或牛车。拉着醉鬼的马车在大街上东摇西晃，让不少行人皱起眉头。[75] 有人喝醉后从马车上掉下，但令人意外的是似乎没有因此受重伤。[76] 总而言之，让我们在夕阳西下的街上再稍微溜达一会儿吧。

第十章 ◇ 醉享宴会 ◇ 下午四点

第十一章

花街柳巷的悲欢离合
下午五点

傍晚的花街

夕阳斜照。一个女人倚在窗边发呆，一副失恋般的表情。她的手边放着乐器，身旁的桌上似乎摆着野菜，宅邸富丽堂皇，应是高贵人家。在这样的画面中读诗或许最为相称，但女人没有这份心情。其他地方也有这样的女人，丈夫独自去外地上任，女人在家独饮闷酒。[01]

目光一转，背巷里的青楼二层也有相似的女人，正一脸忧郁地伫立窗边。这里似乎是专门服务高级官员的青楼。竖起耳朵一听，对方正在喃喃自语："那个人……现在大概在甘泉宫读诗吧。"甘泉宫是位于首都的离宫之一。但这个女人和皇帝不可能有任何交集，思念的对象应该是出入朝廷的官员。

在上流阶级的宴会中，美女的存在可谓锦上添花。[02] 侍奉酒席的舞女歌姬用扇子（轻扇、团扇）遮住半边脸庞，更显美艳动人。身旁的侍女并不见得符合自己的喜好，好不容易等来了合乎心意之人，男人立刻端起酒杯，对方也举杯回礼。接下来，男人可就要费一番口舌劝对方留下了。[03] 市场的酒馆里也能邂逅美女。有个十几岁的胡人少女在酒馆工作，美丽的脸庞轮廓分明，很快就被贵族搭讪。[04] 一旦听说乡里有漂亮的"处子"（处女），贵族也会赠送金银财宝，试图将对方占为己有。[05]

青楼女子的时尚

青楼一层,衣着华丽的女人排成一列等候客人。[06] 她们已经在傍晚完成了补妆。在东汉初年的首都,苗条的高个子美女最受欢迎。后宫中也聚集了不少超过 160 厘米的高个子美女,尤其是东汉时期明帝的马皇后、和帝的邓皇后和灵帝的何皇后,身高全都超过了七尺(约 161 厘米)。西汉的宫女不问身份,而东汉倾向于根据家世选择宫女,因此容貌和体型是否重要,笔者对此抱有疑问。不过史实就是如此,环顾四周,真正超过 160 厘米的美女并不多,但大家都把本就纤细的腰肢束得更紧,努力让自己看起来更加苗条。

舞女歌姬腮红艳丽,戴着漂亮的耳环,身上散发出来自香木的芬芳,妙不可言。当时流行在香木中混入少许枣了的香气,这些香气不是像西洋的香水那样喷到身上,而是通过焚烧香木生成烟雾,然后熏到衣服上,酝酿出柔和的香味(图 11-1)。

◇图 11-1 汉 四连体铜香炉(南越王博物院藏)

第十一章 ◇ 花街柳巷的悲欢离合 ◇ 下午五点

化妆也必须精心，否则就无法得到客人的青睐。涂上香粉，画好经过修剪的眉毛。有的女人不仅涂腮红，还会以金箔妆点。美甲在当时是不存在的。梳理东汉时期女性的随葬品也会发现，指甲处并未施以特别的妆饰，证明当时的人并不像现代人这样在意指甲。脚部也没有任何装饰，只是穿着干净的布鞋。

青楼女子们都身着色彩鲜艳的衣服，样式几乎没有重复。对于竞相争艳的女性来说，和他人服装相同可是大忌。[07] 她们手持五彩斑斓的扇子，头戴长长的簪子，一切都能让她们的美貌更加动人。衣服保存在箱笼中，与贵客相会时，有的女性会穿上华美至极的"罗裙数十重"[08]，若干层衣服叠穿在一起，日本的十二单[09]亦是如此。现在，终于到了接待客人的时间，让我们也混入客人当中，暂时享受一下愉快的宴席吧。

走进青楼，女人们集体出来迎接。穿过种有梧桐和槐树的院子，进入单间，一名客人立刻给中意的女子递上了礼物："今天我给你买了这个哦。"仔细一看，是一支雕花的玳瑁簪子，还有一匹绣有鸳鸯图案的缎子，皆是高级货。舞女欢欣雀跃，却猛地抑制住内心的激动，彬彬有礼地低语道："谢谢你，我好开心。"无论古今东西，女性果然对流行的首饰没有抵抗力。相应地，女性也会给中意的男性赠送礼物，根据对方的喜好挑选物品。有个男人就从心爱的女人那里收到了花束。[10] 总而言之，我们可不能打扰这一对对情人。让我们稍微移开目光，从二楼的窗边眺望花街的样子。

官员下班都去哪儿

朝廷并没有设置明确的下班时间，与皇帝共商国是的高官们在皇帝下达退朝命令后才能回家。如果皇帝忘记下令，而宴会已经开始，那么高官们就无法下班，必须在灯火通明却万籁俱寂的宫殿里等待敕命。[11] 如果皇帝没有出席，那么会议无论如何都会在傍晚结束，若还有需要商议的事项，也会等第二天再开会处理。[12]

　　如果没有特别重要的工作，其他官员此时已经下班，他们或是踏上回家的路，或是列席某个宴会。[13] 正如"晨趋朝建礼，晚沐卧郊园"所咏，[14] 有人傍晚正在家中洗澡，有人则"朝游游层城，夕息旋直庐"，[15] 回到了宫中的宿舍。与这些下班的官员相反，守卫皇帝所住禁中的黄门郎此时正要前往宫中的青锁门，准备开始夜间警备。[16]

　　太阳终于落山，夜色渐渐笼罩帝国，宫殿内的烛台接连点亮，都城中的大桥也点起明灯，人们为各种各样的门插上门闩。就像建业（今南京）的南苑一样，大都市中都有青楼云集的区域，有人甚至瞒着妻子，大白天就沉迷其中。因此到了这个时间段，花街各处都能听到妓女的声音："趁太阳还没落山，赶紧回去吧。"

　　有的客人从白天玩到晚上，喝得酩酊大醉，甚至引起纠纷，看起来多少有些危险。但他们钱也花得大方，于是妓女们一边假装担心他们的身体，一边巧妙地挽留他们。不过妓女之间也相互嫉妒，因此享乐要适可而止，否则可能会被骂作"狡童"[17] 或"且"[18]。

　　古代中国的贵族们常常会找多个女人。向别人的妻子出手会被问罪，但是在正妻以外迎娶其他女人是受到法律保护的，还有人娶妻时连结婚申请也不提交，只履行所谓"事实婚"。[19] 也就是说，过分享乐虽然不行，但依靠自身权力和财力圈定女人是没有问题的。现在，这样的人正蜂拥奔向花街。贵族子弟们头插簪子，脸抹香粉，[20] 与日本平安时代的贵族略有相似。

风月官司

　　长安的花街并非人来人往的大街，而是沿着从大街岔出的小路发展起来的，因此又称"狭斜"。花街的起源可以追溯到战国时期，文献中的女闾、妇闾等名词，都是指政府默认的花街。侧耳倾听，传到耳边的不只男女吵闹的交谈声，还有舞女们举手投足间的环佩叮当声。

歌姬舞女的历史十分久远，与在酒席上奏乐的女性或卖身的女性之间并没有过于鲜明的差别。例如春秋末期的越王勾践在军队内设立了性服务场所"独妇山"，大概就是青楼的起源。[21] 汉代还有女性以士兵妻子的身份悄悄从军，但她们其实并不是登录在户籍上的妻子，身份介于姘居的妻子和妓女之间。[22]

在宴席上陪酒的舞女地位卑贱，即所谓"妇人小物也"[23]，但相貌出众者常常广受欢迎，晋代的绿珠等人甚至名留后世。有种说法称绿珠是大富豪石崇在河内附近出差时看上并买回的妓女，如果属实，那么她应该是个东南亚美人。东汉时的皇族刘康喜爱擅长音乐的妓女宋闰，后来太子刘错据说也对她迷恋不已："错为太子时，爱康鼓吹妓女宋闰。"[24] 这种风月官司最早可见于汉代，西汉的哀帝就曾感叹臣子们为了争夺舞女而铺张浪费的行为。[25]

歌姬舞女未必一生华贵。不少人虽然被富豪赎身，却过上了郁郁寡欢的寂寞日子，留下了诸如"昔为倡家女，今为荡子妇"[26] 的悲哀诗句。

她们的历史并没有在汉代终止。到了南北朝时期，仍有诸多贵族为她们挥金如土。皇亲国戚刘孝绰有一次和舞女共度良宵，早上迷迷糊糊下床时，屋外全是上班途中的官员。同事何逊看到刘孝绰的样子，立刻戏弄了他一番。[27] 总而言之，上述光鲜的生活与平民无关。古今东西，女人与玩乐都是有钱的男人才能拥有的。

男女的性爱

有个男人正在朋友家做客。都到了这个时间，男人仍然没有离开的意思，不如说主客两人的游戏之魂都刚刚点燃。妻子也专注地盯着游戏盘。客人似乎要输了，上半身已经越过了凭几。不过胜负应该还没有决出。只要不用真金白银去赌博，这样的游戏就被允许，否则就会受罚。[28] 仔细一看，各家都是如此。让我们将视线转向附近的另一家吧。

相隔几户的屋中，一对男女正赤裸相拥。[29] 两人刚刚喜结良缘，此时正是洞房花烛夜。女人决心"努力持家，成为贤妻"，却对夜晚的事情一窍不通。她脱掉衣服，涂脂抹粉，"衣解巾粉御，列图陈枕张"，[30] 想要取悦丈夫，但谁知道结果又会如何呢。

窥向另外一家，刚才在青楼见过的男女就在那里。女人是青楼里的头牌美女，男人则是那个官员。他毫不在乎次日清晨回家会遭到正妻的讽刺，借着酒劲儿决定留下过夜。有客人的房间会放下华丽的帘幕（罗帏翠帐），里面准备好了枕头和被子。[31]

男人娴熟地脱掉女人的衣服，同时开始接吻。接吻作为恋人之间的爱情表达，公元前就出现在大洋东西。接吻也有多种，性交之前的深吻十分常见。[32]

此时，男人将手伸向女人的胸部（图11-2）。至今尚未发现记录女性胸部大小的文献，也不知道当时的男性对此抱有多大的欲求。但是既然已经出土了男人抚摸女人胸部的石像，可见至少有部分男人是有此兴趣的。

男人的手渐渐伸向女人的下腹部，最终到达了女人的秘密花园。马王堆汉墓出土的女性干尸没有腋毛，大概是经过了处理，毕竟墓中还发现了拔毛的工具，但阴毛是保留原状的。[33]

如今，大多数日本女性都会剃掉腋毛或进行脱毛处理，而保留腋毛的中国女性并不少，这一点与文化发展程度并无关联。正如一些好莱坞女性以时尚为由保留阴毛或腋毛一样，体毛的有无只不过是文化或流行趋势的体现。

话说回来，"房中术"曾经在汉代的知识分子之间广为传播，这是一种通过性行为来达到长生不老、健康永驻效果的思想。例如马王堆汉墓就出土了《十问》《合阴阳》《天下至道谈》《胎产书》《养生方》《杂疗法》等房中术的相关书籍。这类书籍将女性阴部按照形状和颜色

◇图11-2 汉 从接吻到爱抚（故宫博物院藏）

分类，并赋予花朵或动物的名字。细致的命名和分类体现出汉代人对女性性器官的强烈关注。

男人慢慢脱掉女人的衣服。正如前文所述，当时的女性既没有文胸，也没有内裤，男性很容易就能得手。我们尚不能确定古代中国的男性是否会对女性进行口交，但当时的女同性恋之间确实存在此类行为，而且人们相信喝下女性的爱液对身体有好处，因此男性对女性的口交是极有可能发生的。[34] 若事实如此，那么汉代的男性可谓比古罗马人更加尽兴，因为古罗马人不会为女性口交。[35] 同时，我们也无法确认女性是否会为男性口交，但《十问》中留下了疑似记录。总而言之，实际情况应该是多种多样的。

准备完毕，终于到了交合的时候。性行为的体位不只有正常位和背后位，还有女性主导的骑乘位。[36] 马王堆汉墓出土的帛书显示当时的人们已经知道女性也会出现性高潮。此时，一切正逐渐接近终盘。

自慰与性用品

至此，我们观察到的性行为全都进行得相当圆满，但是也有不圆满的例子。秦汉时期的人们崇拜大尺寸的阴茎，其中的代表正是嫪毐，留下了用阴茎提起车轮的著名传说。因此当时阴茎短小的男性大概都在内心默默地自卑吧。魏晋时期，有名贵族结婚后发现妻子太胖，交合时无法插入，于是倒打一耙，称妻子没有阴部，两人离婚。后来妻子再婚，并没有出现房事上的问题，"乃知昔日黜退实是谬狂"[37]，看来离婚一事纯粹源于贵族的自卑和焦躁。暂且不论真相如何，此类小故事表现出古代人也在性爱问题上抱有种种苦恼。

那么，没有对象的适龄女性如何满足性欲呢？大多数女性可能不会考虑这一问题，"哗啦"一下裹上被子就睡着了。但部分女性应该正在偷偷摸摸地自慰，毕竟人们从汉代的女性墓中发现了模拟阴茎形状的用具。"我一直喜欢用这个，到了死后的世界也要用，请一定帮我把它放进墓里"——我们很难想象病床上的女性会给家人和朋友留下这样的遗言，但东西确实是放进去了。其他地方也有类似用品出土，造型精巧，大小合适，应该是宫女的私有物。[38] 宫女无法与皇帝之外的男性来往，如果运气不佳则会孤独终老，这些用品恐怕正是她们的慰藉。

当时也有女同性恋，因此这些可能也是她们的用品，至少图 11-3 中的用具可以供两名女性同时享乐。此外，在公元 4 世纪的小说中，还出现了因欲求不满一天到晚喝酒买醉的女性形象。[39]

◇ 图 11-3　汉　铜祖
（河北省满城汉墓出土，河北博物院藏）

◇ 图 11-4　交欢与自慰
（画像石拓本，原物藏于四川博物院）

当时的男性可能也使用过类似的用具。西汉中山靖王墓、盱眙大云山汉墓（江都王刘非墓）和泸州龙马潭区麻沙桥汉代平民墓等墓葬中都出土了同类物品。汉代以后，性用品种类增加，明代还出现了角先生、广东人事、缅铃等物品，用途多样。如果没有专门的器具，还可以自己用手解决问题，图 11-4 中左侧的人正是如此。不过，本书对此的论述就到这里。相关史料保留极少，令人遗憾，再深究下去也没什么意思了。

多种多样的性爱形式

喜好男色的男性同样存在[40]，其对象称为"娈童"。春秋时期的卫灵公就曾宠爱美少年弥子瑕。不过爱恋也是由容貌决定的。有一次，弥子瑕将吃剩的桃子递给卫灵公，卫灵公立刻欣喜地吃了下去。但是当弥子瑕年长色衰，卫灵公突然回忆起吃桃子的情形，随后便惩罚了弥子瑕，斥责他竟然把剩下的东西递给君主。[41] 因此美少年也不得不提心吊胆，有人长期深谋远虑，只为自保。

楚国的安陵缠受到君王宠爱。他宣称若君王死去，自己也会殉葬，结果更加受宠。[42] 战国时期有名的龙阳君受到魏王喜爱，一次两人前去钓鱼，魏王每钓到一条鱼，就扔掉前面钓的小鱼。龙阳君见此哭泣道："主公总是喜新厌旧，我不知何时也会被扔掉。"魏王听了，从此以后禁止录用美少年为官，"有敢言美人者族"[43]。

娈童皆有女性气质。例如龙阳君被形容为"夭夭桃李花"[44]，桃李原本是美女的代名词。人们还将龙阳君等人比作仙女，称美女看到他们都会叹息连连，"足使燕姬妒，弥令郑女嗟"[45]。也就是说，他们并不是健壮的男性，而是与女性相似的美少年。汉代人同样不乏对男色的追求，哀帝就曾十分宠爱董贤。董贤经常枕着哀帝的胳膊睡觉，哀帝离开时为了不吵醒他，甚至切断了自己的衣袖。汉代的枕头是硬邦邦的长方体（图11-6、图11-7），睡着后按说是可以从对方脖子下方轻轻抽出胳膊的，不过还是不要吐槽了。顺便一提，在男人之间的恋爱中，人们对容貌的喜好也是各有不同，也有专门喜欢丑男的君王。[46]

◇ 图 11-5　汉　彩绘描金鸟兽云气纹玉枕（中国国家博物馆藏）

◇ 图 11-6　汉　黄褐绢地"长寿绣"枕头（湖南博物院藏）

第十一章 ◇ 花街柳巷的悲欢离合 ◇ 下午五点

前文已经稍微提及，秦汉时期也有女同性恋。我们观察宫廷内部就会发现，后宫中除了皇帝，几乎都是女官和宦官。女官与女官之间，或者女官与宦官之间发展出恋爱关系或性关系都是正常的。有些甚至结为伴侣，这样的伴侣被称为"对食"。[47]

总而言之，同性恋在当时并未受到太大的歧视，与同性发生关系的人未必一辈子就不会与异性发生关系。不如说同性之间的性爱是对男女婚姻的一种补充，至少在上层阶级，性爱的形式是多种多样的。[48]

不过，伴侣不固定的多人乱交和兽奸被视作有违人伦："禽兽行，乱君臣夫妇之别，悖逆人伦。"[49] 近亲相奸也属禁忌，堂兄弟姐妹之间即使你情我愿，一旦发生关系也会被定罪。[50] 西汉的皇室存在性倒错者，想让人兽交合生下孩子，于是强迫宫女匍匐在地，与羊和狗发生关系，结果遭到皇帝惩处。[51] 有位亲王将男女裸体交合的绘画装饰在室内，与堂姐妹等人一起边看边喝酒，也没能逃过被罚的命运。[52]

第十二章

与身边人的牵绊和争执
晚上六点

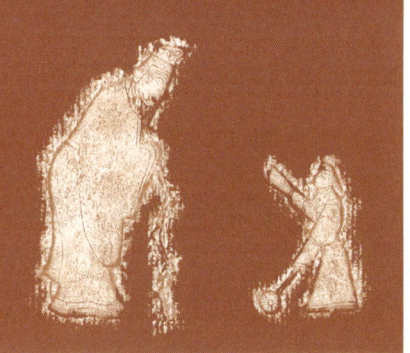

古代中国的二十四小时 ◇ 秦汉日常生活指南

阖家欢乐的光景

　　日落西山，猿猴的叫声响彻森林之中，悲凉的氛围笼罩四周。[01] 人们已经结束田间作业，踏上回家之路。外出狩猎的人们步履匆匆赶往县城，但城门已然关闭。一个略显老态的男人被路旁亭吏叫住呵斥道："哪怕你以前是将军，都禁止通行！"[02] 看来男人今晚不得不住在亭驿里了。几乎所有市场都已关闭，活力尚存的只剩下特别开设的乡村夜市。

　　在县级大都市里，主要道路此时已经不能自由通行，人们只能在自己居住的里内活动。不过只要不离开里，散步和吃饭都可随意。在家人齐聚的时刻，各家各户都燃起柴火。为了让整个白天都在工作的人能洗个热水澡，家人正在准备热水。如果没有水或火源，只要敲敲隔壁的门就好。[03]

　　住在同一乡里的人们并非都能友好相处。"朋而不心，面朋也；友而不心，面友也。"[04] 有些人在聚落里共同营生，其实只是表面上的朋友或熟人。向各家屋内张望一番，家人们正围坐在柴火四周，聊天的话题之一就是人际关系。

　　根据当时的礼法，家人之间同样男女有别，不但不能同席，还不能共用衣架、梳子和毛巾。尤其是弟弟和嫂子之间，连互相问候平安都不被允许，必须时时刻刻警惕周围人的疑神疑鬼。此外，人们既不会把外面谈论的事情带回家中，也不会把家庭内的话题传到外面。[05] 但实际上，在人数较少的小家庭中，男女经常混坐在一起，共同讨论家庭内外的种种事项。

人们的争执

当时，人际关系出现裂隙的原因之一是价值观不同。有人占熟人便宜、挥霍公款；有人看淡利益坚持信念；有人不惜违法帮助家人；有人宁丢官帽也要为朋友两肋插刀；有人远离世俗与权力；有人只顾打架不顾命令；有人广施恩惠博得人心[06]……人们怀着各自的信念，不时发生冲突。多元价值观的共存问题不是现代社会才出现的。

为了让这样的社会安定下来，一定的秩序是必要的。因此孟子说：君子对禽兽草木要怀慈悲之心（爱），对民众要怀体贴之心（仁），对家人要怀亲切之心（亲）。但是实际情况并没有这么简单，一些不痛不痒的事情也会导致欺凌。让我们来看看战国末期秦国的一份判决书。[07]

以甲为首的二十名里民将同里的丙告到县衙："丙有'宁毒言'（祈求灾厄降临到别人头上）的行为，我们不想和他一起吃饭，所以来这里告状。"官员转而询问丙，得到如下供述："我的外祖母曾因同样的罪行，三十多岁时被赶出里。我家举行祭祀时，即使发出邀请，甲他们也不来。同时，他们举行祭祀设宴时，也没有招待过我。在里的祭祀活动上，大家集体聚餐，他们也不愿意和我坐在一起。无论是甲他们，还是其他人，都不想和我一起吃饭。然而，我绝对没有作恶，也没有犯其他罪。"这里提到的"宁毒言"源于当时的巫术信仰，人们害怕口出恶言、诅咒别人的人，也有说法认为人们偏信当时的楚人携带病毒，怕被飞沫传染。不过总而言之，我们可以从这个故事中看到被人排挤的男人内心的悲哀。

正如当时的俗语所言："千人所指，无病而死。"[08]严重的排挤和欺凌必然会带来悲剧。即使发生争执，由于禁止暴力，也只能一状告到县或乡。当时的人们原本就可以佩剑，进行一对一的决斗，有些人家还备有弓弩。[109] 东汉的明器中也发现了佩剑的农夫像。因此争执经常容易发展成互砍互伤。

家人之间也可能争吵起来，当时有谚语称："虽有亲父，安知其不为虎？虽有亲兄，安知其不为狼？"[110] 不过一旦忽视了长幼关系，就会被处以重罪。例如战国时期秦国的法律规定，殴打曾祖父母将会受到"黥城旦舂"的惩罚。"黥"指文身，"城旦舂"则是从事重体力劳动的刑罚。即使家中奴隶态度恶劣，也不能仅凭家族意见就杀掉他，杀奴隶必须仰赖县衙长官的裁决。[111] 结束一天的工作回到家中，等待自己的并不一定是幸福的时光。正因为大家必须在同一屋檐下面对面生活，所以既可能是阖家欢乐，也可能是痛苦煎熬。

笔者想顺便举个唐代的例子：张公艺是拥有九代人的大家族的家长，皇帝询问他管理家族的秘诀，结果他默默写下了一百个"忍"字，连皇帝都不禁落泪。[112] 无论时代如何不同，凝聚大家族的工作都是万分艰难的。

婆媳问题自古有之

汉代的女性与现代相同，时常为婆媳关系与夫妻关系所扰。首先来说婆婆和媳妇，两人原本没有血缘关系，却要在同一个家中低头不见抬头见，如果不能融洽相处，便会陷入地狱模式，无处可逃。

有个女人这样对丈夫感叹："我十三岁学会织布，十四岁学会缝纫，十五岁学会箜篌，十六岁能吟诵《诗经》和'四书'，十七岁成了你的妻子，内心却总是感到悲伤。你当了官，一心扑在工作上，完全不为我着想。我守在空荡荡的房间里，连和你见面的机会都没有。早上公鸡一打鸣，我就开始织布，不休不眠，三天织出了五匹布，可婆婆还是嫌我太慢。"[113] 婆媳问题在任何时代都深刻难解。

当然，并非所有婆媳关系都不融洽。汉代有个叫周青的儿媳十分孝顺婆婆，结果婆婆认为自己已经一把年纪，不能继续给年轻人添麻烦，于是自杀身亡。[14]虽说故事以悲剧结尾，却可见其中亲密的婆媳关系。

此外，还有寡妇以死相挟，拒绝婆婆让她再婚的劝告，照顾婆婆长达二十八年。[15]河南郡乐羊子的妻子也因对婆婆尽孝而闻名，别人家的鸡误闯自家院子，看到婆婆把鸡杀了吃肉，乐羊子的妻子哭道："都怪我们没有钱，才让娘去吃别人家的鸡。"于是婆婆就把鸡肉扔了。后来强盗闯入家中，她挺身守护婆婆，最终自杀，强盗也因此逃走。[16]

有尽心照顾婆婆的儿媳，也有为儿媳着想的婆婆。有个婆婆要给娘家的祭祀帮忙，交代了傍晚回家后便离家而去。其实还没到傍晚时，她已经回到了村子附近。但当天是祭祀的日子，留在村中的儿媳正在宴会的热闹之中。为了让儿媳放松享受，她特意在村外打发时间直到傍晚。[17]

如上所述，婆媳关系良好的例子同样存在。不过这些怎么看都是个案，因此才在史料中大书特书。而且在汉代，儿媳哪怕只是对公婆言辞激烈都会被判斩首，即使想要状告婆婆，官府一般也不会受理。[18]

走向破裂的夫妻关系

问题不仅限于婆媳关系。重要的夫妻关系也会因为倦怠期的到来而产生裂隙。有的妻子称丈夫为卿，遭到丈夫拒绝，结果妻子说："亲卿爱卿，是以卿卿；我不卿卿，谁当卿卿？"[19]——我因为爱你才叫你卿，如果我不叫，还有谁能叫呢？当时有言：爱忘事的人，搬家时连妻子都会落下。[20]这怎么听都是在开玩笑，却也能一窥家庭生活给男性带来的苦恼。

有的父亲擅自决定了女儿的亲事。妻子一抱怨，他便放言道："此非儿女子所知也。"[21]俨然是大男子主义的典型。战国时期的列子生活贫困，君主有一次向他赠送礼物，竟然被他拒绝。妻子捶打着列子的胸口一个劲儿抱怨，结果列子说：这是主君听人言才送来的礼物，背后必有隐情，所以不能接受。[22] 列子自始至终贯彻信念的形象令人佩服，但是站在妻子的角度来看，信念什么的无关紧要，还是收下礼物补贴家用更加实际。

夫妻不和的原因还有很多。例如西汉的朱买臣年轻时穷困潦倒，经常一边卖柴火一边出声读书，简直就像日本的二宫金次郎[23]。妻子嫌弃丈夫无法出人头地，只会用难听的声音读书，最终提出离婚，而朱买臣也接受了这一现实。[24]

出轨也是夫妻关系破裂的原因之一。如前所述，当时无论男女都会搭讪，并不考虑对方是否已婚，因此也容易发生出轨现象。特别是一些游手好闲的丈夫或男友。有的丈夫将生下孩子的妻子扔在一边，对别的女人示好，[25] 这也让妻子开始对规矩产生疑惑，丈夫如此不诚实，为什么还必须管丈夫叫"君"，管丈夫的男性亲戚叫"兄"呢？[26]

也有忍耐力强的女性。有个女人一大早正在织布，看到出轨的丈夫回来，便专门为丈夫准备早饭，看样子是打算继续相安无事地过日子。[27] 不过这样的女性实在少见，更多的女性都苦于类似的问题："借问倡楼妾，何如荡子妻？"[28] 那么，妓院里的女人和花心男人的妻子，到底哪个更幸福？

当然，女性当中也有背着丈夫找其他男人的。[29] 曾有两个男人为了一个女人发生争执，最后发展成伤害案件。[30] 汉代有个男人就是如此，他与已婚女人发生关系，结果被女人的丈夫砍伤了脸。[31] 此外还有蛇神与已婚女人同床共枕，结果被女人的丈夫杀死的传说。[32] 让人分不清是蛇神更可怕，还是人类更可怕。有的女人在丈夫或公婆的葬礼中与其他男人发生关系，地点就在棺材旁边，不过在当时的法律中，女性出轨只有在被抓现行的情况下才会定罪，因此当事人都拼命否认自己的行为。[33]

根据近年来的研究，一个人是否会出轨可能与遗传基因有关，所以无论强调善恶、加强惩罚，都很难根除这一现象。[34]也就是说，我们不能将出轨简单地视为道德或伦理问题。古代中国的出轨现象从未消失，人们始终在这一问题上彼此怀疑。

即使是正直的男性，也无法回避单身赴任时四周怀疑的目光。有个男人在单身赴任期间衣服破了，自己不会缝，委托邻居的妻子帮忙缝补，却引来了对方丈夫的怀疑。[35]还有个男人仅仅因为在邻居的母亲去世时流泪，[36]就被怀疑两人曾有不正当关系。无论古今，周围人的视线永远是个大麻烦。明明不了解实情，却用自己狭隘的价值观妄加推测，这样的人在如今的社交媒体上依旧广泛存在。

有对夫妻白天去庙里参拜，妻子祈祷无病无灾，并希望能织出一百束麻织物。丈夫觉得愿望太小，妻子却说："要是再富裕点儿，就怕你要买妾了。"[37]就算是夫妻，保持相互信任也是很难的。

不孝与离婚之间

经历了诸多问题，离婚的话题最终被搬上桌面。到了这一步，有的丈夫开始对妻子暴力相向。如果妻子凶暴，丈夫可能会以此为由鞭打妻子，并且无罪；[38]但妻子殴打丈夫则属犯罪。[39]由此可以看到明显的男尊女卑思想。

如今我们也常听到类似的话，说离婚比结婚更难。"离婚"一词是在魏晋时期出现的，但这一现象在之前就已存在。离婚的理由多种多样。一份史料显示，夫妻二人不同的价值观导致离婚，财产分配引发问题，为了离婚，两人必须共同前往官府提出申请，否则就会被罚上缴两副护甲。[40]

离婚在法律上称为"弃妻"，该词也可称呼离过婚的女性。一旦离婚，两人就形同陌路。如果男方当晚强暴女方，则以强奸罪论处。[41]

为了避免在离婚后陷入贫困，有的女性会事先积攒私房钱。战国时期，有个人曾经劝告即将出嫁的女儿，一定要偷偷攒私房钱，结婚后被赶出家门实属常事，白头到老并不多见。后来这个姑娘遭到婆婆怀疑，最终离婚，但手头的财产已经攒到了原来的两倍。[42] 故事真伪不明，但十分合理。

那么，什么样的情况可以离婚呢？首先，有三种情况是不能和妻子离婚的：第一，妻子已经失去娘家人，没有其他地方可去；第二，公公婆婆去世时，妻子曾经恭敬服丧；第三，妻子曾经和丈夫共度困境，而丈夫却不愿与妻子共富贵。[43] 在上述三种情况下，就算丈夫想和妻子离婚，也很难得到周围人的认可。

与此相对，有七种情况是可以离婚的：第一，没有孩子；第二，妻子淫乱；第三，妻子不顺从公婆；第四，妻子多嘴多舌；第五，妻子有盗窃的癖好；第六，妻子嫉妒心强；第七，妻子体弱多病。此外，妻子对丈夫有失礼貌也是离婚的重要原因。[44]

没有孩子这点尤其重要，就算妻子容貌美丽，气质端庄，打理家业也十分热心，可一旦没有孩子，两人离婚的可能性还是很高。[45] 三国时期的曹植也曾咏诗道："拊心长叹息，无子当归宁。有子月经天，无子若流星。"[46] 结婚的目的原本是为夫家留下子孙后代，离婚时争夺孩子抚养权的现代常事其实并没有太长的历史渊源。

儒家思想中有五大"不孝"，一为不孝顺父母、怠惰，二为争强好赌、嗜酒，三为奔走挣钱只顾妻儿，四为随心所欲以至让父母蒙羞，五为因发生争执将父母置于危险境地。[47] 对于当时的人们来说，无论拥有多少土地，娶到多么美丽的妻子，甚至当上天子，都必须得到父母的欢心才有意义。其中，没有后代是最大的不孝。从医学上看，不孕不育的原因当然不一定在妻子，但当时的人们大多会把责任推向妻子一方。

走向再婚

离婚的例子还有很多。东汉有个叫邓元义的人,父亲邓伯考是政府的高官。一次邓元义回乡,将妻子留在家里照顾婆婆。但是婆婆态度恶劣,将儿媳关在屋内,连吃的都几乎不给。听闻此事的邓伯考让儿媳离婚回家,不久后,这个儿媳就与别的政府高官再婚了。[48]

与上述故事相反,有时是由妻子提出离婚的。西汉淮南王的太子三个月都没有与太子妃同床共枕,[49] 两人最终离婚,提出者正是女方,或许也合了男方的意。有个妻子因为丈夫出轨而怒火中烧,感叹"男儿重意气,何用钱刀为"[50],愤而离婚。还有的妻子身体不适,回到娘家长期休养,最后离婚。[51] 派驻长城守边的人需要将妻儿留在家中,但由于时间过长,有的丈夫甚至劝妻子另嫁他人。[52]

女性再婚的难度很高。若妻子能够忍受性格或行为存在问题的丈夫,或者在丈夫死后仍不改嫁,则被视为美德。[53] 不过也有例外,例如西汉功臣陈平的妻子此前四次婚姻,一结婚丈夫就死,第五次结婚才遇到终身伴侣陈平。[54] 对于平民来说,比起儒家礼仪,还是维持生计、子孙满堂更加重要。

总而言之,阖家欢聚也好,全家会议也好,都差不多该结束了。一两个小时太过短暂,但太阳已经落山,周围越来越暗。如果没有照明用品,也没钱购置,那么接下来就只能准备睡觉了。

第十三章

睡前准备
晚上七点

古代中国的二十四小时 ◇ 秦汉日常生活指南

灯下辛劳的女性

　　有的夫妻齐心协力埋头干农活直到半夜，[01] 但夜色昏暗，手边脚边都一片模糊，还是适可而止，尽快回家为好。这一时间段又称"夜食""夕食"，一日三餐的人正在吃第三顿饭。不过穷人家里没有照明，已经准备要睡觉了。

　　有的女性此时仍未回家，在地里加班加点。而且当时不少女性和丈夫一起干完农活儿后，还要织布、照顾孩子、给家人做饭，每天忙里忙外。她们兼顾多项工作的能力并非生来就比男性强，[02] 一切都是锻炼出来的。丈夫的衣服一般都由妻子来做，[03] 因此农忙期的妻子简直不堪重负。正如诗中所咏，"寒妇晨夜织""寒机晓犹织"，有些女性直到深夜都在织布（图13-1、图13-2）。[04]

　　在暗下来的房间里，继续工作需要照明。宫殿级别的建筑中有精雕细琢的灯饰，甚至可以调节光的强弱。让我们来看看刻有"阳信家"铭文的灯，应该是与汉武帝的姐姐阳信公主相关的物品（图13-3）。这类灯属于皇室相关人员往来时的礼物，每一个部件都刻有细小的铭文和数字，乍一看像是由匠人独创的孤品，但其实每一个部件都为批量生产，最后通过组装来创造出独有的气质。[05]

　　在这样的灯里放入燃料，滴入兰花精油，整个房间就会溢满香气。[06] 燃料以油（可能是牛油）为主，价格高昂。贫穷的人们会买来

◇图 13-1　汉　织锦绣绢针黹盒（甘肃省博物馆藏）

◇图 13-2　汉　纺线锭、缠线板（甘肃省博物馆藏）

第十三章 ◇ 睡前准备 ◇ 晚上七点

一尺（约24厘米）长的荻枝折断后点燃，类似蜡烛的东西当时也已经出现。[07]

正如当时的诗中所咏："贫穷夜纺无灯烛。"[08]这样的照明费用绝对不是一笔小数目。

聚落中的女人加班时都聚集到一个大房间里织布，这样可以节省照明费用。[09]当然，参与的女性并非每人都有准备照明设备的余力，这也会成为争执的源头，[10]为了防止矛盾的发生，大家必须想办法通力协作，但还是有女性陷入游戏理论中所谓的"囚徒困境"。

◇图13-3　汉　长信宫灯
（河北省满城汉墓出土，河北博物院藏）

尽管抱有种种分歧，但女性还是会结成独立的社交关系，由年长者向年轻人传授技术。贵族女性如果"十三能织素，十四学裁衣，十五弹筸篌，十六诵诗书"，就已非常出色。[11]

женщины之间还会结成其他互助组织，共同出钱举办葬礼。这类互助组织称为"单"，与宗族和里人等并不完全重合。[12] 在这类组织里支出的金钱相当于现代日本的互助会费或町内会费，虽说组织起来确实有些麻烦，但是在紧急情况下可以救急。在容易受到战乱和天灾影响的古代中国社会中，这是一份不可或缺的保险，也是女性之间必须保持良好关系的理由。

给心上人写信

到了这个时间，有的女人开始给出差在外的恋人或丈夫写信。说是写信，但由于当时纸张尚未普及，用的一般都是中药包装纸。木简、竹简和绢织物等都是人们用来记录文字的载体。

一位贵妇人让侍女点上灯，正在写信。[13] 她满心希望对方能够尽快回信，在末尾写上了"匆匆"（并非"匆匆"），意为"请尽快回信"，但是南北朝之后，"匆匆"的原意就已被人们遗忘。[14] 就像现代人使用"敬启"等词一样，也已经不知道原本的含义。

并非所有女性都会写字。哪怕是上流阶级出身的女性，最优先的学习事项也是制衣，如果以学问为重，则会遭到责骂。[15] 如前所述，当时的女性到了十六岁能读书就已十分出众，在那之前，女性必须先在织布和音乐上达到独当一面的水平。因此很多女性的书信都是由他人代笔的。

私人信件还是委托朋友寄送为好。国家虽然也有邮政设施（邮），但都是用来给中央和地方官府之间传递诏书等信息的，不能将私人信件托付给那里的邮递员。[16] 如果想给单身赴任的丈夫寄信，最好找到即将奔赴同一地方的人帮忙带过去。唐代曾有使用信鸽的记录，[17] 但在秦汉时期，信鸽尚未出现。

就算寄出信件，也不知道对方能不能收到。就算顺利收到，也不知道回信究竟会在几个月后到来。在这样的条件下，信件的重要意义是现代无法比拟的。

洗澡睡觉

加班加得差不多，该准备睡觉了。太阳沉入地平线以下，四周被黑暗包围，连擦肩而过的路人模样都已看不太清。日本自古以来就有询问路人"你是谁"的习惯，并由此将太阳刚落的时间段称为"誰そ彼"（对面何人），真是绝妙。

此时在城外行走极其危险，在城内通行也受到限制，因此路上几乎看不到普通百姓。农民已经停下手中的活儿，顺着各家各户的烟火踏上回家的路，有的孩子还在家门前等待父母。[18] 旅人也已停下脚步，在客栈中登记入住，吃上一口迟来的晚饭。[19] 其他人或是准备睡觉，或是已经进入梦乡。

各家都有在这个时间段里洗澡洗头的人。有人洗完以后头发未干就直接睡觉，[20] 为了避免感冒，还是晾干再睡更好。还有人正泡在浴盆里。而君王的浴盆里哪怕只是进了一块小石头，管理洗澡水的人（尚浴）都会受到惩罚。[21]

洗澡的地方大都在厕所旁边，因此臭气熏天。笔者在前文已经对建筑结构进行过说明。澡房里有水桶，可以盛上热水"哗啦"一下从头顶浇下。由于当时没有厕纸，人们为了保持下半身的清洁，会在排便后来到澡房里用热水清洗，所以厕所和澡房才经常挨在一起。由于气味难闻，当时的澡房与现代的浴室不同，人们并不能在其中放松身心。

洗澡的频率因人而异。正如第六章所述，职业官员住在官舍里，大概每五天回家休假一次。休息日原本是为官员回家洗澡而设，又称休沐、洗沐之日。[22] 不过无论是在战国时期还是西汉初期，都有人攒够几十天假期后再一并使用，每个人的休假方式都不尽相同。[23] 有的官员结清了官舍的住宿费用，却没有提前申请休假，导致一年间都没能休息。[24] 我们很难想象他们能在不洗澡的情况下生活。就算他们自己可以忍受，也会被周围的同事嫌弃。因此"休沐"只不过是休息日的一种称呼，官员在其他时候应该也会在官舍里进行简单的沐浴。

话虽如此，但官员也好，平民也好，一日不落地每天洗澡是不可能的。汉代有部《沐书》，记录了适合洗头的日子。假如汉代人每天洗澡，那么《沐书》这类书籍根本就不会出现。但与此相反的是，贵族很可能每次排便后都要用热水清洗下半身，再换上干净衣服。不过这样的行为称为"更衣"，似乎并不属于正式的沐浴。总而言之，让我们在这里脱掉衣服，赤身裸体地体验一下吧。[25]

那么，终于到了睡觉的时候。正如早上确认的，夫妇之间既有盖同一床被子的，也有分开睡的。侍奉君主的女性持灯走入卧室，熄灯后换上类似睡袍的衣服，等待君主到来。随后，女性会整夜侍寝，直至昭告"鸡鸣"时刻到来的鼓声响起，再离开卧室。[26] 不过正如前文所言，爱说梦话的君主害怕泄露机密，会独自睡觉。[27] 有的皇帝趁这个时间偷偷外出，但我们还是不要跟随了。

外面的空气透过木制的窗框（牖）慢慢渗入，月光也随之照进室内。人们通过木门和窗帘（轻幔、轻帷、瑶帐）的开闭来换气或调整采光。南北朝时期还出现过一种百叶窗（细帘）。[28] 格子状的窗户（房栊）通风良好，却难挡风雨。草原地带的居民住在帐篷（天幕帐篷或蒙古包）里，上方设有采光的小洞，可以随时开闭。窗框上非常适合放置小物件，[29] 有的人家还在上面放鞋。

夜空之下

月光皎皎，丈夫在远方工作，独守卧室的妻子正孤独地望着月亮。

清冷月光映出人们的悲叹与哀伤。魏晋南北朝的诗集《玉台新咏》中有不少恋人和夫妻写给对方的诗歌，经常出现叹月哀月的描写。与此相反，心情愉悦的人们则天真烂漫地赞赏月的美丽。沉醉于每月十五满月之美的人自古以来就不在少数，留下了"三五月如镜""十五正团团"[30]等咏叹。

不止月亮，夜空中的一切都是人们投射现实生活的容器。无论哪个时代，夜空总是随着观察者的心情变化而改变。例如有间卧室里，一个男人正绞尽脑汁劝慰心爱的女子，留下了信誓旦旦的诗句："何用结中款，仰指北辰星。"[31]关于这里的"北辰星"，有人认为是指北极星，也有人认为不是，但总之是指某个一成不变的事物，男人借此表明自己的内心毫无动摇。与此同时，还有诗歌将男女关系比喻为商和参。商星（天蝎座的 α 星）和参星（猎户座三星）相隔遥远，象征远距离恋爱的寂寞。

夜空对于人们来说是不折不扣的异世界，还有人相信天外来客的传说。在古代中国，从天外来的使者很多时候被描述为身穿青色衣衫的少年或青鸟。死者的灵魂或以传说中的昆仑山为终点，或通过昆仑山前往天界。西王母住在昆仑山上，青鸟是她的信使。[32]

此外，人们认为太阳上有三足乌鸦居住，月亮上有兔子和蟾蜍居住（图 13-4）。[33]当时就有学者批判此类想法荒谬至极，但大多数人还是对此深信不疑。[34]不过兔子和蟾蜍之间的关系众说纷纭，有传说称，西王母曾经将长生不老的药赐予一个名叫后羿的人，结果被他的妻子嫦娥偷走喝掉，后来嫦娥逃到月亮上，与玉兔为伴。这些故事毕竟不是事实，诸位可以自由解读。

人们相信月亮和太阳之外的星星也有生命。例如三国时期有一个身穿青衣的六七岁孩子出现在长江畔玩耍的儿童中间，自称"我非人也，乃荧惑星也"[35]，"荧惑"即我们熟知的火星。人们对天外来客的想象亘古未变。

◇图 13-4　汉　日月同辉（画像石拓本，南阳市汉画馆藏）

月夜害怕怪物出现这一点也是古今相同。有人月夜行走，低头看到自己的影子，误以为是妖怪，紧接着又把自己的头发当成了妖怪，没命地向后逃，最后竟然因为过度恐惧而暴毙。[36] 在以《山海经》《列仙传》《神仙传》《搜神记》为代表的文献中，大量神仙和妖怪登场，相似的故事不计其数。不过还是让我们冷静下来，准备睡觉吧。

走向梦的世界

终于到了钻进被窝的时候，然而夏天蚊蝇乱飞，难以入眠。已知魏晋之后蚊帐（葛帏）出现，[37] 但秦汉时期是否有蚊帐尚不明了。另一方面，穷人到了冬天连毛毯都没有，甚至有人抱着狗睡觉。[38] 寒冷果然让人难以入眠。

不过没过多久，人们睡着后的鼻息还是从四处传来。有人进入了深度睡眠，也有人正在做梦。人一般在入睡 70 分钟后进入快速眼动睡眠，一般认为梦境正是在此时发生，但其实睡眠中的其他阶段也可能做梦。[39] 梦的关键在于是否让人愉悦。古代中国人到底都做了什么样的梦呢？

秦汉时期有占卜梦境的书，可以从中一窥梦的内容。[40] 根据书中所说，梦的含义不仅取决于梦的内容，还与做梦的日期和时间段相关。梦的内容千奇百怪，有人梦到自己穿上了黑色毛皮、黑色衣服或戴上了黑冠，有人梦到钻进了蛇嘴里，有人梦到男人变成了女人，有人在梦里走进宫中唱歌，有人看到鸡鸣，还有人身体上长出了草。

假如做了噩梦，就要让神兽伯奇吃掉，让穷奇祛恶。虽然不清楚这些名字到底是指什么样的动物，但至少可以确定长得像穷奇的老虎当时确实存在，就养在皇帝的御苑中。秦汉时期已经有了貘，但应该不会帮人们把梦吃掉。[41]

总而言之，我们的一天即将结束。躺下没过多久，眼皮已经开始打架。第二天早上一睁眼，我们或许就会回到现代，但也可能仍未脱离古代中国的世界，还要继续在这里徘徊。无论如何，我们平凡的日常生活今后也将继续下去。

尾声

走向一日二十四小时史

秦汉时期的日常生活

本书沿着从清晨到夜晚的时间轴，介绍了古代中国，尤其是秦汉时期某一天的生活风景。在"一个可疑的未来人得到皇帝许可，在帝国内散步"的架空设定下，我们就像玩角色扮演游戏一样，在秦汉帝国四处巡游。

在这一过程中，我们看到秦汉时期的日常生活一方面极其独特，另一方面又具备在东亚随处可见的要素。例如用汉字写文章的文人、结发戴冠的男性、使用铜钱做生意的商人和用来计时的漏刻等，古代日本同样也有。甚至到了昭和时代，为了预防结核病，日本还在学校和车站等地放置过唾壶。此外，在现代日本，我们同样能看到如下现象：男性使用"仆"为第一人称代词；正式场合跪坐，放松时将腿散开；吃饱时拍打肚子；用筷子夹食物；吃饭时重视座次；孕妇进行胎教；男女用接吻表达爱情；厕所分为坐式和蹲式。

有些情景与近现代的小说十分相似，让人遐想联翩。松本清张的《砂器》（1961年）中出现过赶走麻风病患者的情节，三岛由纪夫的《金阁寺》（1956年）描写了口吃者的苦恼，仿佛是对秦汉时期关于麻风病患者和口吃者的简单史料补充。当然，将秦汉时期和近现代直接放在一起纯属大脑短路，但是如果不去寻找其中的共通点，反而会显得过于轻视历史视角的想象力。

秦汉时期的生活风景中不仅包含广泛见于东亚史的要素，还包含其他各地区的要素。翻开小说作品，穷人卖掉自己头发挣钱的情节可以在美国作家欧·亨利（O.Henry）的《麦琪的礼物》（1905年）中看到；文盲让识字的人为其读书的情形在德国作家本哈德·施林克（Bernhard Schlink）笔下的《朗读者》（1995年）里格外详细。这类事例不胜枚举。简而言之，暂且不论传播的作用，秦汉时期的日常风景包含了古今东西多种场面的要素。

但是如前所述，秦汉时期的日常风景从整体上看是极其独特的。只要比较现代中国与秦汉时期的中国，或者比较现代日本与秦汉时期的日常风景，就会发现许多不同点。这些文化不仅有相异之处，更重要的是当我们仔细剖析，就会发现每一个文化要素中都有共通的东西，而不同的组合方式会带来巨大的差异。

例如秦汉时期既有蹲式厕所，也有坐式厕所，旁边建有家畜小屋。不少地区的文化都选择使用其中一种，两者共用的地方并不多见。男性将笔别在耳朵上的现象在昭和时代的日本十分常见，官员戴冠的行为同样存在于古代日本，不过戴冠的官员将笔别在耳朵上的情形似乎只存在于古代中国。世界上其他地方也有唾壶存在，君主身旁有近侍服侍也并不罕见，但地位很高的近侍捧着唾壶的画面似乎并不多见。在笔者看来，这些地方渗透出的正是秦汉时期的独特之处。

一切正如用彩色铅笔画画。即使两位画家使用相同的彩色铅笔套装，绘制相同的主题，也极可能画出截然不同的作品，文化也是如此。反之，即使两种文化呈现出完全不同的样貌，各自的构成要素也不见得完全不同。在笔者看来，这正是本书传达的看待日常的方式。因此，对于"秦汉时期的日常生活是什么样子"这一问题，是很难用一句话来概括的。诸位读者合上本书后在脑海里模模糊糊浮现出的画面就是本书的结论。

一切从兴趣出发

正如本书反复提到的，如此描绘出的生活风景不仅限于秦汉时期，在其前后的战国时期和魏晋南北朝时期也几乎没有不同。王朝交替得让人眼花缭乱，英雄辈出，然后又一个个消逝，人们就在这样的过程中不慌不忙地勾勒着平凡的日常风景。本书正是想将其实际情况呈现给诸位。在本书的最后，笔者想就学术背景稍作说明。

说到中国古代史，人们总会聚焦于诸位"英雄"和政治事件。纵观那些专著，既有关注历史制度、经济和文化的，也有介绍考古发掘成果的。如今我们可以从多种视角熟悉中国古代史，但人物史和政治史始终是人气最高的。

不过另一方面，一旦试图走近古代中国的日常生活，我们就会意外地发现，提供系统性内容的一般书籍和专著都不算多。日常史研究的先驱鲁惟一[01]和蒲慕州[02]，着眼于文物的林巳奈夫[03]和孙机[04]，对各种风俗做出说明的彭卫和杨振红[05]，按主题进行分析的王力[06]、渡部武[07]和侯旭东[08]等，都是非常重要的研究者。最近还出现了张不参和宫宅洁等学者关于秦代日常史的概述作品，对秦代简牍的相关内容也进行了研究。[09]但是将汉代的日常史沿着一天二十四小时进行梳理概括，并用通俗语言加以说明的新书，笔者至今仍未见过。[10]

与此相对，在西方历史的研究中，有关日常史的研究已经具备了相当的积累。近年来，阿尔贝托·安杰拉（Alberto Angela）还以此为基础出版了《古罗马人的二十四小时》（中译本书名为《古罗马的日常生活》）。[11]笔者于2010年在书店看到原著，不禁陷入了沉思：笔者长年学习中国古代史，调查经济、法律和社会结构，致力于读遍现存数量并不算少的先行研究，但是读完之后，就能清晰地描绘出古代中国的一天二十四小时史了吗？古代中国的人们早上几点起床，刷不刷牙，会不会醉倒在床呕吐不止？人们会在什么样的厕所里怎样解决内急，晚上穿不穿睡衣，在屋里穿不穿鞋？就连这些问题，笔者都无法立刻回答。

于是，笔者在数年前出版了《中国古代的货币——金钱中的人与生活》（吉川弘文馆，2015年）。此书正如副标题所示，聚焦秦汉时期的货币、市场和日常生活。这是笔者研究日常史的第一步，但范围仅限于与货币和市场相关的事物，因为笔者在那之前的研究领域正是中国古代货币经济史。幸运的是，笔者的经济史研究取得了一定成果，在出版了两部日语专著之外[12]，还担任了欧美相关领域论文集和大学教科书的部分执笔工作[13]。但是，在加深理解整体日常史、尝试描述一日二十四小时史的路上，笔者当时仍处于半途中。每次开始思考"如果穿越到中国古代的世界，会有什么样的生活在等着我"，笔者的脑海中就会不停地涌出新的疑问。

为了解答这些疑问，笔者继续收集日常史的先行研究，不断与更多研究者对话。例如与王子今探讨古代中国的儿童生活[14]，与王仁湘探讨古代饮食[15]，与工藤元男探讨占卜[16]，与韩献博探讨女性史[17]，个别主题已经进入到了深挖的程度。但是，隔靴搔痒的感觉仍然留在笔者心中，总觉得无法整体贯通二十四小时史，只是停留在细小的点上。这样一来，剩下的方法就只有自己一页页翻看史料了。这就是本书最初发出的"提问"。

资料的史料化

就这样，笔者经历了若干年准备，在2016年开设了日常史课程，制作了校内使用的教科书。此后，笔者逐年对内容进行补充，通过在早稻田大学、庆应义塾大学、东京学艺大学、立教大学和帝京大学授课，从不同层次的学生那里接受了丰富的提问，不断将各个问题分析后的结果置于一日二十四小时史中的合适位置，由此获得了许多新的知识。

为了推进研究，笔者穷尽各种可以利用的史料，摒弃了"历史学者只看文献"的狭隘方法。正如法国年鉴学派第一代历史学者所说，历史学是一种用现代视点分析过去的学问，历史学家要利用全部可用的材料研究问题。[18]因此本书不仅使用了所谓的传世文献，更将简牍（木简、竹简等）、图像（画像石、画像砖、壁画）、陶器、明器、石像、遗体、建筑遗址等都作为历史学的材料（史料）加以活用。为了辨明资料的历史背景，笔者还曾屡次奔赴出土地进行现场调查，也就是"基于田野历史学的资料的史料化"。

与此同时，笔者也绝没有轻视传世文献。与格外重视简牍史料的生活史研究者不同，笔者花费数年时间充分而广泛地阅读传世文献，收集了散见其中的与日常史相关的史料。

在收集过程中，笔者在阅读史书和思想类书籍的同时，也不排斥利用小说。古代中国留下了许多关于怪物或妖怪的故事，汉代以后逐渐形成了志怪小说这一文学类型。这类作品的虚构性极强，因此在近现代的历史学研究中很难被视为史料。但是，"以前有一对老夫妇，老爷爷去山里砍柴，老奶奶去河边洗衣"——当你读到这样的描述时，暂且不论这对老夫妇是否真实存在，在故事诞生的那个时代，肯定有人去山里砍柴、去河边洗衣。否则故事从背景开始就已崩坏，读者或听众甚至无法进入具体内容中。在这层意义上，小说完全可以活用于日常史研究。正如年鉴学派的历史学家指出，问题意识对历史学研究最为重要，应该穷尽所有可用之物。

笔者就这样广泛深挖了秦汉时期的日常生活。这一工作极其费时，但是写作体验是迄今为止最有趣的。例如古代中国城里人和乡下人的走路方式是否不同，头发稀薄的人自己作何感想、又如何被社会看待，古代人是否穿睡衣等问题，甚至都不存在值得瞩目的先行研究。

当然，这些问题在大学问家眼里可能只是不言自明的常识。但是，当笔者在东方学会和中国社会科学院共同主办的国际学会上做了关于秃头的报告后，中日双方的许多专家都纷纷给予笔者好评，表示从未听过这类研究。于是笔者将部分主题整理为学术论文[19]，但这样就失去了俯瞰一日二十四小时史的趣味性。因此，笔者决定将需要细致深挖的论点写成学术论文，其他生活风景则另外写成新书。

推动历史的民众

本书粗略描写了古代中国一日二十四小时的日常风景，并希望对中国古代史感兴趣的学生和社会人士也能纯粹地享受其中。此外，笔者也希望本书能为秦汉主题电影、电视剧、漫画和小说的爱好者和创作者提供时代考证上的帮助。

不过，笔者写作本书的目的不仅在于将中国古代史的小知识传递给感兴趣的人们。对知识的探究之心确实是笔者写作的原动力，但是一旦将其变成书籍，就会包含更为丰富的学术意义。《古罗马人的二十四小时》的作者安杰拉是一名记者，而笔者怎么说都算是专门研究东亚史的大学老师，因此在这里，笔者还是想以认真的态度对本书在史学史上的位置稍作说明。否则，大概会有读者误以为本书的意义只是单纯地"将一日二十四小时史的写作思路从西方移植到东方"，"证明西方史学在各个方面都比东方史学更加先进"。其实，东西史学的学术体系是建立在各自关心的问题基础之上的，将西方史学的研究思路原封不动地运用到东方史学研究中，就像将樱花树的枝条嫁接在折断的梅花树上，不可能那么轻松顺利。

至今为止，民众史和日常史问题体系的缓慢形成全都基于马克思主义历史学家、德国社会史研究者、文化史研究者和年鉴学派历史学家的研究，以及与民俗学者和文化人类学者的对话。[20]在此基础上，在中国古代史的领域中，京都学派的学者很早就从各自的视角关注日常史。从内藤湖南到谷川道雄，关于民众之间的关系和共同体的存在方式的论证从未停止。[21]

但马克思主义史学家主要着力于阐明国家与民众之间的对立关系和民众的生产方式。他们一方面关注人民创造的社会结构具备反作用于人民的法则，给人一种疏离感，一方面又保持面向人民的视角，但马克思主义史学所说的"人民"到头来还是与阶级斗争息息相关。

与此同时，谷川在与生产史观保持距离的基础上，描绘了"自主创造历史的民众"的生活状态。这并不意味着民众总能做出正确判断，也不意味着民众永远都是正义的存在。在谷川看来，尽管民众常在五花八门的制约中四处碰壁，但仍然会主动创造共同体。这些生存方式的积累始终在为历史指明方向。

马克思主义与京都学派的思想恰如水与油。不过，两者之间也有若隐若现的共同点，也就是将民众描述为"不断开拓历史的存在，或历史前进的契机"。程度虽有差异，两者却都相信民众的活力。

在这样的问题意识下，以秃头、厕所、痰、口臭、起床时间等为关键词的不值一提的、真实的生活风景，很容易就被置于研究范围之外。"仅仅了解这些事情，是抓不住历史动向的。"

而在研究对象所属的中国，自费孝通开创农村社会田野调查的先河以来，一直保有人类学的传统。[22]1927年，中山大学民俗学会设立，发行会刊《民俗周刊》，人们对民俗学的关注也日益高涨。20世纪80年代，民俗学学会在中国各地出现，[23]加上"满铁调查部"编纂的《中国农村惯行调查》，完全可以呈现出生动完整的农村风景。

但是，中国的人类学和民俗学发展并不稳定，[24]而且研究主要着眼于对现代社会进行阐释，尤其注重其中保留的传统文化和农村风景，对古代少有关注。古代中国的日常生活史曾经是研究上的空白。

时代洪流里的民众之光

打开上述状况的，是记录日常生活的秦汉简牍的发现。欧美学界的鲁惟一和蒲慕州由此开始了日常史研究。这同时也是年鉴学派日常史研究的萌芽，是继承欧美历史学传统的成果。[25]

这里所说的年鉴学派由法国历史学家吕西安·费弗尔（Lucien Febvre）和马克·布洛赫（Marc Bloch）创造，二人是勃兴于20世纪30年代的学术潮流的引领者。他们批判只专注于政治史的传统史学，创作出一部又一部聚焦于民众生活风景的力作，其中以欧洲史居多。鲁惟一和蒲慕州也受到了他们的影响。

但是，初期的日常史研究是以简牍的发现为契机而诞生的，日本虽然也继承了这一潮流，但研究者们一股脑儿地投入对简牍内容的理解中，并未努力尝试将内容发展为综合性日常史研究。[26] 面对这一状况，笔者追求的是更加生动的风景描写。正如德国格言"上帝在细节之中"，笔者尝试在细节上下功夫。

因此通过本书，笔者希望能够以时代背景为基础，解读古代中国人各种行为细节背后的含义。这与克利福德·格尔茨（Clifford Geertz）的解释人类学十分相近。[27] 也就是说，本书并非高高在上论述古代中国的时代样貌、帝国形态和整体文化，而是详细解读古代社会人们的生活细节，尽可能还原纤细的日常风景。笔者关注的不仅是"与国家斗争的民众""遭受虐待的弱势民众""共同承担时代发展的民众"，更是"在庞大的社会洪流中顺流而下并对此毫无自觉的民众"的日常。

这样的研究与继承马克思主义谱系的民众史研究和谷川道雄等人的民众史研究多少有所不同。因为正如前文所述，那样的民众史研究很容易将"与国家斗争的民众"或"遭受虐待的弱势民众"（的忧愤）视作历史原动力。与志向高远的马克思和萨特等人的后继者不同，笔者周围尽是茫然度日的人，而且这样的人在古代中国应该也不在少数。

他们生活得十分努力，却又不可能二十四小时都斗志满满。而且此种"生"的方式与阶级无关，几乎每个人身上都可能出现。就连古代中国的皇帝也无法从早到晚思考江山社稷，他们参加无聊会议时会专心拔鼻毛，上完厕所后会对排便通畅感到十分满意，到了宴会上则沉醉于美女的姿色。笔者的写作目标，是想抱取这些人在日常中的"生"的方式。

这也是对民俗学视角的一种尊重。柳田国男曾写道："从《春秋》的时代起，录于竹帛的历史只限于史官认定的事实。……可以说，史官从一开始就试图将部分历史归于虚无。……在如今搁置一旁的那些历史中，存在着我们想要了解的历史，也就是所谓的史外史。"[28] 但是最终，柳田并没有从事中国古代史研究。而且正如赤松启介批判的，柳田民俗学缺乏对性和黑社会的分析。本书试图直面柳田的愤怒和赤松的批判，彻底做到"资料的史料化"，完成对日常史的解读（不过受篇幅所限，黑社会的问题将另外著书分析）。

如何捕捉"日常性"

以上就是本书在史学史中的定位。由此浮现在笔者脑海中的，是古代中国的人们一成不变的身影。就算把昨天替换成今天、今天替换成明天，再把明天替换成昨天，也几乎没有任何变化。这与笔者自身的经验十分相似，可以将这种日常生活的总体称为"日常性"。

当然，每个人的日常都会出现变化。但是那些变化只不过是微弱的涟漪，"日常性"在其中始终维持恒定状态。对其进行大致把握正是本书的目的。

这样的日常性会因某些事件或意外而出现巨大的崩塌。在个人生活中，就业、生育、结婚、离婚、看护病人、亲友离世等都可能成为崩塌的导火索。正如2020年春天以来的新冠肺炎疫情应该也极大地改变了不少读者此前的日常生活。而正是这些事件和意外的发生，反而更加凸显了"日常性"的存在。

如今，主张"回归日常""转向全新日常"的人之所以会怀念、回忆"日常"或是追求新的安定环境，正是因为他们生活在激烈变化的时代，曾经的日常画面就存在于他们的脑海中。古代中国也一样，"日常性"就潜藏在不断卷土重来的天灾和战争中。古代中国的历史跌宕起伏，只要扎实地阅读史料，反而能从不同的角度捕捉到古代中国的日常性。

性急的读者也许会将这样的思考视为停滞史观，提出"静止的历史没有意义"之类的批评。但是，如果这世上只存在"运动的历史"，那么每天该是多么忙碌啊。其实无论古今，大多数民众都过着一成不变的日子，清晰叙述这一状态也是历史学的重要工作。将其断定为"怀古趣味"或"停滞史观"，只是从狭隘的视野出发看待历史学的结果。

本书并不是笔者研究历史学的终点。此前，笔者已经出版了两部专著，详细论述了"运动的历史"。尽管如此，笔者还要继续执笔本书，正是因为历史原本就是由"运动的历史"和"静止的历史"共同组成的，无论缺少哪一方，都不能完成精确的历史叙述。在这层意义上，笔者的几部著作构成了互补关系。

如此审视历史的方法是费尔南·布罗代尔（Fernand Braudel）提倡的。在布罗代尔看来，历史由种种变化与延续层层堆积起来，只专注于其中一点是不够的。例如在解读现代史时，环境史家会关注近几十年到近百年间的温室效应，讨论其背后的意义；而政治史家则会专注于近几年到几十年间的政权政党变化，分析其转折点给社会带来的影响。但是，同样是现代史，在笔者看来，1980年（笔者出生）、1999年（高中毕业）和2012年（以大学教师的身份自食其力）是笔者最为重要的转折点。而在读者看来，尽管将"柿沼阳平史"和环境史、政治史相提并论是不可理喻的谬论，然而站在笔者的角度，"柿沼阳平史"才是最重要的。因此究竟该重视环境史还是政治史，每个人的看法也不尽相同。观察者的视角决定了历史转折点的位置，"运动的历史"和"静止的历史"也可能因视角不同而发生逆转。这正是所谓时代区分的论争没完没了的理由，但是与此同时，没有时代区分的历史认识也同样不可接受。

　　基于上述思考，笔者尝试将一日二十四小时描写为平凡的日常史，绝不局限于"怀古趣味"或"停滞史观"等概念范围，而是从多角度捕捉中国古代史建立起来的基准。在"日常史"这一层面之外，还有环境史、政治史、经济史和人物史等层面逐一叠加，让我们可以立体地眺望中国古代史。到了这一步，我们才能开始深入地理解历史。从这一点来说，"日常性"的阐明具有重大意义。

　　本书就是在这样的背景下诞生的。写完后回头再看，因为书中概括论述了秦汉时期的日常生活，笔者心中对阶级差、地域差、时代差的研究兴趣也重新涌出。坦白来说，在动笔之初，笔者就预料到会发现这些新角度，并不是事先构想好完全成熟的框架再开始写作的。

　　其实，迄今为止的诸多民众史家和民俗学者一旦关注到某个群体，就会对应到"常民""平民""大众""无产者""底层民众""下层民众""无保障者"等用语中，每次都为其定义烦恼。虽说在没有划定研究对象的情况下无法进行正式研究，但人类本来就千差万别，无法清晰分类才是常态。中国古代史的研究者们长期以来都在不断讨论"什么是贵族""什么是豪族"，"民"这一用语也具有同样的难度。

　　但是正如本书所述，不知该算幸运还是不幸，中国古代史的关联史料是有限的。只要聚焦其中记录日常生活的部分，研究讨论就不会毫无限制地发散。不如干脆下定决心，首先完成概括说明民众日常生活的工作，反而有可能盘活今后的研究。至于古代中国的日常世界中那些尚未捕捉到的部分，今后仍将是笔者的研究目标。在这一层面上，中国古代史研究是一场没有终点的旅行。

后记

本书是笔者的第五部专著。在此前出版的四部专著中,《中国古代货币经济史研究》(汲古书院,2011年)和《中国古代货币经济的持续与转换》(汲古书院,2018年)属于学术作品,《中国古代的货币——金钱中的人与生活》(吉川弘文馆,2015年)和《刘备与诸葛亮——从经济看〈三国志〉》(文艺春秋,2018年)属于大众作品。

本书在体裁上属于"大众读物",应该归于大众类作品,而且叙述方式也与所谓的学术书籍(也就是学术论文的集合)不同。一般的学术论文要先概括相关领域的先行研究,在明确列出现有研究成果的基础上寻找尚未解决的问题,并加以透彻的分析。而本书基于"读者穿越到古代中国(特别是秦汉时期)度过一日二十四小时"的架空设定,采用角色扮演的方式研究古代中国的日常风景,并未遵守"逐一指出与先行研究之间的细微差异并陈述己见"的学术规则。从这一角度来看,本书并不是狭义上的学术作品。

不过,一日二十四小时史的写作灵感虽然来源于安杰拉的古罗马史研究,在中国古代史领域却没有先例,其中还包含许多此前从未被学界正式讨论过的论点。在这一意义上,本书不是对已有研究成果的简单整理。因此,本书虽为大众读物,却附加了详细的注释。因为对于不少读者来说,本书包含了一些相对陌生的内容,其论据来自史料中的各种细微之处，如果没有注释，恐怕仰赖其他途径验证会变得非常困难。诸位若对此有不同意见，也请详细追溯史料赐教，笔者将感激不尽。

笔者在行文中保留了复杂内容的原本样态，同时考虑到学生群体的阅读体验，尽可能采用易懂的文体。书中涉及笔者自己的全新发现，但为了传递日常史的气息，本书并没有回避那些市井话语。不采用高深典雅的文体，减少汉字，保持短句，将历史整理为故事，这些努力都是为了让本书的文体更加简明。这一尝试是否成功，必须听了诸位读者的感想才能知道。

撰写本书对笔者来说是最为愉快的工作之一。尽管已到不惑之年，笔者仍会情不自禁心生昂扬："我难道不是为了创作本书而生的吗？"而能将这份喜悦与诸位读者共享，笔者打心底感到高兴，并一个劲儿地默默许愿：哪怕只有几个人也好，希望读了本书的学生会认为"中国古代史真有意思"。

笔者写作本书的过程中得到了许多人的帮助。

正如前文所述，笔者对古代中国二十四小时史的研究持续了大约十年，在早稻田大学、庆应义塾大学、东京学艺大学、立教大学和帝京大学开设了相关课程。此外，笔者还在熊本县立八代高中和八王子学园都市大学分别面对高中老师和普通市民进行过演讲。2015年和2018年，笔者先后出版了《中国古代的货币——金钱中的人与生活》和教科书《中国古代的日常生活》，尤其后者是在帝京大学八王子校区内的纪伊国屋书店面向学生销售，因此本书的雏形其实已经公之于众。在那之后，笔者不断与其他研究者和学生讨论、答疑，一点点修订、增补。相关课程也意外受到好评，每年在立教大学和帝京大学的听课人数都能超过两百人。与他们之间的讨论和每次课后收到的若干问题不断磨炼着我的思考和表达能力。在此，笔者想向这些课程和演讲的参加者们表达感谢。

本书从多个角度深挖中国古代史，已经远远超出了笔者个人的专业领域。为了最大程度减少叙述中的错误，笔者已经请各领域的专家先行阅读了书稿。其中，笔者要特别感谢水间大辅（中央学院大学教授）、小林文治（早稻田大学长江流域文化研究所招聘研究员）、长谷川隆一（早稻田大学文学学术院助手）、鲛岛玄树和森田大智（两位都是早稻田大学文学学术院在读硕士）。书中可能存在遗留问题，但一切责任全部在我，接下来只能放之江湖，等待后人评述。即使出现错误，也正如中国古代谚语所说，"智者千虑必有一失，愚者千虑必有一得"，"狂夫之言，圣人择焉"，睿智的读者应该会从本书中有所收获。

关于书中图表，笔者得到了多方全力协助。本书的特色之一正是收录了多张图片和表格，其中大半都是笔者多年来访问中国各地拍摄的照片和各家博物馆馆藏文物的照片。其中也有在日本首次公开的内容，背后的交涉花费了相当精力。在此，笔者谨向同意刊登照片的各家博物馆及研究机构表示深深的谢意。在与中国各方的交涉中，除了王震中老师（中国社会科学院学部委员）等相关人士外，良友王博（中国社会科学院古代史研究所助理研究员）和凡国栋（湖北省文物考古研究所研究馆员）也鼎力相助。多年以来的深情厚谊，笔者感念在心。

此外，三杨庄遗址的3D画像和现场照片是由林源教授（西安建筑科技大学建筑历史与理论教研室）提供的。林教授和西安建筑科技大学的相关工作人员与笔者素不相识，却对贸然打去电话的笔者格外亲切，在此谨表感谢。

2020年4月，笔者以工藤元男老师继任者的身份回到了母校，但时值疫情暴发，笔者一时徘徊不前。在那样的境况中，工藤老师发来邮件鼓励笔者，同事李成市老师、柳泽明老师和饭山知保老师也热情相迎，给予笔者或有形或无形的支持，实属笔者之幸。正因为饭山老师以课程主任的身份一手接管了日常工作，笔者才有时间撰写本书。谨向各位老师致以谢意。

最后，笔者想感谢中央公论新社的藤吉亮平和田中正敏，以及良友会田大辅。几年前，正是在会田君的介绍下，笔者得以和藤吉先生共赴酒席，得到了对方的邀请："什么时候把稿子带来吧。"后来笔者终于写出了自己满意的书稿，藤吉先生却已经离职。笔者表示歉意，对方却为笔者介绍了总编田中先生。田中先生不仅全力推动本书的出版，还满足了笔者添加各卷注释的任性要求。后来，笔者还遇到了十分出色的校对者。能够结识这么多理解自己的人，笔者真是用尽了全部运气，再次深表感谢。最后添加一句说明：本书是JSPS科研经费JP21K00913研究成果的组成部分。

柿沼阳平

2021 年 8 月

尾注

引言

[01] 《汉书》卷四十四《淮南衡山济北王传》淮南王刘安条。

[02] 《汉书》卷二十三《刑法志》。

[03] 永田英正，《汉代史研究》，汲古书院，2018年，第113~163页；渡边信一郎，《天空的玉座——中国古代帝国的朝政与仪礼》，柏书房，1996年，第18~104页。

[04] 《文选》卷三张衡《东京赋》。

[05] 《史记》卷九十六《张丞相列传》。

[06] 《史记》卷一百七《魏其武安侯列传》魏其侯条。

[07] 《后汉书》卷九《孝献帝纪》中平六年九月条，李贤注引《汉官仪》。据《汉书》卷六十八《霍光金日磾传》，侍中在皇帝起床前后都侍奉于近前（侍中金日磾只在生病时远离皇帝）。

[08] 《史记》卷一百二十《汲郑列传》汲黯条。本文的解释参照阎爱民、赵璐，《"踞厕"视卫青与汉代贵族的"登溷"习惯》，《南开学报（哲学社会科学版）》，2019年第6期，第139~147页。

[09] 《世说新语·排调》注引裴景仁《秦书》，相关事迹另参见《晋书》卷一百十四《载记》苻坚下苻朗条，《北史》卷九十八《列传》徒何段就六眷条。

[10] 《南史》卷十九《列传》谢裕谷条。

[11] 《太平御览》卷七○三《服用部五·唾壶》引魏武帝《上杂物疏》。

[12] 《史记》卷一百七《魏其武安侯列传》魏其侯条。

[13] 《初学记》卷十一《职官部上》侍郎郎中员外郎第八，注引应劭《汉官仪》。

[14] 《东观汉记校注》卷十四吴良条。

[15] 《玉台新咏》卷一《古乐府诗六首·日出东南隅行》。

[16] 宫宅洁，《中国古代刑制史研究》，京都大学学术出版会，2011年，第114~116页。

[17] 《三国志》卷四十二《蜀书·杜周杜许孟来尹李谯郤传》周群条。

[18] 大庭修,《秦汉法制史研究》,创文社,1982年,第101~164页;石冈浩,《三国魏文帝的法制改革与妖言罪的镇压——古代中国的法制分歧点》,《法制史研究》第59卷,2009年,第1~52页。

[19] 水间大辅,《秦汉刑法研究》,知泉书馆,2007年,第17~36页。

[20] 金秉骏,《中国古代的对外贸易形式——以敦煌悬泉置汉简为线索》,《东方学报(京都)》第91册,2016年,第530~550页。

[21] 梁启超,《中国四十年来大事记》(一名《李鸿章》),《饮冰室合集》专集第二册(三),中华书局,1936年,初版1901年。

[22] 柿沼阳平,《中国古代人与他们的"牵绊"》,《牵绊的历史学》,北树出版,2015年,第2~29页。

[23] Michael Loewe, *Everyday Life in Early Imperial China*, Batsford: B.T.Batsford Ltd, 1968;林巳奈夫,《中国古代生活史》,吉川弘文馆,1992年;王力主编,《中国古代文化常识》,四川人民出版社,2018年;Mu-chou Poo, *Daily Life in Ancient China*, Cambridge: Cambridge University Press, 2018.

[24] 《论衡》卷二《率性篇》。

[25] 原文为"願わくは之を語りて現代人を戦慄せしめよ",句式模仿了柳田国男在《远野物语》中的"願わくは之を語りて平地人を戦慄せしめよ"(但愿我的讲述,能引发平原人的战栗)。——译者

序章

[01] 尾形勇,《中国古代的"家"与国家》,岩波书店,1979年,第80~116页;侯旭东,《近观中古史》,中西书局,2015年,第1~30页。关于先秦时代的姓氏,参照陈絜,《商周姓氏制度研究》,商务印书馆,2007年。

[02] 《汉书》卷八十六《何武王嘉师丹传》王嘉条。

[03] 原文"君の字は",句式模仿了新海诚的动画电影《君の名は》(你的名字)。——译者

[04] 《史记》卷四十八《陈涉世家》。

[05] 《三国志》卷十八《魏书·二李臧文吕许典二庞阎传》文聘条。

[06] 《三国志》卷八《魏书·二公孙陶四张传》张燕条,裴松之注引《典略》。

[07] 《三国志》卷四十八《吴书·三嗣主传》孙休条,永安五年条,裴松之注引《吴录》所载孙休诏。

[08] 《颜氏家训·风操》。

[09] 《汉书》卷五十《张冯汲郑传》郑当时条。

[10] 《汉书》卷八《宣帝纪》元康二年条。

[11] 《汉书》卷五十《张冯汲郑传》郑当时条。

[12] 《汉书》卷七十五《眭两夏侯京翼李传》夏侯胜条。

[13] 《三国志》卷三十六《蜀书·关张马黄赵传》马超条,裴松之注引《山阳公载记》。裴松之认为《山阳公载记》的记载有误,但直呼上司的字确实有失礼貌。

[14] 《颜氏家训·风操》。

[15] 陈梦家,《汉简缀述》,中华书局,1980年,第119页。

[16] 《独断》卷上。后文所提《独断》《西京杂记》均参照福井重雅编,《译注西京杂记·独断》,东方书店,2000年。

[17] 《汉书》卷四十三《郦陆朱刘叔孙传》郦食其条;白芳,《人际称谓与秦汉社会变迁》,人民出版社,2010年,第102~116页。

[18] 《颜氏家训·风操》。

[19] 《乐府诗集》卷四十六《清商曲辞三·读曲歌八十九首》。

[20] 《世说新语·惑溺》。

[21] 《独断》卷上。

[22] 《史记》卷一百《季布栾布列传》季布条。

[23] 晏昌贵,《秦简牍地理研究》,武汉大学出版社,2017年,第286~325页。

[24] 甘肃省文物考古研究所编,《天水放马滩秦简》,中华书局,2009年,第73~76页。

[25] 马王堆汉墓帛书整理小组编,《古地图 马王堆汉墓帛书》,文物出版社,1977年。

[26] 睡虎地秦简《法律答问》(第一八六简)。以下所引睡虎地秦简文本皆参照陈伟主编,《秦简牍合集(一)》,武汉大学出版社,2016年。

[27] 睡虎地秦简《秦律十八种》徭律(第一一五至一二四简)。

[28] 张家山汉简《二年律令》户律(第三〇八简)。

[29] 《韩非子·外储说左下》。

[30] 侯旭东,《近观中古史》,中西书局,2015年,第143~181页;马增荣,《读山东青岛土山屯一四七号墓出土木牍札记——考古脉络、"堂邑户口薄(簿)""邑居"和"群居"》,《简帛》第21辑,2020年,第199~215页。

[31] 林源、崔兆瑞,《河南内黄三杨庄二号汉代庭院建筑遗址研究与复原探讨》,《建筑史》,2014年第2期,第1~11页。

[32] 孙闻博,《走马楼吴简所见"乡"的再研究》,《江汉考古》,2009年第2期,第112~118页。

[33] 西川利文,《汉代的郡县结构》,《文学部论集(佛教大学)》第81号,1997年,第1~17页。

[34] 木村正雄,《中国古代帝国的形成——主论帝国建立的基本条件(新订版)》,比较文化研究所,2003年,第219~827页。

[35] 柿沼阳平,《中国古代货币——金钱中的人与生活》,吉川弘文馆,2015年,第125~128页。

[36] 徐龙国,《秦汉城邑考古学研究》,中国社会科学出版社,2013年,第60~119页。

[37] 现代日本的一级行政区划为1都1道2府43县,"都"和"县"平级,相当于中国的"直辖市/省"。——译者

[38] 宫崎市定,《宫崎市定全集7·六朝》,岩波书店,1992年,第87~115页。

[39] 张家山汉简《二年律令》襍律(第一八二简)。

[40] 《汉书》卷二十八《地理志上》京兆尹条。

第一章

[01] 盐泽裕仁,《千年帝都 洛阳——遗迹与人文、自然环境》,雄山阁,2010年。

[02] 《论衡》卷十一《说日篇》。

[03] 村松弘一,《中国古代环境史研究》,汲古书院,2016年,第165~183页。

[04] 《论衡》卷二《率性篇》。

[05] 原宗子,《"农本"主义与"黄土"的出现》,研文出版,2005年;滨川荣,《中国古代社会与黄河》,早稻田大学出版部,2009年,第144~170页。

[06] 网野善彦、宫崎骏,《〈幽灵公主〉与中世的魅力》,《网野善彦对谈集2·多样的日本列岛社会》,岩波书店,2015年,第213~226页。宫崎骏在制作《幽灵公主》时受到了常绿树林文化论的学术影响。这一文化论聚焦于中国南方,因此《幽灵公主》中的风景与中国古代南方的历史风景十分相似。

[07] 陈寅恪,《桃花源记旁证》,《陈寅恪集·金明馆丛稿初编》,生活·读书·新知三联书店,2001年,第188~200页。

[08] 工藤元男,《搬运大禹的道路》,《中国古代的法、政、俗》,汲古书院,2019年,第5~33页。

[09] 《论衡》卷十一《谈天篇》。

[10] 《松漠记闻》女真条。

[11] 王震中著,柿沼阳平译,《中国古代国家的起源与王权的形成》,汲古书院,2018年,第464~473页。

[12] 《汉书》卷十一《哀帝纪》建平二年六月条。

[13] 董涛,《漏刻与汉代时间观念》,《史学月刊》,2021年第2期,第18~30页。

[14] 《独断》卷下;《说文解字》壶部。

[15] 陈侃理,《十二时辰的产生与制度化》,《中华文史论丛》,2020年第3期,第19~56页。

[16] 《玉台新咏》序。

[17] 《玉台新咏》卷二《弃妇诗一首》。

[18] 《文选》卷二十九傅玄《杂诗》。

[19] 《淮南子》卷十六《说山训》。

[20] 《诗经·国风·鄘风·蝃蝀》;《诗经·小雅·鱼藻之什·采绿》;《荀子·哀公》;《新序》卷四《杂事第四》哀公问孔子曰条;《文选》卷二十八《乐府下》鲍照《放歌行》。

[21] 《汉书》卷四十四《淮南衡山济北王传》淮南王刘安条。

[22] 《汉书》卷八《宣帝纪》地节二年五月条。

[23] 《魏书》卷二十七《列传》穆崇附穆亮条。

[24] 《文选》卷二十四陆机《答张士然一首》。

[25] Tsuyoshi Shimmura, Shosei Ohashi, and Takashi Yoshimura, "The Highest-Ranking Rooster has Priority to Announce the Break of Dawn", *Scientific Reports* 5, 11683 (July 2015).

[26] 《入唐求法巡礼行记》开成三年(公元838年)七月十九日条。

[27] 《韩非子·扬权》;《淮南子》卷二十《泰族训》。

[28] 福井重雅,《汉代儒教的史学研究》,汲古书院,2005年,第5~258页。

[29] 《礼记·曲礼上》。

[30] 睡虎地秦简《封诊式》(第五十至五十一简)。

[31] 淮北市博物馆,《安徽淮北相城战国至汉代大型排水设施发掘简报》,《中原文物》,2010年第2期,第4~12页。

[32] 《玉台新咏》卷五范靖妇《咏灯》。

[33] 《庄子·外篇·天运》;《论衡》卷十六《讲瑞篇》;《入唐求法巡礼行记》开成三年七月十三日条。

[34] Machiko Nakagawa et al., "Daytime Nap Controls Toddlers, Nighttime Sleep", *Scientific Reports* 6, 27246 (June 2016).

[35] 《列女传》卷四《贞顺传·陈寡孝妇》。

[36] 《韩非子·外储说右上》。

[37] 《玉台新咏》卷一《古诗为焦仲卿妻作》。

[38] 《史记》卷十《孝文本纪》裴骃集解引文颖曰。

[39] 《汉书》卷六十四《严朱吾丘主父徐严终王贾传》朱买臣条。

[40] 《汉书》卷一《高帝纪上》。

[41] 宫崎市定，《宫崎市定全集7·六朝》，岩波书店，1992年，第87~115页。

[42] 张家山汉简《秦谳书》案例二十二。

[43] 水间大辅，《秦与汉初县的"士吏"》，《史学杂志》，第120卷第2号，2011年，第180~202页。

[44] 王子今，《秦汉名物丛考》，东方出版社，2016年，第218~229页。

[45] 《列子·天瑞》。

[46] 《说文解字》歹部殣字："道中死人，人所覆也。"

第二章

[01] 睡虎地秦简《法律答问》(第三十至三十一简)。

[02] 《汉书》卷五十八《公孙弘卜式儿宽传》公孙弘条。

[03] 《玉台新咏》卷二潘岳《悼亡诗》。

[04] 《史记》卷七十五《孟尝君列传》；《文选》卷二十二鲍照《行药至城东桥》。

[05] 《文选》卷二十丘迟《侍宴乐游苑送张徐州应诏诗》。

[06] 富谷至，《文书行政中的汉帝国》，名古屋大学出版会，2010年，第50~103页。

[07] 陈伟等，柿沼阳平译，《秦与汉初的文书传递系统》，藤田胜久、松原弘宣编，《古代东亚的信息传递》，汲古书院，2008年，第29~50页；鹰取祐司，《秦汉官方文书的基础研究》，汲古书院，2015年，第203~440页。

[08] 额济纳汉简（E.P.T.52.83）。

[09] 《后汉书》卷三十九《刘赵淳于江刘周赵列传》序。

[10] 《太平御览》卷四百三十一《人事部七十二·勤》引《夏仲御别传》。

[11] 大塚邦明，《老化与高龄者的时间医学》，《日老医志》第50号，2013年，第288~297页。

[12] Samuel E. Jones et al., "Genome-Wide Association Analyses of Chornotype in 697,828

Individuals Provides Insights into Circadian Rhythms", *Nature Communications* 10, Article Number 343 (January 2019).

[13] 《说苑》卷十六《谈丛》。

[14] 《汉书》卷二《惠帝纪》二年春正月条。

[15] 《吕氏春秋》卷二十二《慎行论·察传》。

[16] 鲁迅辑校《古小说钩沉》所收《幽明录》。

[17] 黄朴华主编，《长沙古城址考古发现与研究》，岳麓书社，2016 年，第 90~92 页。

[18] 加藤瑛二，《中国黄河流域古代遗迹的位置环境》，《立命馆地理学》第 14 号，2002 年，第 37~50 页。

[19] 《后汉书》卷一《光武帝纪下》建武十一年八月癸亥条。

[20] 《礼记·内则》；张家山汉简《引书》（第一至七简）。

[21] 《南海寄归内法传》卷第一《八朝嚼齿木》。

[22] 松木明知，《华佗的麻醉药（含长演讲）》，《日本医史学杂志》第 31 卷第 2 号，1985 年，第 170~173 页。

[23] Hui-Lin Li, "An Archaeological and Historical Account of Cannabis in China", *Economic Botany* 28, no.4 (October–December 1974), 437~448.

[24] Hongen Jiang et al., "Ancient Cannabis burial shroud in a Central Eurasian Cemetery", *Economic Botany* 70 (October–December 2016), 213~221.

[25] 《大正新修大藏经》卷十六经集部所收东汉安世高译《佛说温室洗浴众僧经》。

[26] 闻一多，《释龋》，《闻一多全集》第二卷，大安株式会社，1967 年，第 557~558 页。

[27] 《汉书》卷八十《宣元六王传》淮阳宪王刘钦条。

[28] 《白氏长庆集》卷十《感伤二·自觉二首》、卷二十三《律诗·病中赠南邻觅酒》；屈首元、常思春主编《韩愈全集校注》，四川大学出版社，1996 年，第 125 页。

[29] 《史记》卷九十六《张丞相列传》。

[30] 《后汉书》卷十《皇后纪上》明德马皇后条，李贤注引《方言》。

[31] 《长沙马王堆一号汉墓古尸研究》，文物出版社，1980 年，第 29 页。

[32] 工藤元男，《占卜与中国古代社会——以出土文献为证》，东方书店，2011 年，第 2~67 页。

[33] 《韩非子·内储说下》；《太平御览》卷一百八十五《居处部十三·屏》所引《汉官典职》。

[34] 《曹操集》文集卷三《与诸葛亮书》。

[35] 《太平御览》卷二百一十九《职官部十七·侍中》引应劭《汉官仪》。

[36] 以下关于男性发型和秃顶的内容，参照柿沼阳平，《中国古代秃头考》，《中国文化的统一性与多样性》，汲古书院，2022 年，第 451~488 页。

[37] 原田淑人，《增补汉六朝的服饰》，东洋文库，1967 年，第 65~98 页、第 105~116 页。

[38] 阎步克，《服周之冕——〈周礼〉六冕礼制的兴衰变异》，中华书局，2009 年，第 159~202 页。

[39] 林巳奈夫，《汉代的文物》，京都大学人文科学研究所，1976 年，第 59~74 页。

[40] 《独断》卷下。

[41] 福井重雅，《中国古代儒服诠议》，《早稻田大学大学院文学研究科纪要》第 4 分册，2005 年，第 61~76 页。

[42] 武田佐知子，《古代国家的形成与服装制度》，吉川弘文馆，1984 年，第 129~182 页。

[43] 《韩非子·外储说左上》。

[44] 《史记》卷八《高祖本纪》。

[45] 《独断》卷下。

[46] 《续汉书·舆服志下》帻条。

第三章

[01] 柿沼阳平，《岳麓书院藏秦简译注——〈为狱等状四种〉案例七识劫冤案》，《帝京史学》第 30 号，2015 年，第 193~238 页。

[02] 柿沼阳平，《中国古代货币经济史研究》，汲古书院，2011 年，第 283~307 页。

[03] 《后汉书》卷六十七《党锢列传》檀敷条。

[04] 《玉台新咏》卷五庾丹《秋闺有望》。

[05] 林巳奈夫，《汉代的文物》，京都大学人文科学研究所，1976 年，第 1~45 页。

[06] 《太平御览》卷六百九十五《服章部十二·袴》引谢承《后汉书》。

[07] 《韩非子·五蠹》。

[08] "褐"作为比较简易的衣料见于各处，有毛织物说、麻织物说和毛毡说。但睡虎地秦简《秦律十八种》金布律（第九十至九十三简）记录"大褐一"的原料为"枲十八斤"，可知当时的褐为麻质。

[09] 张家山汉简《二年律令》金布律（第四一八至四二〇简）。

[10] 《文选》卷二十四曹植《赠白马王彪》。

[11] 《文选》卷二十三潘岳《悼亡诗》。

[12] 黄正建,《走进日常》,中西书局,2016年,第197~201页。

[13] 《续汉书·五行志五》人痾条,注引《风俗通义》。

[14] 参见《搜神记》卷十四第一五八话,当时人们认为,崇尚胡服胡器,是戎狄入侵中原的先兆。以下所引《搜神记》(二十卷本)内容与编号参照李剑国辑校,《搜神记辑校 搜神后记辑校》,中华书局,2019年。

[15] 《史记》卷一百一十七《司马相如列传》。

[16] 睡虎地秦简《秦律十八种》司空律(第一三三至一四〇、第一四七至一四九简);《汉书》卷五十一《贾山传》。

[17] 《礼记·王制》。

[18] 《论衡》卷十二《谢短篇》。

[19] 早稻田大学简帛研究会(谷口健速、柿沼阳平负责),《尹湾汉墓牍译注(1)》,《中国出土资料研究》第13号,2009年,第263~324页。

[20] 《说苑》卷七《政理》。

[21] 《说苑》卷四《立节》。

[22] 原田淑人,《增补汉六朝的服饰》,东洋文库,1967年,第22~23页。

[23] 《史记》卷七《项羽本纪》。

[24] 《韩非子·外储说左上》,另参见《白虎通义》卷九《衣裳》。

[25] 原田淑人,《增补汉六朝的服饰》,东洋文库,1967年,第57~63页。

[26] 《汉书》卷六十五《东方朔传》。

[27] 《文选》卷二十四潘岳《为贾谧作赠陆机》。

[28] 《晋书》卷二十五《舆服志》。

[29] 《晋书》卷二十五《舆服志》。

[30] 福井重雅,《中国古代儒服诠议》,《早稻田大学大学院文学研究科纪要》第四分册,2005年,第61~76页。

[31] 原田淑人,《增补汉六朝的服饰》,东洋文库,1967年,第155~159页。

[32] 《吕氏春秋》卷二十五《似顺论·分职》。

[33] 《玉台新咏》卷一《古乐府诗·日出东南隅行》。

[34] 《说苑》卷七《政理》。《晏子春秋》卷六《内篇杂下》中有几乎同样的内容,只不过喜欢男装贵妇的由"景公"变成了"灵公"。

尾注

[35] 《玉台新咏》序、卷一枚乘《杂诗》。

[36] 秋田位于日本东北部,被日本人视为美女频出之处。——译者

[37] 《玉台新咏》卷五沈约《少年新婚为之咏》。

[38] 《史记》卷八十六《刺客列传》。

[39] 《文选》卷二十三阮籍《咏怀诗》。

[40] 《荀子·君道》;另见《韩非子·二柄》,此处为"楚灵王"。

[41] 《春秋左氏传》昭公二十八年。

[42] 《世说新语·惑溺》刘孝标注引《粲别传》。

[43] 《吕氏春秋》卷十四《孝行览·遇合》。

[44] 《淮南子注》卷十八《人间训》高诱注。关于气味与香料,也可参考狩野雄,《香气的诗学——三国西晋诗歌的芳香表现》,知泉书馆,2021年。

[45] 《列女传》卷三《仁智传·魏曲沃负》。

[46] 《后汉书》卷十《皇后纪上》和熹邓皇后条。

[47] 《东观汉记校注》卷十二马廖条;《后汉书》卷二十四《马援列传》附马廖条。

[48] 《搜神记》卷十四第一七○话。

[49] 钱熙祚校订,《汉武帝内传》,守山阁丛书所收。

[50] 《东观汉记校注》卷六明德马皇后条。

[51] 《东观汉记校注》卷十二马廖条;《后汉书》卷二十四《马援列传》附马廖条。

[52] 湖南医学院主编,《长沙马王堆一号汉墓古尸研究》,文物出版社,1980年,第51~62页。

[53] 《汉书》卷八十七《扬雄传上》;《晋书》卷二十七《五行志上》;《三国志》卷五十三《吴书·张严程阚薛传》薛综条;《太平御览》卷三百七十三《人事部一十四·发》引谢承《后汉书》。

[54] Zhang Bing et al., "Hyperactivation of Sympathetic Nerves Drives Depletion of Melanocyte Stem Cells", *Nature* 577 (January 2020), 676~681.

[55] 《韩非子·显学》。

[56] 《后汉书》卷三十四《梁统列传》附梁冀条,李贤注引《风俗通义》。

[57] 《庄子·外篇·天运》。

[58] 《诗经·国风·卫风·硕人》。

[59] 《释名》卷四《释首饰》黛条。汉代贵妇人的墓(长沙马王堆一号墓)曾出土大小镜子,

以及五个小盒、一件用来擦镜子的"擦"、两把木梳、三个刷毛、一根角制簪子、一把镊子等，证明汉代就有镊子。另参考《事物纪原》卷三画眉条。

[60] 《玉台新咏》序。

[61] 《玉台新咏》卷一《汉时童谣歌》、卷六费昶《咏照镜》。

[62] 《释名》卷四《释首饰》;《中华古今注》卷中;《事物纪原》卷三妆条;《博物志校证》卷四物类;《太平御览》卷七百一十八《服用部二十一·粉》引《续汉书》。

[63] 村泽博人,《脸的文化志》,讲谈社, 2007 年, 第 33~36 页。

[64] 《淮南子》卷十七《说林训》。

[65] 《玉台新咏》卷七皇太子（南朝梁简文帝）圣制乐府三首《艳歌篇十八韵》。

[66] 《玉台新咏》卷八刘孝威《鄀县遇见人织率尔寄妇》;《汉书》卷七十六《赵尹韩张两王传》张敞条。

[67] 《释名》卷四《释首饰》。

[68] 《玉台新咏》序。

[69] 工藤元男,《中国古代文明之谜》,光文社, 1988 年, 第 160~163 页。

[70] 《后汉书》卷八十六《南蛮西南夷列传》。

[71] 《诗经·国风·邶风·旄丘》,《小雅·鱼藻之什·都人士》。

[72] 《庄子·内篇·德充符》。

[73] 黄正建,《走进日常》,中西书局, 2016 年, 第 1~11 页。

[74] 小寺智津子,《玻璃中的古代东亚》,同成社, 2012 年。

[75] 《搜神记》卷十四第一七一话。

[76] 冈村秀典,《镜子中的古代史》,岩波书店, 2017 年。

第四章

[01] 《史记》卷九十二《淮阴侯列传》。

[02] 《文选》卷五十三嵇康《养生论》。

[03] 《新序》卷一《杂事第一》晋平公浮西河。

[04] 《史记》卷八十九《张耳陈余列传》附张敖条。

[05] 《汉书》卷四十四《淮南衡山济北王传》淮南王条。

[06] 《白虎通义》卷三《礼乐》。此外《庄子·内篇·逍遥游》有一日三食，但出自两日一晚的野外旅行故事。

[07] 《文选》卷十九束晳《补亡》。

[08] 《说苑》卷四《立节》。

[09] 《汉书》卷六十六《公孙刘田王杨蔡陈郑传》车千秋条。

[10] 《盐铁论》卷六《散不足》。

[11] 《庄子·内篇·人间世》。

[12] 《庄子·内篇·人间世》；《初学记》卷三《岁时部·夏第二》所引《邺中记》。

[13] 《吕氏春秋》卷十二《季冬纪》；《论衡》卷十七《是应篇》。

[14] 《玉台新咏》卷一《古乐府诗·陇西行》。

[15] 《颜氏家训·治家》。

[16] 《庄子·内篇·应帝王》。

[17] 《论衡》卷十六《商虫篇》。

[18] 篠田统，《中国食物史研究》，八坂书房，1978年，第3~35页。也可参考林巳奈夫，《汉代的饮食》，《东方学报（京都）》第48号，1975年，第1~98页。

[19] 《后汉书》卷八十三《逸民列传》井丹条。

[20] Houyuan Lu et al., "Millet Noodles in Late Neolithic China", Nature 437 (October 2005), 967~968.

[21] 西嶋定生，《中国经济史研究》，东京大学出版会，1966年，第235~278页。

[22] 篠田统，《中国食物史研究》，八坂书房，1978年，第3~35页。

[23] 《续汉书·五行志一》。

[24] 佐藤洋一郎，《饮食中的人类史》，筑摩书房，2016年，第121页。

[25] 冈崎敬，《中国古代的灶——从釜甑到锅的变迁》，《东洋史研究》第14卷第1·2号，1955年，第103~122页。

[26] 《史记》卷七《项羽本纪》。

[27] 《庄子·杂篇·让王》。

[28] 《后汉书》卷六十一《左周黄列传》周举条。

[29] 《吕氏春秋》卷二十六《士容论·务大》。

[30] 浅川滋男，《住宅的民族建筑学——江南汉族与华南少数民族的住宅论》，建筑资料研究

社，1994 年，第 139~145 页。

[31] 郭文韬著，渡部武译，《中国大豆栽培史》，农文协，1998 年，第 23~41 页。

[32] 《玉台新咏》卷二甄皇后《乐府塘上行》（一说为魏武帝所作）。

[33] 《史记》卷五十三《萧相国世家》。

[34] 《大戴礼记·夏小正》八月条。

[35] 《淮南子》卷十七《说林训》。

[36] 柿沼阳平，《中国古代货币经济的持续与转换》，汲古书院，2018 年，第 123 页。

[37] 桂小兰，《古代中国的犬文化》，大阪大学出版会，2005 年，第 6 页。

[38] 《九家旧晋书辑本》所收臧荣绪《晋书》卷十四《顾荣传》。

[39] 《后汉书》卷六十七《党锢列传》羊陟条。

[40] 睡虎地秦简《秦律十八种》传食律（第一七九至一八〇简）。

[41] 《九家旧晋书辑本》所收臧荣绪《晋书》补遗一卷。

[42] 《史记》卷一百二十九《货殖列传》。

[43] 《后汉书》卷八十一《独行列传》陆续条。

[44] 篠田统，《中国食物史研究》，八坂书房，1978 年，第 36~68 页。

[45] 《盐铁论》卷六《散不足》。

[46] 《吕氏春秋》卷四《孟夏纪·用众》(《淮南子》卷十六说山训》中有相同的故事）；《文选》卷二十七曹植《名都篇》。

[47] 《世说新语·汰侈》。

[48] 《韩非子·扬权》。

[49] 《韩非子·内储说下》。

[50] 青木正儿，《中华名物考》，东洋文库，1988 年，第 79~86 页。

[51] 林巳奈夫，《汉代的饮食》，《东方学报（京都）》第 48 号，1975 年，第 1~98 页。

[52] 中村亚希子、神野惠，《古代的花椒》，《从香辛料的利用看古代日本饮食文化的生成》，奈良文化研究所，2014 年，第 23~29 页。

[53] 青木正儿，《中华名物考》，东洋文库，1988 年，第 112~132 页。

[54] 《吕氏春秋》卷三《季春纪·尽数》。

[55] 《世说新语·捷悟》。

[56]《世说新语·排调》。

[57] 和仁皓明,《古代东亚的乳制品》,《乳制品利用的民族志》,中央法规出版株式会社,1992 年,第 234~251 页。

[58] 田中克彦,《蒙古的乳制品词汇》,《一桥论丛》第 77 卷第 3 号,1977 年,第 279~300 页。

[59]《韩非子·难四》。

[60] 下文关于餐具的内容参考王仁湘,《中国食物文化志》,原书房,2007 年,第 46~127 页。

[61]《太平御览》卷七百四《服用部六》囊条,引《郭文举别传》。

[62]《韩非子·外储说左上》。

[63]《玉台新咏》卷五沈约《六忆诗》。

[64]《韩非子·喻老》。类似内容在《说林篇》中也可见。

[65] 藤野岩友,《中国的文学与礼俗》,角川书店,1976 年,第 295~301 页。

[66]《韩非子·外储说左上》。

[67]《史记》卷八《高祖本纪》、卷九十一《黥布列传》。

[68] 吉川忠夫,《六朝精神史研究》,同朋舍,1984 年,第 147~164 页。

[69]《释名》卷六《释床帐》;《初学记》卷二十五器物部。

[70]《太平御览》卷七百九《服用部十一·荐席》引谢承《后汉书》。

[71]《北堂书钞》卷三十八《政术部·廉洁二十八》注引谢承《后汉书》羊茂传。

[72]《搜神记》卷八第九十一话。

[73] 睡虎地秦简《秦律杂抄》(第四简)。

[74]《释名》卷六《释床帐》。

[75] 刘德增,《秦汉衣食住行》,中华书局,2015 年,第 172~186 页。

[76] 冈安勇,《中国古代史料中的座次与皇帝西面》,《史学杂志》第 92 编第 9 号,1983 年,第 1~32 页。

[77] 赵翼《陔余丛考》卷二十一《尚左尚右》。

[78] 睡虎地秦简《秦律十八种》仓律(第五十五至五十六简);《汉书》卷二十四《食货志上》。

[79]《庄子·外篇·马蹄》。

[80]《汉书》卷十一《哀帝纪》。

[81]《史记》卷九十二《淮阴侯列传》。

[82] 《史记》卷五十《楚元王世家》。

[83] 京都人以说话阴阳怪气著称,很多表面上彬彬有礼的表达方式背后都隐藏着说话人的不满。——译者

[84] 《搜神记》卷八第八十七话。

[85] 《玉台新咏》卷一枚乘《杂诗》。

[86] 《庄子·杂篇·列御寇》。

[87] 《庄子·杂篇·寓言》。此文与《列子·黄帝》也有关系。

[88] 《玉台新咏》卷一徐幹《室思》。

[89] 《玉台新咏》卷二魏明帝《乐府诗》;《文选》卷二七《伤歌行》。

[90] 《玉台新咏》卷六徐悱《赠内》。

[91] 《新序》卷五《杂事第五》。汉代继承了春秋时期宫殿内脱鞋的传统(参见《列女传》卷一《母仪传·鲁季敬姜》)。

[92] 《神仙传》卷二《吕恭》。

[93] 《礼记·曲礼上》。

[94] 《韩非子·外储说左上》。

[95] 《韩非子·外储说左下》。

[96] 《艺文类聚》卷九十一《鸟部中·鸭》所引《风俗通义》。

[97] 《搜神记》卷十四第一七二话。

[98] 《搜神记》卷十四第一五九话。

[99] 睡虎地秦简《法律答问》(第一六二简)。

[100] 《玉台新咏》卷八庾肩吾《咏得有所思》。

第五章

[01] 田中淡,《田中淡著作集1·中国建筑的特质》,中央公论美术出版,2018年,第5~14页。

[02] 睡虎地秦简《封诊式》(第八至十二简)。

[03] 林巳奈夫,《汉代的文物》,京都大学人文科学研究所,1976年,第156~170页。

[04] Qinghua Guo, *The Mingqi Pottery Buildings of Han Dynasty China 206BC-AD220: Architectural Representations and Represented Architecture*, Brighton, Portland, Toronto:

[05] 田中淡，《田中淡著作集1·中国建筑的特质》，中央公论美术出版，2018年，第15~28页。

[06] 孙机，《汉代物质文化资料图说（增订本）》，上海古籍出版社，2011年，第189页。

[07] 杜石然等著，川原秀城等译，《古代科学技术体系的形成》，《中国科学技术史（上）》，东京大学出版会，1997年。

[08] 《韩非子·外储说左上》。

[09] 《庄子·外篇·达生》。

[10] 田中淡，《田中淡著作集1·中国建筑的特质》，中央公论美术出版，2018年，第91~103页；《诸葛亮集》文集卷一《南征表》。

[11] 《列子·力命》。

[12] 安志敏，《"干阑"式建筑的考古研究》，《考古学报》，1963年第2期，第65~83页。

[13] 浅川滋男，《住宅的民族建筑学——江南汉族与华南少数民族的住宅论》，建筑资料研究社，1994年，第248~279页。

[14] 《礼记·檀弓上》。

[15] 《说苑》卷十六《谈丛》。

[16] 《文选》卷三十六傅季友《为宋公修楚元王墓教》。

[17] 《礼记·檀弓上》。

[18] 《庄子·外篇·天地》。

[19] Adam Miklósi et al., "A Simple Reason for a Big Difference Wolver Do Not Look Back at Humans, but Dogs Do", Current Biology 13, 9 (April 2003), 763~766.

[20] 桂小兰，《古代中国的犬文化》，大阪大学出版会，2005年，第30页。

[21] 《吕氏春秋》卷二十六《士容论·士容》。

[22] 《汉书》卷六十五《东方朔传》颜师古注。

[23] 睡虎地秦简《秦律十八种》仓律（第六十三简）。

[24] 柿沼阳平，《凤凰山》，《地下的礼物——新出土资料中的古代中国》，东方书店，2014年，第246~251页。

[25] 《搜神记》卷二十四第二九四话。

[26] 《庄子·杂篇·徐无鬼》。

[27] 《韩非子·外储说右上》。

[28] 《搜神记》卷十五第一九三话。

[29] 《韩非子·扬权》;《吕氏春秋》卷二十四《不苟论·贵当》;《盐铁论》卷十《诏圣》。

[30] 《说苑》卷十七《杂言》。

[31] Jean-Denis Vigne, "Earliest 'Domestic' Cats in China Identified as Leopard Cat (Prionailurus bengalensis)", *PLOS ONE* 11.1: e0147295 (January 2016).

[32] 今村与志雄,《猫谈义 今与昔》,东方书店,1986年,第114~123页。

[33] 《韩非子·外储说右上》。

[34] 佐原康夫,《汉代都市机构研究》,汲古书院,2002年,第56~87页。

[35] 《玉台新咏》卷一宋子侯《董娇饶诗》。

[36] 《韩非子·外储说左上》。

[37] 《玉台新咏》卷五何逊《轻薄篇》。

[38] 中亚吉尔吉斯斯坦的汉代碎叶城遗迹内可见道路及路边垃圾的痕迹。关于唐代碎叶城遗迹,见椰沼阳平,《唐代碎叶城历史新探》,《帝京大学文化财研究所研究报告》第18集,2019年,第43~59页。

[39] 《庄子·杂篇·列御寇》。

[40] 佐川英治,《中国古代都城的设计与思想——圆丘祭祀的历史发展》,勉诚出版,2016年,第1~69页。

[41] 菊地章太,《解说》,收于沙畹,《古代中国的社——土地神信仰的出现》,平凡社,2018年,第201~280页。

[42] 《史记》卷二十八《封禅书》。

[43] 《续汉书·祭祀下》。

[44] 《续汉书·祭祀下》;《礼记·郊特牲》。

[45] 《周礼·大司徒》;《汉书》卷二十七《五行志中之下》;《通典》卷四十五吉礼四,杜佑注。

[46] 高木智见,《古代中国的庭》,《名古屋大学东洋史研究报告》第16号,1992年,第31~66页。

[47] 《庄子·内篇·应帝王》成玄英疏。

[48] 《韩非子·外储说右上》。

[49] 《史记》卷七《项羽本纪》,《集解》引《皇览》。

[50] 《汉书》卷七十一《隽疏于薛平彭传》于定国条。

尾注

[51] 孟浩、陈慧、刘来城,《河北武安午汲古城发掘记》,《考古通讯》,1957 年第 4 期,第 43~47 页。

[52] 1 坪约等于 3.3 平方米。——译者

[53] 东北博物馆,《辽阳三道壕西汉村落遗址》,《考古学报》,1957 年第 1 期,第 119~126 页。

[54] 《论衡》卷四《书虚篇》。

[55] 河南省文物考古研究所、内黄县文物保护管理所,《河南内黄县三杨庄汉代庭院遗址》,《考古》2004 年第 7 期,第 34~37 页;林源、崔兆瑞,《河南内黄三杨庄二号汉代庭院建筑遗址研究与复原探讨》,《建筑史》2014 年第 2 期,第 1~11 页。

[56] Lothar Ledderose, *Ten Thousand Things: Module and Mass Production in Chinese Art*, Princeton: Bollingen Foundation, 2001, 51~73.

[57] Anthony J. Barbieri-Low, *Artisans in Early Imperial China*, Seattle & London: University of Washington Press, 2007, 3~30.

[58] 《汉书》卷七十一《隽疏于薛平彭传》于定国条;《史记》卷一百三《万石张叔列传》石奋条。

[59] 《汉书》卷八十三《薛宣朱博传》薛宣条;《孟子》卷八《离娄章句下》赵岐注。

[60] 甘谷汉简(第五简背面)。

[61] 相田洋,《桥与异人——境界的中国中世史》,研文出版,2009 年,第 194~250 页。

[62] 《玉台新咏》卷八庾肩吾《南苑还看人》。

[63] 《史记》卷八十六《刺客列传》;《列仙传》卷下《阴生》。

[64] 睡虎地秦简《法律答问》(第一二一至一二三简)。

[65] 《韩非子·诡使》。

[66] 《神仙传》卷七《赵瞿》。

[67] 《庄子·外篇·达生》

[68] 《礼记·曲礼上》。

[69] 《文选》卷二十一郭璞《游仙诗七首》。

[70] 关野贞,《瓦》,《书道全集》第三卷,1931 年,第 3~6 页。

[71] 《太平御览》卷一百八十七《居处部十五·墙壁》引《汉官仪》。

[72] 《汉书》卷六十六《公孙刘田王杨蔡陈郑传》杨恽条。

[73] 《庄子·外篇·田子方》。

[74] 《玉台新咏》卷三王微《杂诗》。

[75] 《后汉书》卷七十八《宦者列传》张让条，李贤注；《后汉书》卷八《孝灵帝纪》李贤注。

[76] "参勤交代"是江户时代幕府控制大名的制度，各藩大名每年必须按时从领地前往江户执行政务。——译者

[77] 《初学记》卷二十四《居处部》宅条。

[78] 《后汉书》卷三十二《樊宏阴识列传》樊宏条。

[79] 睡虎地秦简《秦律十八种》仓律（第一二九简）。

[80] 陈伟，《秦代迁陵县"库"的初步考察》，《多民族社会的军事统治：出土史料中的中国古代》，京都大学学术出版会，2018年，第87~109页。

[81] 《建康实录》卷十八《梁下·功臣》萧颖达条，另见《南史》卷五十五《列传》吉士瞻条中有"仗库防池"。

[82] "小府"指管理郡太守府、都尉府和县的长官用度财物的机构，与"少府"（设置在中央）相区别，但目前尚不明确与承担类似职务的"少内"有何关系。参见直井晶子，《西汉郡县财政与少府、小府和少内》，《中国出土资料研究》第4号，2000年，第25~50页。

[83] 《汉书》卷二十三《刑法志》。

[84] 池田雄一，《中国古代的聚落与地方行政》，汲古书院，2002年，第122~149页，张信通，《秦汉里治研究》，中国社会科学出版社，2019年，第125~135页。

[85] 《列子·汤问》。

[86] 《新序》卷七《节士》原宪居鲁。

[87] 《文选》卷二十二沈约《宿东园》。

第六章

[01] 《庄子·外篇·秋水》。

[02] 《史记》卷三十《平准书》。

[03] 《汉书》卷三十八《高五王传》论赞。

[04] 林俊雄，《车的起源与发展》，《从马看古代东亚世界史》，汲古书院，2018年，第3~38页。关于马车，也可参照冈村秀典，《东亚古代的车社会史》，临川书店，2021年，第133~274页。

[05] 《史记》卷三十《平准书》；《汉书》卷二十四《食货志下》。

[06] 张家山汉简《二年律令》襍律（第一八四简）。

[07] 堀敏一，《中国古代的身份制》，汲古书院，1987年，第187~223页。

[08] David Reich, *Who We Are and How We Got Here: Ancient DNA and the New Science of the Human Past,* Oxford: Oxford University Press, 2018, 1~368.

[09] Li Wang et al., "Genetic Structure of a 2500-Year-Old Human Population in China and Its Spatiotemporal Changes", *Molecular Biology and Evolution* 17-9 (September 2000), 1396~1400.

[10] 《玉台新咏》卷一《古乐府诗六首·日出东南隅行》。

[11] 《世说新语·容止》。

[12] 《初学记》卷十九《人部下·美丈夫》引臧荣绪《晋书》。

[13] 《后汉书》卷五十三《周黄徐姜申屠列传》周燮条、卷三十四《梁统列传》附梁冀条；《吕氏春秋》卷十四《孝行览·遇合》。

[14] 张竞，《美女是什么——中日美人文化史》，角川书店，2007年，第9~28页。

[15] 《珊玉集·丑人篇》引《晋抄》。

[16] 《庄子·内篇·德充符》。

[17] 《九家旧晋书辑本》引臧荣绪《晋书》卷七《王戎传》。

[18] 《珊玉集·肥人篇》引王隐《晋书》，另见《太平御览》卷三百七十八《人事部十九·肥》引《语林》。

[19] 《列子·黄帝》。

[20] 《三国志》卷四十八《吴书·三嗣主传》孙皓条，注引干宝《晋纪》。

[21] 《后汉书》卷二十六《伏侯宋蔡冯赵牟韦列传》冯勤条。

[22] 渡边信一郎，《天空的玉座——中国古代帝国的朝政与仪礼》，柏书房，1996年，第18~104页。

[23] 《三国志》卷十三《魏书·钟繇华歆王朗传》王肃条。

[24] 栗原朋信，《秦汉史研究》，吉川弘文馆，1960年，第45~91页。

[25] 《汉书》卷八十三《薛宣朱博传》朱博条。

[26] 《汉书》卷十一《哀帝纪》元寿元年条。

[27] 工藤元男，《占卜与中国古代社会——以出土古文献为基础》，东方书店，2011年，第106~147页。

[28] 砺波护，《隋唐都城财政史论考》，法藏馆，2016年，第5~32页。

[29] 《汉书》卷二十七《五行志上》火条。

[30] 《史记》卷一百一十二《平津侯主父列传》平津侯条；《东观汉记校注》卷十四吴良条；《汉官六种》所收卫宏《汉旧仪》。

[31] 《史记》卷五十五《留侯世家》太史公曰、卷六十七《仲尼弟子列传》。

[32] 《吕氏春秋》卷十四《孝行览·遇合》；《庄子·内篇·德充符》。

[33] 《后汉书》卷十《皇后纪上》光烈阴皇后条。

[34] 《玉台新咏》卷一《古乐府诗六首·日出东南隅行》。

[35] 《汉书》卷七十《傅常郑甘陈段传》甘延寿条。

[36] 渡边信一郎，《中国古代的财政与国家》，汲古书院，2010年，第131~163页。

[37] 杨振红，《出土简牍与秦汉社会（续编）》，广西师范大学出版社，2015年，第210~222页。

[38] 大庭修，《秦汉法制史研究》，创文社，1982年，第567~590页。

[39] 岳麓书院藏秦简《秦律令（贰）》（第一九〇三至一九〇五简）；张家山汉简《二年律令》置吏律（第二一七简）。

[40] 岳麓书院藏秦简《秦律令（贰）》（第一八八〇至一八八一简）。

[41] 水间大辅，《秦汉时期里的构成与里正、里典、父老——岳麓书院藏秦简——以〈秦律令〉为线索》，《中国的法与社会与历史》，成文堂，2017年，第91~118页。

[42] 睡虎地秦简《法律答问》（第一三三简）。

[43] 早稻田大学简帛研究会（谷口健速、柿沼阳平负责），《尹湾汉墓简牍译注（1）·东海郡吏员簿（第二号木牍）译注》，《中国出土资料研究》第13号，2009年，第298~324页。

[44] 张家山汉简《二年律令》置吏律（第二一〇简）。

[45] 高村武幸，《汉代地方官吏与地域社会》，汲古书院，2008年，第22~56页。补注：关于此部分，笔者（柿沼）2024年已改变观点。准确来说，财产规定并不会关系到能否成为职业官员，而是与能否成为"宦皇帝者"有关。

[46] 福井重雅，《汉代官吏登用制度研究》，创文社，1988年，第3~128页。

[47] 渡边义浩，《三国政权的结构与"名士"增补版》，汲古书院，2020年，第33~51页。

[48] 《汉书》卷五十《张冯汲郑传》张释之条。

[49] 《史记》卷九十八《傅靳蒯成列传》蒯成侯周緤条。

[50] 《汉书》卷四十三《郦陆朱刘叔孙传》郦食其条。

[51] 池田四郎次郎，《解读拜、揖、拱》（上）（下），《国学院杂志》第29卷第8号，1923年，第17~22页；同9号，第17~20页。

[52] 《孟子》卷八《离娄章句下》赵岐注。

[53]《史记》卷五十三《萧相国世家》。

[54]《文选》卷二十四张华《答何邵》。

第七章

[01] 岳麓书院藏秦简《为狱等状四种》案例十。

[02]《韩非子·外储说左上》。

[03]《韩非子·外储说左上》。

[04]《新序》卷七《节士第七》。

[05]《论衡》卷十三《别通篇》。

[06] 富谷至,《汉唐法制史研究》,创文社,2016年,第196~271页。笔者(柿沼)目前认为陈侃理在《弃市新探——兼谈汉晋间死刑的变迁》(《文史》,2020年第一辑,第5~18页)中提出的"弃市＝割颈"的说法,比富谷至"弃市＝斩首"的说法更准确。

[07] 沈家本《历代刑法考》刑法分考卷二磔条。

[08]《旧唐书》卷一百八十五上《列传·良吏上》王方翼条。

[09]《汉书》卷七十七《盖诸葛刘郑孙毋将何传》何并条。

[10]《法言·学行卷》。

[11]《列女传》卷一《母仪传·邹孟轲母》。

[12]《周礼·司市》;《淮南子》卷十七《说林训》。

[13]《战国策》卷八《齐一》;《史记》卷六十九《苏秦列传》;《淮南子》卷十一《齐俗训》;《太平御览》卷七百七十六《车部五·毂》引桓谭《新论》。

[14]《庄子·杂篇·庚桑楚》。

[15] 柿沼阳平,《战国秦汉时期的王权与非农业民》,《史观》第163册,2010年,第15~33页。

[16] 下文关于市场和物价的描写参考柿沼阳平,《中国古代的货币——金钱中的人与生活》,吉川弘文馆,2015年,第86~171页。下文仅引用追加史料。

[17]《韩非子·内储说上》。

[18] 睡虎地秦简《秦律十八种》金布律(第六十八简);张家山汉简《二年律令》□市律(第二六〇至二六二简)。

[19] 柿沼阳平,《岳麓书院藏秦简〈秦律令(壹)〉金布律译注》,《史滴》第42号,2020年,第92~133页。

[20] 《三国志》卷五十八《吴书·陆逊传》。

[21] 《列仙传》卷下《昌容》。

[22] 《说苑》卷十一《善说》。

[23] 《列仙传》卷上《酒客》、卷下《犊子》。

[24] 《神仙传》卷三《王远》。

[25] 《吕氏春秋》卷二十二《慎行论·疑似》;《列仙传》卷下《女丸》。

[26] 《汉书》卷四十八《贾谊传》。

[27] 《韩非子·外储说右上》。

[28] 《列子·说符》。

[29] 早稻田大学简帛研究会编,《银雀山汉简〈守法守令等十三篇〉研究(三)王兵篇·市法篇·李法篇》,《中国出土资料研究》第8号,2004年,第169~220页。

[30] 《孟子》卷五《滕文公章句上》。

[31] 《列仙传》卷上《赤将子舆》、卷上《啸父》、卷下《文宾》、卷上《介子推》、卷上《葛由》、卷上《任光》、卷下《玄俗》、卷下《负局先生》。

[32] 《列仙传》卷下《阴生》;《神仙传》卷三《李阿》。

[33] 柿沼阳平,《中国古代货币经济史研究》,汲古书院,2011年,第139~170页。

[34] 《汉书》卷七十六《赵尹韩张两王传》赵广汉条。

[35] 《盐铁论》卷一《禁耕》。

[36] George. A. Akerlof, "The Market for Lemons: Quality Uncertainty and the Market Mechanism", *Quarterly Journal of Economics* 84-3 (August 1970), 488~500.

[37] Clifford Geertz, "The Bazaar Economy: Information and Search in Peasant Marketing", *American Economic Review* 68 (May 1978), 28~32.

[38] 《太平御览》卷六百六十二《道部四·天仙》引葛洪《神仙传》。

[39] 《论衡》卷十四《状留篇》。

[40] 《汉书》卷六十六《公孙刘田王杨蔡陈郑传》杨恽条。

[41] 睡虎地秦简《秦律十八种》金布律(第六十六简)。

[42] 宇都宫清吉,《汉代社会经济史研究(补订版)》,弘文堂书房,1967年,第256~374页。

第八章

[01] 《太平御览》卷三百八十二《人事部二十三·丑丈夫》引崔骃《博徒论》。

[02] 《列子·力命》；《文选》卷二十六谢朓《在郡卧病呈沈尚书》。

[03] 《搜神记》卷十二第三〇五话。

[04] 《汉书》卷二十四《食货志上》颜师古注。《食货志上》后半段记录了春日里的农民每天往返于自家和田间，因此一般认为颜师古注存疑，但是文中描写的应该仅限于田地位置符合当日往返条件的农民。从这一角度考虑，颜师古的注是没有问题的。

[05] 《列子·说符》。

[06] 张家山汉简《奏谳书》案例二十二。

[07] 《诗经·周颂·闵予小子之什》高亨注；《孟子》卷六《滕文公章句下》。

[08] 《搜神记》卷七第二一二话。

[09] 《文选》卷二十四张华《答何邵》。

[10] 睡虎地秦简《秦律十八种》司空律（第一四四简）。

[11] 原宗子，《从环境解读古代中国》，大修馆书店，2009年，第57~73页；原宗子，《"农本"主义与"黄土"的发生》，研文出版，2005年，第3~50页；村松弘一，《中国古代环境史研究》，汲古书院，2016年，第353~394页。

[12] 《庄子·外篇·秋水》。

[13] 李令福，《中国北方农业历史地理专题研究》，中国社会科学出版社，2019年，第237~244页。

[14] 佐藤洋一郎，《总论》，《烧田的环境学》，思文阁出版，2011年，第3~24页。

[15] 佐藤洋一郎，《稻的日本史》，角川株式会社，2018年，第42~44页。

[16] 柿沼阳平，《中国古代的货币——金钱中的人与生活》，吉川弘文馆，2015年，第125~151页。

[17] 柿沼阳平，《战国时代楚国的都市与经济》，《东洋文化研究》第17号，2015年，第1~29页。

[18] 宇都宫清吉，《汉代社会经济史研究（补订版）》，弘文堂书店，1967年，第303~308页。

[19] 睡虎地秦简《秦律十八种》仓律（第三十八至三十九简）。

[20] 睡虎地秦简《秦律十八种》司空律（第四十九至五十二简）。

[21] 李令福著，张桦译，《华北平原二年三熟制的成立时期》，《日中文化研究》第14号，1999年，第62~75页。

[22] 《汉书》卷二十四《食货志上》引战国李悝《尽地力之教》。

[23] 柿沼阳平，《中国古代货币经济的持续与转换》，汲古书院，2018 年，第 103~136 页。

[24] 柿沼阳平，《中国古代货币经济史研究》，汲古书院，2011 年，第 283~307 页。

[25] 柿沼阳平，《中国古代货币经济史研究》，汲古书院，2011 年，第 283~307 页。

[26] Bret Hinsch, "Textiles and Female Virtue in Early Imperial Chinese Historical Writing", *Nan Nü*. 5~2 (January 2003), 170~202; Tamara T. Chin, *Savage Exchange: Han Imperialism, Chinese Literary Style, and the Economic Imagination*, Cambridge: Harvard University Asia Center, 2014, 191~227.

[27] Bret Hinsch, *Wealth and Work. Women in Early Imperial China,* Lanham, Boulder, New York, and Oxford: Rowman & Littlefield Publishers, 2002, 59~78；彭卫，《汉代女性的工作》，《史学月刊》，2009 年第 6 期，第 80~103 页。

[28] 《史记》卷一百二十九《货殖列传》。

[29] 《淮南子》卷十一《齐俗训》。

[30] 原田淑人，《增补汉六朝服饰》，东洋文库，1967 年，第 15~18 页。

[31] 《韩非子·说林下》。

[32] 《玉台新咏》卷八刘邈《万山见采桑人》。

[33] 《汉书》卷五十九《张汤传》，安世的夫人亲自参与纺织，积累家财。

[34] 《庄子·杂篇·让王》；《搜神记》卷九第二四二话。

[35] 《玉台新咏》卷六姚翻《同郭侍郎采桑》。

[36] 《玉台新咏》卷九《歌辞》。

[37] 西山武一、熊代幸雄译，《齐民要术（第三版）》，亚洲经济出版会，1976 年，第 89 页；《氾胜之书》中有看起来相矛盾的记载，存在诸种解释。

[38] 《庄子·内篇·逍遥游》。

[39] 《史记》卷九十二《淮阴侯列传》。

[40] 侯旭东，《近观中古史》，中西书局，2015 年，第 31~63 页。

[41] 《后汉书》卷三十九《刘赵淳于江刘周赵列传》刘般条。

[42] 《庄子·杂篇·外物》。

[43] 《吕氏春秋》卷一《孟春纪·孟春》；《大戴礼记·夏小正》

[44] 《庄子·内篇·齐物论》。

[45] 《庄子·内篇·养生主》。

[46] 《史记》卷一百四《田叔列传》，褚少孙补。

[47] 《庄子·外篇·天地》。

[48] 《庄子·内篇·人间世》。

[49] 宫川尚志，《汉代的家畜（下）》，《东洋史研究》第10卷第1号，1947年，第23~35页；《史记》卷七《项羽本纪》。

[50] 《庄子·外篇·骈拇》。

[51] 吉田顺一，《蒙古的历史与社会》，风间书房，2019年，第347~464页；稻村哲也，《游牧·移牧·定牧——来自蒙古、西藏、喜马拉雅和安第斯的田野上》，中西屋出版，2014年，第309~343页。

[52] 睡虎地秦简《秦律十八种》田律（第四至七简）；中国文物研究所、甘肃省文物考古研究所编，《敦煌悬泉月令诏条》，中华书局，2001年，第4~37页。

[53] 《汉书》卷八十一《匡张孔马传》匡衡条。

[54] 《汉书》卷四十《张陈王周传》周勃条。

[55] 《庄子·内篇·齐物论》；《庄子·内篇·人间世》。

第九章

[01] 《文选》卷二十四陆机《答张士然》。

[02] 《庄子·内篇·齐物论》。

[03] 森和，《秦人的梦——岳麓书院藏秦简〈占梦书〉初探》，《日本秦汉史研究》第13号，2013年，第1~30页。

[04] 张竞，《恋爱的中国文明史》，筑摩书房，1997年，第11~125页。

[05] 《玉台新咏》卷四鲍照《采桑诗》。

[06] 《说苑》卷九《正谏》。

[07] 《玉台新咏》卷二傅玄《和班氏诗》、卷四颜延之《秋胡诗》。

[08] 《列子·说符》；《列女传》卷五《节义传·鲁秋洁妇》。

[09] 《列女传》卷六《辩通传·阿谷处女》。

[10] 《诗经·国风·邶风·新台》。

[11] 《诗经·国风·郑风·出其东门》。

[12] 《诗经·国风·召南》；《乐府诗集》卷十六《鼓吹曲辞一·汉铙歌·有所思》。

[13] 《史记》卷六十九《苏秦列传》,《庄子·杂篇·盗跖》中也有相同内容。

[14] 《玉台新咏》卷一繁钦《定情诗》。

[15] 《玉台新咏》卷七皇太子简文《北渚》。

[16] 《搜神记》卷二十第二六二话。

[17] 《诗经·国风·齐风·甫田》。

[18] 《玉台新咏》卷三杨方《合欢诗》。

[19] 《诗经·国风·郑风·溱洧》。

[20] 刘欣宁,《秦汉律令中的婚姻与奸》,"中央研究院"历史语言研究所集刊》第90本第2分册,2019年,第199~249页。

[21] 《礼记·内则》。

[22] 《孟子》卷七《离娄章句上》。

[23] 《孟子》卷六《滕文公章句下》。

[24] 《白虎通义》卷十《嫁娶》。

[25] 《春秋穀梁传》文公十二年。另参见《白虎通义》卷十《嫁娶》,《孔丛子·嘉言第一》,《列女传》卷三《仁智传·魏曲沃负》。

[26] 彭卫,《汉代婚姻形态》,中国人民大学出版社,2010年,第64~84页。

[27] 《孟子》卷九《万章章句上》。

[28] 《周礼·媒氏》;《管子·入国》。

[29] 《汉书》卷二《惠帝纪》惠帝六年条,颜师古注;《礼记·内则》;《国语·越语上》。

[30] 岳麓书院藏秦简《秦律令》(第一八八简)。

[31] 《史记》卷五十六《陈丞相世家》。

[32] 《汉书》卷八十一《匡张孔马传》张禹条。

[33] 工藤元男,《占卜与中国古代社会——以出土古文献为基础》,东方书店,2011年,第2~28页。

[34] 海老根量介,《秦汉社会与追捧"日书"的人》,《东洋史研究》第76卷第2号,2017年,第197~231页。

[35] 《论衡》卷二十《佚文篇》。

[36] 《孟子》卷六《滕文公章句下》。关于婚姻过程,参考杨树达,《汉代婚丧礼俗考》,上海古籍出版社,2013年,第1~58页。

[37] 彭卫，《汉代婚姻形态》，中国人民大学出版社，2010年，第110页。

[38] 《礼记·礼运》。

[39] 《玉台新咏》卷一《古诗八首·孟冬寒气至》，《文选》卷二十九《古诗十九首》。

[40] 《玉台新咏》卷一苏武《留别妻》。

[41] 《玉台新咏》卷一秦嘉《赠妇诗》。

[42] 《文选》卷二十九《古诗十九首》。

[43] 大形徹译注，《马王堆出土文献译注丛书：胎产书·杂禁方·天下至道谈·合阴阳方·十问》，东方书店，2015年，第85~150页。

[44] 《史记》卷五十九《五宗世家》长沙定王发条，及该条司马贞索隐所引《释名》。

[45] 《论衡》卷二十三《四讳篇》。

[46] 《列女传》卷一《母仪传·周室三母》。

[47] 《韩非子·六反》；《汉书》卷七十二《王贡两龚鲍传》王吉条。

[48] 《颜氏家训·治家》。

[49] 《风俗通义》卷二《正失》。

[50] 《史记》卷七十五《孟尝君列传》。

[51] 睡虎地秦简《法律答问》(第六十九至七十简)。

[52] 菲利浦·阿利埃斯著，杉山光信、杉山惠美子译，《儿童的世纪：旧制度下的儿童和家庭生活》，美铃书房，1980年，第1~388页。

[53] 柏木惠子，《名为孩子的价值》，中公新书，2001年，第2~26页。

[54] 《庄子·外篇·山木》。

[55] 《列子·力命》。

[56] 《史记》卷九十三《韩信卢绾列传》卢绾条。

[57] 《颜氏家训·兄弟》。

[58] 《后汉书》卷八十二《方术列传下》。

[59] 敦煌文书《不知名类书甲》。

[60] 《颜氏家训·教子》。

[61] 《韩非子·难四》。

[62] 《淮南子》卷十九《修务训》。

[63] 《庄子·外篇·达生》,《列子·黄帝》中有同样内容。

[64] 濑川千秋,《中国虫类奇闻录》,大修馆书店,2016年,第2~40页。

[65] 《淮南子》卷十六《说山训》。

[66] 《荀子·致士》;《吕氏春秋》卷二十一《开春论·期贤》;《淮南子》卷十六《说山训》。

[67] 《史记》卷一百一十八《淮南衡山列传》淮南王条、卷一百二十九《货殖列传》。

[68] 《论衡》卷三十《自纪篇》;《吕氏春秋》卷十八《审应览·精谕》。

[69] 《西京杂记》卷二。

[70] 《列子·黄帝》。

[71] 《韩非子·难势》。

[72] 《列女传》卷三《仁智传·孙叔敖母》;《新序》卷一《杂事第一》。

[73] 《韩非子·难势》。

[74] 《吕氏春秋》卷十五《慎大览·察今》。

[75] 《列子·汤问》。

[76] 《韩非子·外储说左下》。

[77] 《韩非子·外储说左上》。

[78] 《玉台新咏》卷二左思《娇女诗》。

[79] 贝特霍尔德·劳费尔著,杉本刚译,《飞行的古代史》,博品社,1994年,第13~42页。

第十章

[01] 《庄子·内篇·逍遥游》中有"三餐",但实际上基本都是一日两餐。

[02] 《三国志》卷五十五《吴书·程黄韩蒋周陈董甘凌潘丁传》甘宁条。

[03] 《文选》卷二十谢瞻《九日从宋公戏马台集送孔令诗》。

[04] 《玉台新咏》卷五范靖妇《咏灯》。

[05] 《玉台新咏》卷五何逊《日夕望江赠鱼司马》。

[06] 《汉书》卷五十二《窦田灌韩传》灌夫条;《汉书》卷五十七《司马相如传上》;《说苑》卷十《敬慎》。

[07] 《韩非子·外储说左上》。

[08] 《文选》卷二十一应璩《百一诗》。这一段关于晚宴的描写来自《玉台新咏》卷一《古乐府诗六首·陇西行》。

[09] 《文选》卷二十一左思《咏史八首》。

[10] 《史记》卷五十四《曹相国世家》。

[11] 角谷常子,《汉·魏晋时期的谒与刺》,《东亚出土资料与信息传达》,汲古书院,2011年,第53~76页。

[12] 邢义田,《治国安邦》,中华书局,2011年,第595~654页;广濑薰雄,《秦汉律令研究》,汲古书院,2010年,第269~331页;宫宅洁,《一个地方官员的生涯——从木简看中国古人的日常生活》,临川书店,2021年,第78~98页。

[13] 《史记》卷八《高祖本纪》。

[14] 《太平御览》卷六百九十七《服章部十四·履》引《典论》。

[15] 《汉书》卷一《高帝纪》。

[16] 《续汉书·五行志一》刘昭注。

[17] 《续汉书·五行志一》。

[18] 《后汉书》卷八十六《南蛮西南夷列传》西南夷哀牢条。

[19] 《太平御览》卷四百九十七《人事部一百三十八·酣醉》引《史典论》。

[20] 《北堂书钞》卷七十八《设官部·县令·陶潜常醉》本注引《晋阳秋》。

[21] 《太平御览》卷八百四十三《饮食部一·酒上》引《汉书》。

[22] 《玉台新咏》卷七皇太子简文《执笔戏书》。

[23] 《太平御览》卷七百六十五《器物部十·斛》引崔鸿《十六国春秋·后凉录》。

[24] 《太平御览》卷八百四十四《饮食部二·酒中》引《晋书》;《琱玉集》卷十四《嗜酒篇》引《晋抄》;《三国志》卷四十七《吴书·吴主传》裴松之注引《吴书》;《世说新语·任诞》。

[25] 《三国志》卷二十九《魏书·方技传》管辂条裴松之注引《辂别传》。

[26] 《琱玉集》卷十四《嗜酒篇》引桓谭《新论》;《世说新语·任诞》。

[27] 彭卫,《汉酒事小考二则》,《宜宾学院学报》,2011年第9期,第7~8、21页。

[28] 《汉书》卷九十二《游侠传》。

[29] 《太平御览》卷八百四十五《饮食部三·酒下》引《典论》。

[30] 《太平御览》卷四百九十七《人事部一百三十八·酣醉》引《史典论》。

[31] 《太平御览》卷四百九十七《人事部一百三十八·酣醉》引《诸葛亮集》。

[32] 《三国志》卷六十五《吴书·王楼贺韦华传》王蕃条。

[33] 《韩非子·说疑》。

[34] 《汉书》卷五十二《窦田灌韩传》灌夫条。

[35] 《列子·力命》。

[36] 《汉书》卷三十六《楚元王传》楚元王刘交条。

[37] 《礼记·曲礼上》。

[38] 《韩非子·外储说左上》。

[39] 《史记》卷七《项羽本纪》。

[40] 《史记》卷五十二《齐悼惠王世家》。

[41] 《吕氏春秋》卷二十《恃君览·达郁》。

[42] 武威县博物馆:《武威新出土王杖诏令册》,《汉简研究文集》,甘肃人民出版社,1984年,第34~61页。

[43] 岳麓书院藏秦简《秦律令(壹)》(第一一五简)。

[44] 《汉书》卷五十四《李广苏建传》李广条。

[45] 《太平御览》卷四百九十七《人事部一百三十八·酣醉》引崔鸿《前秦录》。

[46] 《玉台新咏》卷四鲍照《玩月城西门》。

[47] 《新序》卷六《刺奢第六》鲁孟献子聘于晋条。

[48] 《玉台新咏》卷六张率《对酒》。

[49] 《玉台新咏》卷三陶潜《拟古诗》。

[50] 《说苑》卷六《复恩》。

[51] 《新序》卷六《刺奢第六》赵襄子饮酒条。

[52] 《韩非子·外储说左上》。

[53] Shoji Harada, "Genetic Polymorhism of Alchol Metabolyzing Enzyimes and Its Implication to Human Ecology", *Journal of the Anthropological Society of Nippon* 99-2 (February 1991), 123~139.

[54] 《世说新语·任诞》。

[55] 《玉台新咏》卷一徐幹《情诗》。

[56] 《韩非子·十过》;《韩非子·饰邪》。

[57] 《太平御览》卷七百四十三《疾病部六·呕吐》引谢承《后汉书》;《太平御览》卷

九百三十三《鳞介部五·蛇上》引《晋书》;《晋书》卷七十六《列传》王舒附王允之条。

[58] 《太平御览》卷七百四十三《疾病部六·呕吐》引谢承《后汉书》。

[59] 《韩非子·内储说下》;《汉书》卷五十九《张汤传》张安世条;《汉书》卷六十五《东方朔传》。

[60] 河南省文物考古研究所,《永城西汉梁国王陵与寝园》,中州古籍出版社,1996年,第124~129页。

[61] 阎爱民、赵璐,《"踞厕"视卫青与汉代贵族的"登溷"习惯》,《南开学报(哲学社会科学版)》,2019年第6期,第139~147页。

[62] 龚良,《汉更衣之室形象及建筑技术考辨》,《南京大学学报(哲学·人文·社会科学)》,1995年第1期,第129~135页、147页。

[63] 张建林、范培松,《浅谈汉代的厕》,《文博》,1987年第4期,第53~58页。

[64] 《世说新语·纰漏》;《世说新语·汰侈》。

[65] 陕西省考古研究所,《西安南郊缪家寨汉代厕所遗址发掘简报》,《考古与文物》,2007年第2期,第15~20页。

[66] 徐州博物馆、南京大学历史系考古专业,《徐州北洞山西汉墓发掘简报》,《文物》,1988年第2期,第2~18页、68页。

[67] 林巳奈夫,《汉代的文物》,京都大学人文科学研究所,1976年,第165~166页。

[68] 《史记》卷九《吕太后本纪》。

[69] 《三国志》卷一《魏书·武帝纪》裴松之注引《世语》。

[70] 赵璐、阎爱民,《"如厕潜遁"与汉代溷厕》,《天津师范大学学报(社会科学版)》,2018年第5期,第77~80页。

[71] 《后汉书》卷二十七《宣张二王杜郭吴承郑赵列传》张湛条。

[72] 《庄子·杂篇·列御寇》。

[73] 《庄子·内篇·人间世》。

[74] 《史记》卷一百五《扁鹊仓公列传》太仓公条。

[75] 《韩非子·诡使》。

[76] 《庄子·外篇·达生》。

第十一章

[01] 《玉台新咏》卷五沈约《拟青河边草》。

[02] 《世说新语·汰侈》。

[03] 《玉台新咏》卷十高爽《咏酌酒人》。

[04] 《玉台新咏》卷一辛延年《羽林郎诗》。

[05] 《列子·杨朱》。

[06] 《玉台新咏》卷六徐悱妻刘令娴《答外诗》。

[07] 《后汉书》卷十《皇后纪上》和熹邓皇后条。

[08] 《玉台新咏》卷四施荣泰《杂诗》。

[09] 十二单是日本平安时代公家贵族女性的朝服，现在仍为日本皇室所用，是庆典上的正式礼服。——译者

[10] 柿沼阳平，《秦汉时期的赠予与贿赂》，《简帛研究2020（秋冬卷）》，广西师范大学出版社，2021年，第326~350页。

[11] 《太平御览》卷二百一十二《职官部十·总叙尚书》引谢承《后汉书》。

[12] 《汉书》卷七十二《王贡两龚鲍传》两龚条。

[13] 《玉台新咏》卷八庾信《仰和何仆射还宅怀故》；《文选》卷二十七王粲《从军诗》。

[14] 《文选》卷三十沈约《和谢宣城》。

[15] 《文选》卷二十四陆机《赠尚书郎顾彦先》。

[16] 《汉官六种》所收卫宏《汉旧仪》。

[17] 《诗经·国风·郑风·山有扶苏》。

[18] 李敖著，土屋英明译，《中国性研究》，东方书店，1993年，第24~31页。

[19] 柿沼阳平，《岳麓书院藏秦简译注——〈为狱等状四种〉案例七识劫冤案》，《帝京史学》第30号，2015年，第193~238页。

[20] 《后汉书》卷六十三《李杜列传》李固条。

[21] 《越绝书》卷八《越绝外传记地传》。

[22] 《汉书》卷五十四《李广苏建传》李陵条。

[23] 《说文解字》女部。

[24] 《后汉书》卷四十二《光武十王列传》济南安王康条。

[25] 《汉书》卷二十二《礼乐志》。

[26] 《玉台新咏》卷一枚乘《杂诗》。

[27] 《玉台新咏》卷五何逊《嘲刘谘议孝绰》。

[28] 张家山汉简《二年律令》襍律（第一八六简）。

[29] 高罗佩著，松平庵子译，《古代中国的性生活——从史前到明代》，Serica书房，1988年，第81~125页。

[30] 《玉台新咏》卷一张衡《同声歌》。

[31] 《玉台新咏》卷九皇太子简文《乌栖曲》。

[32] 马王堆帛书《天下至道谈》。

[33] 《长沙马王堆一号汉墓古尸研究》，文物出版社，1980年，第27~34页。

[34] 马王堆帛书《十问》，《医心方》和志引《玉房秘诀》；大形徹译注，《胎产书·杂禁方·天下至道谈·合阴阳方·十问》，东方书店，2015年，第263~264页。

[35] 阿尔贝托·安杰拉著，关口英子译，《古罗马人的二十四小时》，河出书房新社，2012年，第519页。

[36] 李敖著，土屋英明译，《中国性研究》，东方书店，1993年，第10页。

[37] 《琱玉集》卷十四《肥人篇》引《魏志》（《笑林》之误）。

[38] 陈海，《G点与西汉女用性玩具考》，《考古与文物》，2004年3月，第62~67页。

[39] 鲁迅辑校《古小说钩沉》所收《幽明录》。

[40] 王书奴，《中国娼妓史》，上海生活书店，1934年；史楠，《中国男娼秘史》，上海华侨出版社，1994年；齐藤茂，《妓女与中国文人》，东方书店，2000年。

[41] 《韩非子·说难》。

[42] 《说苑》卷十三《权谋》。

[43] 《战国策》卷二十五《魏四》魏王与龙阳君共船而钓条。

[44] 《玉台新咏》卷二阮籍《咏怀诗》。

[45] 《玉台新咏》卷七皇太子简文《娈童》。

[46] 《吕氏春秋》卷十四《孝行览·遇合》。

[47] 《汉书》卷九十七《外戚传》孝成赵皇后条，颜师古注引应劭注。

[48] Bret Hinsch, *Passions of the Cut Sleeve: The Male Homosexual Tradition in China*, California: University of Califonia Press, 1990, 1~53.

[49]　《汉书》卷三十八《高五王传》燕灵王刘建条。

[50]　岳麓书院藏秦简《为狱等状四种》案例十二。

[51]　《汉书》卷五十三《景十三王传》江都易王非条。

[52]　《汉书》卷五十三《景十三王传》广川惠王越条。

第十二章

[01]　《文选》卷二十五谢灵运《登临海峤初发疆中作与从弟惠连见羊何共和之》、卷二十六谢朓《郡内高斋闲坐答吕法曹》、卷二十六任昉《赠郭桐庐出溪口见候余既未至郭仍进村维舟久之郭生方至》。

[02]　《史记》卷一百九《李将军列传》。

[03]　《孟子》卷十三《尽心上》。

[04]　《法言·学行卷》。

[05]　《礼记·曲礼上》。

[06]　《韩非子·八说》。

[07]　睡虎地秦简《封诊式》(第九十一至九十四简)。

[08]　《汉书》卷八十六《何武王嘉师丹传》王嘉条。

[09]　《汉书》卷五十九《张汤传》、卷六十四上《严朱吾丘主父徐严终王贾传》吾丘寿王条。

[10]　《史记》卷一百八《韩长孺列传》。

[11]　《史记》卷九十四《田儋列传》。

[12]　《旧唐书》卷一百八十八《列传》孝友张公艺条。

[13]　《玉台新咏》卷一《古诗为焦仲卿妻作》。

[14]　《汉书》卷七十一《隽疏于薛平彭传》于定国条。

[15]　《列女传》卷四《贞顺传·陈寡孝妇》。

[16]　《后汉书》卷八十四《列女传》乐羊子妻条。

[17]　《列女传》卷一《母仪传·鲁之母师》。

[18]　张家山汉简《二年律令》贼律(第四〇简);《二年律令》告律(第一三三简)。

[19]　《世说新语·惑溺》。

[20]　《说苑》卷十《敬慎》。

[21] 《史记》卷八《高祖本纪》;《汉书》卷一《高帝纪上》;《汉书》卷四十《张陈王周传》王陵条。

[22] 《庄子·杂篇·让王》;《吕氏春秋》卷十六《先识览·观世》;《列子·说符》。

[23] 二宫金次郎是日本江户时代后期的著名思想家,年少时生活困苦,在砍柴等辛苦的劳作之余仍然坚持读书学习,相关故事流传至今。——译者

[24] 《汉书》卷六十四上《严朱吾丘主父徐严终王贾传》朱买臣条。

[25] 《诗经·国风·鄘风·鹑之奔奔》;《玉台新咏》卷二傅玄《苦相篇豫章行》。

[26] 《诗经·国风·鄘风·鹑之奔奔》。

[27] 《玉台新咏》卷七皇太子简文《紫骝马》。

[28] 《玉台新咏》卷七湘东王绎《咏晚栖乌》。

[29] 《韩非子·内储说下》。

[30] 睡虎地秦简《法律答问》(第一七三简)。

[31] 《汉书》卷八十三《薛宣朱博传》朱博条。

[32] 鲁迅辑校《古小说钩沉》所收《幽明录》。

[33] 张家山汉简《奏谳书》案例二十一;岳麓书院藏秦简《为狱等状四种》案例十二;《二年律令》襍律(第一九二简)。

[34] 中野信子,《不伦》,文艺春秋,2018年,第3~83页。

[35] 《玉台新咏》卷一《古乐府六首·艳歌行》。

[36] 《淮南子》卷十七《说林训》。

[37] 《韩非子·内储说下》。

[38] 张家山汉简《二年律令》贼律(第三十二简)。

[39] 张家山汉简《二年律令》贼律(第三十三简)。

[40] 睡虎地秦简《法律答问》(第一六九简)。

[41] 岳麓书院藏秦简《为狱等状四种》案例十一。

[42] 《韩非子·说林上》;《吕氏春秋》卷十四《孝行览·遇合》。

[43] 《大戴礼记·本命》。

[44] 《列女传》卷一《母仪传·鲁师春姜》。

[45] 《玉台新咏》卷一《古诗八首·上山采蘼芜》。

[46] 《玉台新咏》卷二《弃妇诗一首》。

[47] 《孟子》卷八《离娄章句下》赵岐注。

[48] 《后汉书》卷四十八《杨李翟应霍爰徐列传》应奉条，李贤注引《汝南记》。

[49] 《史记》卷一百一十八《淮南衡山列传》淮南王条。

[50] 《玉台新咏》卷一《古乐府诗六首·皑如山上雪》。

[51] 《玉台新咏》卷一秦嘉妻徐淑《答诗》。

[52] 《玉台新咏》卷一陈琳《饮马长城窟行》。

[53] 《诗经·郑风》；《诗经·国风·王风》；《礼记·郊特牲》；《白虎通义》卷十一《崩薨》。

[54] 《史记》卷五十六《陈丞相世家》。

第十三章

[01] 《搜神记》卷九第九十九话。

[02] Patricia Hirsch et al., "Putting a Stereotype to the Test: The Case of Gender Differences in Multitasking Costs in Task-switching and Dualtask Situations", *PLOS ONE* 14-8 (August 2019), 1~16.

[03] 《韩非子·外储说左上》；柿沼阳平，《中国古代货币经济史研究》，汲古书院，2011年。

[04] 《玉台新咏》卷四鲍照《拟古》、卷五沈约《夜夜曲》。

[05] Anthony J. Barbieri-Low, *Artisans in Early Imperial China,* Seattle & London: University of Washington Press, 2007, 3~30.

[06] 《文选》卷二十九张华《杂诗》；《玉台新咏》卷七梁武帝《七夕》。

[07] 《玉台新咏》徐陵《序》；《颜氏家训·勉学》；孙建君著，冈田阳一译，《中国传统蜡烛文化》，《自然与文化》第72号，2003年，第14~23页。

[08] 《玉台新咏》卷九费昶《行路难》。

[09] 《汉书》卷二十四《食货志上》。

[10] 《列女传》卷六《辩通传·齐女徐吾》。

[11] 《玉台新咏》卷一《古诗为焦仲卿妻作》。

[12] 柿沼阳平，《中国古代乡里社会的"羁绊"与"牵连"》，《牵绊的历史学》，北树出版，2015年，第108~132页。

[13] 《韩非子·外储说左上》。

[14] 《颜氏家训·勉学》。

尾注

[15] 《后汉书》卷十《皇后纪》和熹邓皇后条。

[16] 柿沼阳平，《书评：高村武幸著〈秦汉简牍史料研究〉》，《东洋史研究》第75卷第4号，2017年，第147~160页。

[17] 《开元天宝遗事》卷上《开元·传书鸽》。

[18] 《文选》卷三十一陶潜《陶征君》。

[19] 《文选》卷二十八鲍照《东门行》。

[20] 《史记》卷一百五《扁鹊仓公列传》太仓公。

[21] 《韩非子·内储说下》；《礼记·玉藻》；《列女传》卷五《节义传·京师节女》。

[22] 大庭修，《秦汉法制史研究》，创文社，1982年，第567~590页。

[23] 岳麓书院藏秦简《秦律令（贰）》（第一九〇三简、一九〇五简）；张家山汉简《二年律令》置吏律（第二一七简）。

[24] 《汉书》卷六十六《公孙刘田王杨蔡陈郑传》杨敞条、卷七十九《冯奉世传》野王条。

[25] 《淮南子》卷十六《说山训》。

[26] 《列女传》卷二《贤明传·周宣姜后》。

[27] 《文选》卷二十二魏文帝《芙蓉池作》。

[28] 《玉台新咏》卷五何子朗《学谢体》。

[29] 《孟子》卷十四《尽心章句下》赵岐注。

[30] 《玉台新咏》卷六王僧孺《月夜咏陈南康新有所纳》、卷七皇太子简文《赋得当垆》。

[31] 《玉台新咏》卷三陆云《为顾彦先赠妇往返》。

[32] 中野美代子，《蓝鸟》，《中国的蓝鸟》，平凡社，1994年。

[33] 《论衡》卷十五《顺鼓篇》。

[34] 《论衡》卷十一《说日篇》。

[35] 《搜神记》卷八第二三五话。

[36] 《荀子·解蔽》。

[37] 《颜氏家训·勉学》；《入唐求法巡礼行记》开成三年七月十三日条、开成三年七月二十一日条。

[38] 《颜氏家训·勉学》。

[39] Francesca Siclari, et al., "The Neural Correlates of Dreaming", *Nature Neuroscience* 20 (April 2017), 872~878.

[40] 森和,《秦人的梦——岳麓书院藏秦简〈占梦书〉初探》,《日本秦汉史研究》第 13 号, 2013 年, 第 1~30 页; 刘园英,《〈黄帝内经〉中"梦"的诊断》,《北陆大学纪要》第 21 号, 1997 年。

[41] 工藤元男,《中国古代文明之谜》, 光文社, 1988 年, 第 144~147 页。

尾声

[01] Michael Loewe, *Everyday Life in Early Imperial China during the Han Period, 202 BC-AD 220*, London: Carousel, 1973 (originally printed in Putnam, 1968), 17~201.

[02] Mu-chou Poo, *Daily Life in Ancient China,* Cambridge: Cambridge University Press, 2018, 1~243.

[03] 林巳奈夫,《汉代的文物》, 京都大学人文科学研究所, 1976 年; 林巳奈夫,《中国古代生活史》, 吉川弘文馆, 1992 年。

[04] 孙机,《汉代物质文化资料图说(增订本)》, 上海古籍出版社, 2011 年。

[05] 彭卫、杨振红,《秦汉风俗》, 上海文艺出版社, 2018 年。

[06] 王力主编,《中国古代文化常识》, 四川人民出版社, 2018 年。

[07] 渡部武,《画像中的古代中国》, 平凡社, 1991 年。

[08] 侯旭东,《什么是日常统治史》, 生活·读书·新知三联书店, 2020 年。

[09] 张不参编著,《秦朝穿越指南》, 陕西师范大学出版总社, 2016 年; 宫宅洁,《一位地方官吏的生涯——木简中的中国古代日常生活》, 临川书店, 2021 年。

[10] 闫爱民、梁轩,《秦汉日常生活史的研究历程与展望》,《中国日常生活史研究的回顾与展望》, 科学出版社, 2020 年, 第 42~61 页。

[11] 阿尔贝托·安杰拉著, 关口英子译,《古罗马人的二十四小时——复苏的帝都罗马的民众生活》, 河出书房新社, 2012 年。

[12] 柿沼阳平,《中国古代货币经济史研究》, 汲古书院, 2011 年; 柿沼阳平,《中国古代货币经济的持续与转换》, 汲古书院, 2018 年。

[13] Yohei Kakinuma, "Monetary System in Ancient China", In. Stefano Battilossi, Youssef Cassis, and Kazuhiko Yago eds, *Handbook of the History of Money and Currency*, Johor Bahru, Springer Singapore, 2020, 525~547.

[14] 王子今,《秦汉儿童的世界》, 中华书局, 2018 年。

[15] 王仁湘著, 铃木博译,《图说中国饮食文化志》, 原书房, 2007 年。

[16] 工藤元男,《占卜与中国古代社会——以出土古文献为基础》, 东方书店, 2011 年。

[17] Bret Hinsch, *Women in Early Imperial China* [2nd Edition], Lanham: Rowman & Littlefield Publishers, 2010.

[18] 吕西安·费弗尔著，长谷川辉夫译，《为历史而斗争》，平凡社，1995 年，第 37~66 页。

[19] 柿沼阳平，《中国古代秃头考》，《中国文化的统一性和多样性》，汲古书院，2022 年。

[20] 安丸良夫，《安丸良夫集 5：战后知与历史学》，岩波书店，2013 年，第 71~106 页；前揭吕西安·费弗尔著作，第 9~207 页；于尔根·科卡著，仲内英三、土井美德译，《社会史是什么——方法与轨迹》，日本经济评论社，2000 年，第 65~285 页。

[21] 柿沼阳平，《中国古代人与他们的"牵绊"》，《牵绊的历史学》，北树出版，2015 年，第 2~29 页。

[22] 费孝通著，西泽治彦译，《乡土中国》，风响社，2019 年，第 27~217 页。

[23] 陶立璠，《民俗学概论》，中央民族学院出版社，1987 年，第 1~19 页。

[24] 王晓葵，《人类学化与"非物质文化遗产保护"——现代中国民俗学研究》，《日本民俗学》第 259 号，2009 年，第 111~137 页；施爱东，《中国非物质文化遗产保护运动对民俗学的负面影响》，《现代民俗学》第 3 号，2011 年，第 15~27 页。

[25] 柿沼阳平，《中国古代史研究的可能性——以欧美学说史的动向为中心》，《史滴》第 41 号，2019 年，第 92~121 页。

[26] 柿沼阳平，《日本的中国出土简帛研究论著目录（1910—2011）》，《简帛研究 2011》，广西师范大学出版社，2013 年，第 232~257 页；柿沼阳平，《日本的中国出土简帛研究论著目录（二）（1910—2011）》，《简帛研究 2012》，广西师范大学出版社，2013 年，第 223~314 页。

[27] 克利福德·格尔茨著，吉田祯吾等译，《文化的解釋学Ⅰ》，岩波书店，1987 年，第 3~56 页。

[28] 柳田国男，《柳田国男全集》第八卷，筑摩书房，1998 年，第 50~52 页。